Hanns Maull / Sebastian Harnisch /
Constantin Grund (Hrsg.), Universität Trier

Deutschland im Abseits?

Rot-grüne Außenpolitik 1998 - 2003

 Nomos Verlagsgesellschaft
Baden-Baden

Bibliografische Information Der Deutschen Bibliothek

Die Deutsche Bibliothek verzeichnet diese Publikation in
der Deutschen Nationalbibliografie; detaillierte bibliografische
Daten sind im Internet über http://dnb.ddb.de abrufbar.

ISBN 3-8329-0180-9

1. Auflage 2003
© Nomos Verlagsgesellschaft, Baden-Baden 2003. Printed in Germany. Alle Rechte,
auch die des Nachdrucks von Auszügen, der photomechanischen Wiedergabe und der
Übersetzung, vorbehalten. Gedruckt auf alterungsbeständigem Papier.

Inhaltsverzeichnis

Editorial: Deutschland auf Abwegen?   7
Hanns W. Maull

Die Entfremdung vom wichtigsten Verbündeten. Rot-Grün und Amerika   19
Nikolas Busse

Auslandseinsätze der Bundeswehr.   33
Normalisierung statt Militarisierung deutscher Sicherheitspolitik
Martin Wagener

Zwischen kooperativer Sicherheit und militärischer Interventionsfähigkeit.   49
Rot-grüne Sicherheitspolitik im Rahmen von ESVP und NATO
Marco Overhaus

Europa bauen – Deutschland bewahren: Rot-grüne Europapolitik   65
Sebastian Harnisch und Siegfried Schieder

Rot-Grün und die Erweiterung der Europäischen Union   79
Henning Tewes

Deutsch-französische Beziehungen. Vier lange Jahre Lernen   91
Christoph Neßhöver

Mannschaftsdienlich gespielt. Rot-grüne Südosteuropapolitik   107
Constantin Grund

Die deutsche Nahostpolitik. Gescheiterte Ambitionen   121
Hanns W. Maull

Im Osten nichts Neues. Vier Jahre und vier Monate rot-grüne Ostasienpolitik   133
Jörn-Carsten Gottwald

Die Außenwirtschaftspolitik der rot-grünen Koalition.   149
Diskreter Wandel im Beipack
Florian Lütticken und Bernhard Stahl

Rot-grüne Entwicklungspolitik seit 1998   163
Peter Molt

Bleibt alles anders? Kontinuität und Wandel rot-grüner Menschenrechtspolitik   177
Florian Pfeil

Autorenverzeichnis   193

Editorial: Deutschland auf Abwegen?

Hanns W. Maull

Die Außenpolitik spielte im Kontext des Machtwechsels von 1998 nicht mehr als eine Aschenputtel-Rolle: Im Wahlkampf von SPD und Grünen war von ihr kaum die Rede, und bei den Koalitionsverhandlungen wurden die außen- und sicherheitspolitischen Passagen erst gegen Ende der Gespräche besprochen und dem Vernehmen nach ohne größere Diskussionen beschlossen. Ihre erste Bewährungsprobe hatte die neue Koalitionsregierung von Gerhard Schröder und Joschka Fischer dann allerdings in der Außenpolitik zu bestehen, noch ehe sie überhaupt in Amt und Würden war: Die Eskalation der Kosovo-Krise zwang die Koalition, sich einer Frage von zentraler außen- und sicherheitspolitischer Bedeutung, nämlich dem Einsatz der Bundeswehr im Zusammenhang mit einer erneuten NATO-Intervention gegen Serbien, zu stellen und gegenüber ihren Verbündeten in der NATO Zuverlässigkeit und Berechenbarkeit zu demonstrieren – und zwar möglicherweise sogar ohne autorisierendes Mandat des VN-Sicherheitsrates.

Der Auftakt zur zweiten Amtsperiode der Regierung Schröder/Fischer wies manche Ähnlichkeit zu 1998 auf: Wiederum rangierte die Außenpolitik in den Koalitionsvereinbarungen am Ende (Kap. IX), wiederum gab es hier – mit der Ausnahme des strittigen Themas der Bundeswehrreform – kaum Differenzen. Allerdings hatte die Außen- und Sicherheitspolitik – in Gestalt der Frage, ob Deutschland einem amerikanischen Angriff auf den Irak zustimmen und sich daran beteiligen sollte – im Wahlkampf eine nach Auffassung vieler Beobachter wahlentscheidende Rolle gespielt. Die Instrumentalisierung dieses Themas ohne Rücksicht auf die außenpolitischen Konsequenzen insbesondere durch den Kanzler und die SPD, aber auch durch die Grünen und (trotz erkennbaren Zögerns) schließlich auch durch ihr wahlpolitisches Zugpferd, den Außenminister, holte die neue Regierung nach den Wahlen rasch ein; sie führte zur Spaltung der Europäischen Union, zur Krise der NATO und zu einem schweren Zerwürfnis in den Beziehungen zwischen Berlin und Washington. Diese Turbulenzen kamen nicht von ungefähr: Die rot-grüne Außenpolitik hat die Außen- und Sicherheitspolitik und insbesondere die Beziehungen zu ihren wichtigsten Partnern, Frankreich und den USA, vernachlässigt und dabei Deutschland nicht unerheblichen Schaden zugefügt.

Diese Bewertung der rot-grünen Außen- und Sicherheitspolitik wiegt schwer. Dennoch lässt sie sich vor dem Hintergrund der hier vorgelegten Analysen zu „vier Jahren und hundert Tagen" rot-grüner Außenpolitik nicht umgehen. Dabei wird nicht verkannt, dass die Außenpolitik der Koalition in diesem Zeitraum durchaus dann auch Erfolge vorzuweisen hatte, wenn sie sich auf ihre Stärken verließ: Auf die Kompetenz und Qualität der diplomatischen und militärischen Apparate, auf die Fähigkeit des Auswärtigen Dienstes, in virtuosem Spiel auf der Klaviatur des Multilateralismus in enger Abstimmung mit Deutschlands engsten Verbündeten in Paris und Washington effektives Krisenmanagement zu betreiben; auf die Gabe des Außenministers, innovative Denkanstöße in die Politik hineinzutragen und für sie Unterstützung einzuwerben; und schließlich auf den guten internationalen Ruf als verlässlicher Partner, den sich die Bundesrepublik in dem halben Jahrhundert ihrer Geschichte aufgebaut hatte.

Es sei auch nicht bestritten, dass die gravierenden Defizite der deutschen Außenpolitik nichts mit verfehlten Absichten zu tun hatten: Als die Koalition 1998 antrat, hatte sie sich zu einem hohen Maß an außen- und sicherheitspolitischer Kontinuität bekannt, aber in einigen Politikfeldern durchaus auch den Anspruch erhoben, zu innovieren. Während der neue Außenminister sich schon Jahre vor seiner Amtsübernahme mit seiner Beschwörung der Westverankerung als Staatsräson der Bundesrepublik als „wahrer Enkel" Konrad Adenauers profiliert hatte, waren vom neuen Bundeskanzler als Ministerpräsident Niedersachsens und Wahlkämpfer deutlich skeptischere Töne gegenüber der europäischen Integration zu hören gewesen als von seinem Vorgänger Helmut Kohl. Programmatische Neuansätze sahen Koalitionsvereinbarung und Regierungserklärung neben der EU-Haushaltspolitik vor allem in der Außenwirtschaftspolitik (siehe hierzu den Beitrag von Florian Lütticken und Bernhard Stahl), in der Entwicklungspolitik (siehe hierzu den Beitrag von Peter Molt) und in der internationalen Menschenrechtspolitik vor (siehe hierzu den Beitrag von Florian Pfeil).

Die Vermutung, dass Gerhard Schröder einen Kurswechsel in der deutschen Europapolitik einläuten könnte, erwies sich freilich bald als abwegig: Binnen weniger Monate war auch der Kanzler „europäisiert" und auf die traditionelle Linie der bundesdeutschen Europapolitik eingeschworen worden (siehe hierzu die Beiträge von Sebastian Harnisch und Siegfried Schieder sowie von Henning Tewes). Es lag nicht an den Zielen, sondern an der Umsetzung, wenn die deutsche Außenpolitik nach den ersten hundert Tagen ihrer zweiten Legislaturperiode vor einem „Scherbenhaufen" stand (so der SPD-Bundestagsabgeordnete Ulrich Klose, einer der wenigen erfahrenen Außenpolitiker der SPD-Fraktion in einem Meinungsbeitrag in der FAZ vom 15.2.2003).

Deutschland, Amerika und die NATO: Von der Neubelebung zur Spaltung des Bündnisses

Dabei begann 1998 alles noch recht gut. Mit ihrer Entscheidung, sich im Kosovo-Konflikt grundsätzlich auf die Seite der USA und der NATO zu stellen, zugleich aber alle Hebel für eine politische Lösung des Konfliktes mit Serbien in Bewegung zu setzen, war Deutschland bemerkenswert erfolgreich gewesen. Es hatte deutlich gemacht, dass Deutschland über den Machtwechsel hinweg zu seinen westlichen Verbündeten stehe, es hatte erstmals in größerem Umfang auch Kampfeinsätzen der Bundeswehr im Rahmen der NATO-Intervention zur Friedenserzwingung zugestimmt und dadurch mit geholfen, eine neue Welle ethnischer Säuberungen in Ex-Jugoslawien zu verhindern; und es hatte wesentlich dazu beigetragen, Russland für einen Plan zur politischer Beendigung der Kampfhandlungen zu gewinnen und damit die Voraussetzungen für die Kapitulation Serbiens zu schaffen. All dies zeugte zugleich von kluger Fortschreibung außenpolitische Traditionslinien und der Fähigkeit, diese veränderten Bedingungen anzupassen und zu verändern (Maull 2000). Ähnliches galt auch für die Reaktion auf die Terroranschläge des 11. Septembers, nach denen sich die Bundesregierung entschloss, bis zu 3.900 Soldaten der Koalition zum Kampf gegen den internationalen Terrorismus zur Verfügung zu stellen und dabei in Afghanistan erstmals auch Bodentruppen (die KSK-Spezialkräfte) in Kampfeinsätze zu schicken. Nach dem Sieg der USA und ihrer Verbündeten über das Taliban-Regime und der Zerschlagung der afghanischen al-Qaida-Strukturen koordinierte Berlin die erste internationale

Afghanistan-Konferenz unter dem Vorsitz der VN auf dem Petersberg mit dem Ziel, den zerfallenen Staat Afghanistan durch umfassende Hilfe wieder aufzubauen. Berlin beteiligte sich zudem substanziell an der Internationalen Friedenstruppe für Kabul (ISAF) (siehe hierzu insbesondere den Beitrag von Martin Wagener).

Mit der *State of the Union Message* von US-Präsident Bush vom 29. Januar 2002 vollzog die Administration Washington jedoch eine grundlegende Neuorientierung der amerikanischen Außenpolitik. In den Mittelpunkt rückte nunmehr neben der Bekämpfung des internationale Terrorismus die Auseinandersetzung mit der „Achse des Bösen" (Irak, Iran, Nordkorea) und ihren Bestrebungen, sich atomare, biologische und chemische Massenvernichtungswaffen zu verschaffen. Dabei schrieb die Bush-Administration militärischen Maßnahmen eine Schlüsselstellung zu und entwickelte in diesem Zusammenhang auch eine explizite Doktrin des Präventiv- und Präemptivkrieges, die zunächst vor allem auf das Regime des Irak zielte (siehe hierzu den Beitrag von Nikolas Busse). Diejenigen unter Bushs zutiefst zerstrittenen außen- und sicherheitspolitischen Beratern, die sich für eine derartige Militarisierung der amerikanischen Politik einsetzten, räumten der NATO ohnehin kaum noch Bedeutung ein; sie plädierten statt dessen für Ad-hoc-Koalitionen, die jeweils auf die Bedürfnisse der USA und ihrer Partner zugeschnitten und von Amerika geführt werden konnten. Die gemäßigten Kräfte in Washington setzten dagegen darauf, die NATO im Sinne der Umorientierung der amerikanischen Außenpolitik in eine global ausgerichtete militärische Allianz zur Intervention gegen Terrorismus und Massenvernichtungswaffen umzubauen.

Gegen eine solche Neuausrichtung des Bündnisses und die Vorbereitung eines Präventivkrieges gegen den Irak gab es in Kontinentaleuropa erhebliche Vorbehalte. Diese Vorbehalte nutzten Schröder und Fischer, um ihren schon fast unaufholbar erscheinenden Rückstand im Bundestagswahlkampf doch noch umzukehren. Dies gelang, und die eindeutige Positionierung der deutschen Außenpolitik im Kontext der Irak-Krise spielte dabei neben der geschickten Nutzung der Flutkatastrophe in Ostdeutschland durch die Regierung die entscheidende Rolle. Dabei nahmen zunächst der Kanzler und dann auch der Außenminister Irritationen in Washington und den Zorn des amerikanischen Präsidenten in Kauf. Keine der beiden Seiten steckte zurück. Scharfmacher in Washington (wie Verteidigungsminister Donald Rumsfeld) gossen verbales Öl ins Feuer, während Schröder versuchte, auch die Landtagswahlkämpfe im Winter 2002/2003 mit dem Thema Irak noch zugunsten der SPD herum zu reißen, diesmal jedoch vergeblich. Dabei legte er sich nicht nur gegen jede materielle oder finanzielle Teilnahme Deutschlands an einem Krieg gegen den Irak fest, sondern auch gegen eine Zustimmung Deutschlands zu militärischen Zwangsmaßnahmen im VN-Sicherheitsrat – und zwar unabhängig von den Ergebnissen der Waffeninspektionen der UNMOVIC und der IAEA und den Beratungen in dem Gremium. So eskalierten die Spannungen im deutsch-amerikanischen Verhältnis auch nach den Wahlen weiter, und die Auswirkungen der Beziehungsstörungen zogen immer größere Kreise (siehe hierzu den Beitrag von Nikolas Busse). Zu den Schäden, die die Schockwellen anrichteten, gehörte auch die Spaltung der Europäischen Union und der Beitrittskandidaten in eine pro-amerikanische und eine französisch-deutsche Fraktion und die Lähmung der NATO: Im NATO-Rat blockierte Deutschland zusammen mit Frankreich und Belgien wochenlang vorbereitende Planungen des NATO-Stabes für Beistandsleistungen an die Türkei für den Fall eines Präventivkriegs gegen den Irak, der auch auf türkische Militärstützpunkte angewiesen wäre.

Die NATO war somit bei ihrer Suche nach einer neuen Aufgabe in einem zutiefst veränderten Kontext der internationalen Beziehungen fürs erste an inneren Gegensätzen gescheitert. Anstatt ein strategisches Instrumentarium und ein Rahmenwerk für die politische Abstimmung für gemeinsames Handeln im Bündnis darzustellen, wurde sie nun zum Forum für das Austragen von Meinungsverschiedenheiten in der Allianz. Damit wurden auf beiden Seiten des Atlantiks diejenigen gestärkt, die die NATO als Relikt des Kalten Krieges abtaten und neue sicherheitspolitische Wege beschreiten wollten. In Washington waren es dabei vor allem die Unilateralisten im Pentagon, die auf die überlegene militärische Macht der USA und Ad-hoc-Koalitionen setzten. In Europa nährte die Krise der NATO die alten Vorbehalte der Linken gegen das Bündnis und die Vormachtstellung der USA.

Deutschland, Frankreich und die Europäische Integration

Deutschland hatte sich in diesen Auseinandersetzungen mit der Vormacht im Bündnis immer enger an Frankreich angelehnt. Dies entsprach einer Verschiebung der Akzente in der deutschen Außenpolitik, die sich seit etlichen Jahren abgezeichnet hatte. Oberste Maxime der deutschen Außenpolitik war es seit je gewesen, sich nicht zwischen Paris und Washington entscheiden zu müssen und jede derartige Situation nach Kräften zu vermeiden. Wo sich diese Klippe nicht umschiffen ließ, hatte sich die deutsche Außenpolitik jedoch zu Zeiten des Kalten Krieges im Zweifelsfall hin zu den USA orientiert. Nun jedoch war Frankreich für Deutschland wichtiger geworden als Amerika. Dies lag zum einen an den veränderten sicherheitspolitischen Rahmenbedingungen, aber auch an der Europäisierung der deutschen wie der französischen Politik. Das Bündnis mit Amerika war nach wie vor in hohem Maße wünschenswert, die Beziehung zu Frankreich aber war inzwischen aufgrund der vielfältigen Verflechtungen und der zunehmend vergemeinschafteten Politikprozesse der Europäischen Union unverzichtbar geworden.

Dies lag nicht zuletzt auch daran, dass Deutschland (wie Frankreich und Großbritannien) auf Dauer letztlich nur mit einer gemeinsamen europäischen Politik mit Chancen auf Gehör auf die amerikanische Politik einwirken konnte. Die Vertiefung der europäischen Integration insbesondere im Bereich der Außen- und Sicherheitspolitik, die alle drei Staaten seit 1998 – wenngleich aus recht unterschiedlichen Gründen (siehe hierzu den Beitrag von Marco Overhaus) – energisch voranzubringen trachteten, repräsentierte somit auch die Logik einer Politik der *checks and balances* im Bündnis, einer im Grundsatz kooperativen, im Einzelfall aber durchaus konfliktfähigen Einhegung des übermächtigen amerikanischen Bündnispartners. Ein solches Korrektiv exzessiver Pendelausschläge in der amerikanischen Lage läge auch nach Auffassung vieler Amerikaner im Eigeninteresse Washingtons, weil seine Außenpolitik dadurch stetiger, berechenbarer und letztlich durch die Auseinandersetzung mit abweichenden Positionen auch besser werden könnte.

In einigen Bereichen der Vertiefung der europäischen Integration – nicht zuletzt in der Sicherheitspolitik, aber auch in der Sicherung der Haushaltsgrundlagen für die anstehende Erweiterung, in der Innen- und Rechtspolitik sowie in der Verfassungsdiskussion – wurden in diesem Sinne durchaus auch signifikante Fortschritte erzielt, zu denen die rot-grüne Außenpolitik ihren Teil beigetragen hatte (vergleiche hierzu den

Beitrag von Sebastian Harnisch und Siegfried Schieder). Bis vor wenigen Monaten wurden weitere Fortschritte jedoch dadurch beeinträchtigt bzw. verhindert, dass das deutsch-französische Tandem aus dem Tritt geraten schien. Kaum noch etwas klappte zwischen Paris und Berlin, und damit fehlten auch der Vertiefung der europäischen Integration wichtige Impulse. Dies lag sicherlich nicht nur an Berlin: Die *cohabitation* eines neo-konservativen Staatspräsidenten mit einer linken Regierung hatte zur Lähmung der französischen Deutschland- und Europapolitik beigetragen. Doch auch Berlin hatte die Beziehungen zu Paris seit 1998 vernachlässigt, ja manchmal – wie etwa durch unkluge Vorab-Festlegungen des Bundeskanzlers vor dem EU-Gipfeltreffen in Köln 1999 zur zukünftigen Finanzverfassung der Gemeinschaft – unnötig belastet. Erst nachdem die Präsidentschafts- und Parlamentswahlen in Frankreich der *cohabitation* ein Ende bereitet hatte, nachdem die Spannungen zwischen Berlin und Washington eskaliert waren und der vierzigste Jahrestag des Elysee-Vertrages am 22. Januar 2003 eine willkommene Gelegenheit lieferte, die bilateralen Beziehungen neu zu durch-denken und zu gestalten, besserte sich das Verhältnis (vergleiche hierzu den Beitrag von Christoph Neßhöver). Dies kam auch der EU-Osterweiterung zugute, die von Rot-Grün als wichtiges europapolitisches Ziel von ihrer Vorgängerin übernommen worden war (siehe hierzu den Beitrag Henning Tewes).

Noch ist es allerdings zu früh, die Probleme des deutsch-französischen Tandems für beendet zu erklären. Denn die Kompromisse, die den gemeinsamen Vorstößen Frank-reichs und Deutschlands in der EU und auch im Sicherheitsrat zugrunde lagen, beruhen oft mindestens ebenso sehr auf Formeln und auf der stillschweigenden oder expliziten Übereinkunft, Problemlösungen zu vertagen, als auf einer substanziellen Annäherung der Positionen. Auch im deutsch-französischen Verhältnis nimmt die Europäisierung der (Außen-) Politik deshalb immer wieder Züge von Vermeidung und Vertuschung an: Probleme werden für gelöst erklärt, indem man sie auf die europäische Ebene hievt, dort institutionelle Neuerungen einrichtet, aber dabei wenig Wert darauf legt, ob diese institutionellen Arrangements problemgerecht angelegt und finanziell wie personell hinreichend ausgestattet sind. Ein Paradebeispiel für diese Tendenz zu Pseudo-Lösungen ist die Gemeinsame Europäische Sicherheits- und Verteidigungspolitik (GESVP) der EU, die zwar über ein voll entfaltetes Institutionengefüge gebietet, deren sicherheitspolitische Zielsetzungen aber nach wie vor wenig präzise und deren Ressourcenausstattung eindeutig unzureichend ist. Die deutsche Politik in der GESVP ist in diesem Zusammenhang besonders widersprüchlich (siehe hierzu den Beitrag von Marco Overhaus).

Diese Ambivalenz der GESVP – wie auch anderer Versuche, gemeinsame Probleme durch europäische Arrangements zu lösen – deuten auf ein umfassenderes Problem der internationalen Beziehungen an der Schwelle des 21. Jahrhunderts, für das die deutsche Außenpolitik zugleich besonders empfänglich ist: Die Tendenz, multi-laterale Institutionen mit anspruchsvollen Aufgaben und schwierigen Problemen zu betrauen, ihnen zugleich aber die dafür erforderlichen Kompetenzen und Ressourcen vorzuenthalten. Institutionen werden so zu Opfern nationalstaatlicher Vermeidungs-strategien und riskieren damit, ihre Glaubwürdigkeit und ihr Ansehen zu verspielen. Die deutsche Außenpolitik tendiert aufgrund ihrer großen – und überwiegend positiven – Erfahrungen mit dem Multilateralismus dazu, in multilateralen Institutionen die Antwort auf jedes Problem zu sehen. Dies entspricht der Entwicklungslogik der inter-nationalen Beziehungen in den letzten Jahrzehnten, verkennt aber, dass multilaterale

Politikprozesse und Institutionen alleine zwar eine oft notwendige, aber noch keineswegs auch eine hinreichende Voraussetzung für angemessene Problembewältigung darstellen. So sind die Erfahrungen mit dem Stabilitätspakt für Südosteuropa bislang ebenso ambivalent (siehe hierzu den Beitrag von Constantin Grund) wie diejenigen mit der Internationalen Afghanistan-Konferenz. Ähnliches gilt auch für andere Weltregionen. In Ostasien etwa sind die Problemlösungsfähigkeiten des ASEAN Regional Forum, der APEC oder auch der Asia Europe Meetings (ASEM) (siehe hierzu den Beitrag von Jörn-Carsten Gottwald) noch keineswegs evident. Andererseits zeigen die Erfahrungen nicht zuletzt der deutschen Friedensbemühungen im Nahen Osten die ungünstigen Auswirkungen fehlender multilateraler Strukturen (vergleiche hierzu den Beitrag von Hanns Maull). Es scheint, als ob der Wert multilateraler Institutionen und deren Politikprozesse von ihren Mitgliedsstaaten weniger in ihren Beiträgen zu Problemlösungen gesehen würden als in den Möglichkeiten, damit nationale Politikstrategien innenpolitisch oder international zu legitimieren und zugleich andere Staaten durch diese Institutionen und Prozesse einzubinden und damit ihr Verhalten berechenbarer zu machen. Doch was, wenn sich die Objekte dieser Einbindungspolitik von den Institutionen nicht mehr einbinden lassen – wie etwa die USA in der NATO, Russland in der OSZE, oder Nordkorea und der Irak im Nichtverbreitungs-Regime?

Zwischenbilanz: Die brüchigen externen Fundamente der deutschen Außenpolitik

Ziehen wir eine Zwischenbilanz. Nach vier Jahren und hundert Tagen rot-grüner Außenpolitik sind mehrere der traditionellen Fundamente der deutschen Außenpolitik nach 1949 brüchig geworden. Dies gilt vor allem für die Partnerschaft mit den Vereinigten Staaten. Gewiss: Der Pulverdampf der aktuellen Auseinandersetzungen wird verwehen, die Gemüter werden sich beruhigen. Die Bedeutung dieser Partnerschaft ist nach wie vor für beide Seiten so groß, dass Europa und Amerika früher oder später wieder konstruktiv aufeinander zugehen werden. Dennoch wird das Verhältnis wohl nie mehr so eng und gestaltungsfähig sein wie in der Vergangenheit. Das liegt nicht nur an dem Flurschaden, der durch die aktuellen Zerwürfnisse entstanden ist, sondern auch und vor allem am Auseinanderdriften der beiden Hälften der Atlantischen Welt. Die Neuorientierung der amerikanischen Außenpolitik durch die gegenwärtigen Administration dürfte grundlegend und nachhaltig sein. Jedenfalls wäre es für die deutsche Außenpolitik verfehlt, auf einen raschen außenpolitischen Umschwung in Washington zu hoffen. Die Wahlergebnisse der Zwischenwahlen zum Kongress gaben dafür wenig Anhaltspunkte, und die grundsätzlicheren Unterschiede in den Bedrohungsperspektiven und den strategischen Orientierungen würden auch unter einem demokratischen Präsidenten weiter bestehen bleiben. Sie beruhen letztlich auf Unterschieden in den politischen Kulturen und in der Demographie Europas und Amerikas sowie auf parallelen, aber im einzelnen durchaus verschiedenen Prozessen der Aushöhlung des Politischen. In Amerika vollzieht sich dies in Gestalt einer Umorientierung des Staates weg von sozialstaatlichen auf militärische und polizeilich-sicherheitsdienstliche Instrumente und Methoden, in Deutschland dagegen als politische Verknöcherung schwerfälliger Entscheidungsprozesse und eine kompensatorische Neigung zur medialen Selbstinszenierung der Politik.

Die NATO dürfte auch nach der gegenwärtigen Krise kaum zu ihrer alten Bedeutung zurückfinden, weil sich zwischen Amerika und zumindest einigen seiner

Verbündeten, darunter insbesondere Deutschland und Frankreich, grundsätzlich unterschiedliche Bewertung der Bedrohungen und vor allem Auffassungsunterschiede darüber ergeben haben, wie diese neuen Bedrohungen am besten eingehegt werden könnten. Bei der Problemanalyse unterscheiden sich die Sichtweisen Amerikas und Europas etwa hinsichtlich der Risiken, die die gegenwärtige israelische Politik im Nahen Osten mit sich bringt, hinsichtlich der Verbindungen zwischen „Schurkenstaaten" und internationalem Terrorismus, oder hinsichtlich des Stellenwertes der islamischen Religion im Kontext der terroristischen Gefahren. Was geeignete Strategien anbelangt, so unterscheiden sich die Einschätzungen beim relativen Stellenwert militärischen und zivilen Krisenmanagements, bei den Vorstellungen zu politischen Entscheidungsprozessen und bei der Prioritätensetzung etwa mit Blick auf den Nahostkonflikt. Mit diesem Auseinanderdriften Amerikas und Europas verliert auch ein wichtiger institutioneller Anker und Rahmen der bisherigen außenpolitischen Erfolge Deutschlands an Gewicht und damit an stabilisierender Wirkung. Die Krise im transatlantischen Verhältnis hat zwar auch die Europäische Union gespalten, aber sie haben immerhin Deutschland und Frankreich enger zusammen geführt und die europäische Integration vorangetrieben. Dennoch bröckeln auch in Europa die alten außenpolitischen Fundamente der deutschen Diplomatie. Denn bei allen erkennbaren Vertiefungsfortschritten ist noch unklar, ob und wie weit die Europäische Union in ihren Außenbeziehungen gestaltungsfähig wird, und ob sie nach der größten Erweiterung ihrer Geschichte überhaupt noch funktionieren kann. Die Spaltung der EU durch das deutsch-französische Zerwürfnis mit Amerika und die Haltung der mittelosteuropäischen Staaten in diesem Zusammenhang ist ein schlechtes Omen. Zugleich wird immer deutlicher erkennbar, dass die europäischen Institutionen ihren Aufgaben oft nicht gewachsen sind, weil ihnen die Mitgliedsstaaten die dafür erforderlichen Kompetenzen und Ressourcen verweigern und sie zugleich erbarmungslos für nationale Zielsetzungen zu instrumentalisieren versuchen. Auch die Bundesrepublik macht da keine Ausnahme, wie gleich noch ausführlicher zu zeigen sein wird. Und schließlich ist auch das bilaterale Verhältnis zu Frankreich noch keineswegs wirklich bereinigt: Die wechselseitige Vernachlässigung der Beziehungen und die nur geringe Neigung der beiden wichtigsten politischen Protagonisten, Jacques Chirac und Gerhard Schröder, dem deutsch-französischen Verhältnis als Motor in Europa absolute Priorität zu geben, lassen auch in Zukunft Meinungsverschiedenheiten und Konflikte (und damit neue Rückschläge für das Verhältnis) wahrscheinlich erscheinen. Um mit diesen (unvermeidlichen) Konflikten konstruktiv umzugehen, bedürfte es entweder enger persönlicher Vertrautheit zwischen den beiden Protagonisten oder, besser, wirksamer institutioneller Mechanismen zur Dynamisierung der deutsch-französischen Partnerschaft. Erstere scheint zwischen Chirac und Schröder nicht zu bestehen; ob die im Zusammenhang mit dem vierzigsten Jahrestag des Elysée-Vertrages beschlossenen institutionellen Reformen zur Verbesserung der Zusammenarbeit funktionieren werden, bleibt abzuwarten. Dagegen spricht die Tendenz auf beiden Seiten des Rheins, die Außenpolitik für innenpolitische Ziele und Schachzüge zu instrumentalisieren und damit mit zusätzlichem Ballast zu beschweren.

Außenpolitik unter dem Joch europäischer Verflechtungen, binnenwirtschaftlicher Zwänge und innenpolitischer Kalküle

Zu den Kontinuitätslinien deutscher Außenpolitik in den 1990er Jahren über den Machtwechsel zu Rot-Grün hinweg zählt auch die zunehmende Verstrickung der gesamten Regierungstätigkeit in europäische Politikprozesse (Europäisierung) sowie die Tendenzen zur Instrumentalisierung der Außenpolitik durch binnenwirtschaftliche Interessen (Ökonomisierung) und innenpolitische Kalküle (Domestizierung). Diese Trends setzten schon bald nach der Vereinigung, nämlich nach der Verabschiedung der Maastrichter Verträge und der Realisierung der Währungsunion, und damit bereits unter der Vorgängerregierung von Rot-Grün ein (Maull 2002). Natürlich schöpft jede Außenpolitik aus dem Ressourcenreservoir der eigenen Volkswirtschaft und der Bevölkerung für ihre Ziele, und es ist offensichtlich, dass die durch die Vereinigungskosten dauerhaft belastete deutsche Wirtschaftskraft der „Scheckbuch-Diplomatie" Deutschlands nun engere Grenzen zog (siehe den Beitrag von Henning Tewes). Hinzu kam die zunehmende Lähmung der Wirtschaftsdynamik Deutschlands im Dickicht bürokratischer Reglementierungen, neo-korporatistischer Interessenarrangements und konsensdemokratischer Politikverflechtungen. Besonders gravierend machte sich diese Problematik bei der Reform der Bundeswehr bemerkbar: Hier geriet die rot-grüne Außenpolitik immer stärker in einen Spagat zwischen Zusagen an die Verbündeten einerseits und den Haushaltmitteln für die Bundeswehr andererseits (vergleiche hierzu den Beitrag von Martin Wagener). Allerdings ließe man die rot-grüne Bundesregierung zu glimpflich davonkommen, wenn man diese Widersprüchlichkeit nur der zusehends prekären Haushaltsentwicklung insgesamt anlastete. Es fehlte erkennbar auch der politische Wille zu einer eindeutigen Reformpolitik für die Bundeswehr.

All dies musste auf die Außenpolitik durchschlagen und ihre Handlungsspielräume einengen – insbesondere dort, wo die deutsche Diplomatie in der Regel in der Lage gewesen war, Kompromisse zu finanzieren: in der europäischen Integration. Rot-Grün versuchte, sich diesen unheiligen Traditionen der europäischen Integration zu entwinden, aber dies gelang ihr, wie der EU-Gipfel von Köln 1999 und jüngst der deutsch-französische Kompromiss um die Zukunft der Gemeinsamen Agrarpolitik zeigte, nur teilweise (vergleiche hierzu den Beitrag von Henning Tewes).

Aber außenpolitisches Handeln orientierte sich keineswegs nur an den Sparzwängen einer durch die anhaltenden Kosten der Vereinigung und den Reformstau deutlich eingeengten Haushaltslage, sondern immer häufiger auch an spezifischen innenpolitischen Forderungen und Interessen, wie etwa an denjenigen der Bundesländer im Zusammenhang mit den Bemühungen um eine europäische Asylpolitik oder jenen der öffentlich-rechtlichen Rundfunkanstalten und Sparkassen (vergleiche hierzu den Beitrag von Sebastian Harnisch und Siegfried Schieder). Die Exportförderung und die Rücksichtnahme auf Interessen der Exportindustrie überlagerte auch unter Rot-Grün rasch die guten Absichten der Menschenrechtspolitik (vergleiche hierzu die Beiträge von Jörn-Carsten Gottwald und Florian Pfeil). Ihren traurigen Höhepunkt fand diese Entwicklung dann schließlich in der wahltaktischen Instrumentalisierung des deutsch-amerikanischen Zwistes im Sommer 2002 durch die Koalitionsparteien und ihre Chefs (vergleiche hierzu den Beitrag von Nikolas Busse).

Der außenpolitische Prozess: Dominanz des Kanzleramtes, Primat institutioneller Neuerungen und Vernachlässigung der Substanz

Auch in der Art und Weise, wie Außenpolitik unter Rot-Grün und nunmehr in Berlin gemacht wurde, gab es bemerkenswerte Kontinuitäten. So eroberten sich auch unter Gerhard Schröder das Kanzleramt und Schröder selbst rasch die Definitionsmacht. Sie ging erheblich weiter, als dies die Richtlinienkompetenz des Bundeskanzlers implizierte. Mit Ausnahme der Nahost-Diplomatie und der Verfassungsdiskussion in der EU wurden die wesentlichen Entscheidungen in praktisch allen hier untersuchten Politikfeldern vom Kanzler getroffen. Dieses Muster hatte sich allerdings bereits unter Helmut Kohl spätestens mit dem Abgang von Hans-Dietrich Genscher als Außenminister 1992 verfestigt und wurde nun lediglich mit neuem Personal fortgeführt. Der handwerklichen Qualität der deutschen Außenpolitik schadete diese Entwicklung fast zwangsläufig, bedenkt man die dünne Personaldecke des außenpolitischen Teams im Kanzleramt und die unvermeidlichen Probleme bürokratischer und parteipolitischer Rivalität zwischen den beiden Ämtern. Hinzu kam, dass sich sowohl der Kanzler wie auch der Außenminister gegenüber den Empfehlungen ihrer Diplomaten immer wieder als beratungsresistent erwiesen oder diesen Rat gar nicht erst suchten. Am deutlichsten wurde dies wiederum in den ersten hundert Tagen der neuen Regierung, doch hatte es Pannen schon vorher immer wieder gegeben (man denke nur an die verpatzte Besetzung der Position des IWF-Generaldirektors oder die peinliche Veröffentlichung eines internen, hochsensiblen Botschafterberichtes über Gespräche des außenpolitischen Beraters des Bundeskanzlers, Michael Steiner, in Washington, in denen Steiner behauptete, Libyens Revolutionsführer Ghaddafi habe ihm gegenüber die Urheberschaft des Terroranschlags auf die Berliner Diskothek La Belle zugegeben).

Charakteristisch für den außenpolitischen Politikprozess unter Rot-Grün war zweitens die Neigung zur Neujustierung von Kompetenzen und zur Schaffung neuer Institutionen in der Erwartung, damit auch der Lösung der identifizierten Probleme bzw. der Realisierung der proklamierten Ziele näher zu kommen. Dies war der Fall etwa bei der Entwicklungspolitik (vergleiche hierzu den Beitrag von Peter Molt), der Südosteuropapolitik (vergleiche hierzu den Beitrag von Constantin Grund), der Menschenrechtspolitik (vergleiche hierzu den Beitrag von Florian Pfeil), bei der Außenwirtschaftspolitik (vergleiche hierzu den Beitrag von Florian Lütticken und Bernhard Stahl) und bei der Europapolitik (vergleiche hierzu den Beitrag von Sebastian Harnisch und Siegfried Schieder). In all diesen Bereichen zeigen die hier vorgelegten Analysen ambivalente bis gar keine Fortschritte bei der Bearbeitung der Probleme. Im Ergebnis blieb die rot-grüne Außenpolitik deshalb bei der Umsetzung ihrer anspruchsvollen Programmatik in der Regel im institutionellen Umbau stecken, ohne in der Substanz nachhaltige Impulse zur Problemlösung zu erreichen. Am deutlichsten illustrierte dies das Scheitern der außenwirtschaftlichen Ambitionen Oskar Lafontaines oder die Bundeswehrreform Rudolf Scharpings.

Deutschland unter Rot-Grün: Noch immer Zivilmacht?

Versuchen wir abschließend eine Gesamtbewertung der rot-grünen Außenpolitik aus der Perspektive der Zivilmacht (Maull 1992; Kirste/Maull 1996; Harnisch/Maull 2001). Lässt sich die rot-grüne Außenpolitik noch als die Außenpolitik einer Zivilmacht verstehen (analytische Fragestellung)? Und entspricht sie den Anforderungen, die sich idealtypisch an eine Zivilmacht stellen lassen (normative Fragestellung)?

Die analytische Frage erscheint auf den ersten Blick leicht zu beantworten. Immerhin hat sich die Sicherheitspolitik der Bundesrepublik seit 1998 mit den Kampfeinsätzen im Kosovo-Konflikt und in Afghanistan (noch dazu ohne Mandat des Sicherheitsrates!) je nach Einschätzung „normalisiert" (so Martin Wagener in seinem Beitrag) oder „militarisiert". Allerdings lassen sich diese – ohne Zweifel gewichtigen – Veränderungen der deutschen Sicherheitspolitik auch anders deuten, nämlich als Detailmodifikationen einer grundsätzlich nach wie vor dem Zivilmacht-Rollenkonzept verpflichteten Außen- und Sicherheitspolitik im Lichte veränderter Umstände (Maull 1999, 2000). Schwer einzuordnen ist in diesem Zusammenhang lediglich die Beteiligung der KSK-Spezialkräfte an den Kampfhandlungen in Afghanistan. Und problematisch erscheinen aus dieser analytischen Perspektive insgesamt weniger die neuen Auslandseinsätze der Bundeswehr als das auffallende Auseinanderklaffen zwischen dem zivilmachtskonformen Anspruch auf politische Mitgestaltung einerseits und der nicht selten unzureichenden Ressourcen-Mobilisierung zur Umsetzung dieses Anspruchs andererseits (so etwa auf dem Balkan, in der Entwicklungs- und in der europäischen Sicherheitspolitik). Immerhin lassen sich diese Ungereimtheiten wenigstens in der Sicherheitspolitik plausibel auf die stark verinnerlichten Vorbehalte gegenüber militärischen Machtmitteln zur Regelung politischer Konflikte zurückführen und damit ebenfalls in den Kategorien der Zivilmacht verstehen (siehe den Beitrag von Marco Overhaus). Erst die unilaterale Festlegung der deutschen Außenpolitik im Kontext der Irak-Krise mit der prinzipiellen Vorab-Verweigerung jeglicher deutscher Unterstützung für eine Zwangsmaßnahmen legitimierende Resolution des VN-Sicherheitsrates stellte eine eindeutige Abkehr vom Zivilmacht-Rollenkonzept dar, das ja gerade durch die Bereitschaft zum Souveränitätsverzicht, durch prinzipiellen Multilateralismus und durch Bemühungen um Verregelung und Verrechtlichung der internationalen Beziehungen gekennzeichnet ist. Allerdings ist in diesem Zusammenhang auch anzumerken, dass das Wahlkampfkalkül von SPD und Grünen nur deshalb erfolgreich aufgehen konnte, weil die zivilmachtstypischen Vorbehalte gegen militärische Machtmittel und Gewaltanwendung in der außenpolitischen Kultur der Bundesrepublik und in der deutschen Bevölkerung ganz offenkundig noch stark verwurzelt sind (Maull 2001). Insofern zeigte sich in dieser Situation, wie stark die spezifischen Elemente der außenpolitischen Kultur einer Zivilmacht inzwischen in der bundesdeutschen Bevölkerung über Parteigrenzen und soziale Unterschiede hinweg verankert sind (Maull 2001). Deutlich wurden jedoch auch die Schwierigkeiten, die als Zivilmacht agierenden Staaten entstehen, wenn wichtige Partner nicht bereit oder nicht in der Lage sind, eine mit den Handlungsmöglichkeiten und -beschränkungen einer Zivilmacht kompatible Politik zu verfolgen. Dies war mit der Umorientierung der amerikanischen Außenpolitik nach dem 11. September 2001 der Fall: Die Vereinigten Staaten, die wesentlich dazu beigetragen hatten, die Bundesrepublik als Zivilmacht zu sozialisieren und zu integrieren, verfolgten nun eine Außenpolitik, die in mehreren zentralen Aspekten (Einstellung zum Völkerrecht und zu Internationalen Organisationen, Einschätzung der Relevanz militärischer Machtmittel, Neigung zu unilateraler Politik) den Leitlinien zivilmachtskonformer Außenpolitik fast diametral entgegenstand.

Will man die rot-grüne Außenpolitik aus der normativen Perspektive des Zivilmachtsansatzes bewerten, so muss die Bilanz insgesamt recht kritisch ausfallen. Zwar beanspruchte die rot-grüne Außenpolitik immer wieder, sich für die Zivilisierung der internationalen Beziehungen einsetzen zu wollen, doch blieben die Ergebnisse dieser Politik auch dann eindeutig hinter vernünftigen Erwartungsmaßstäben zurück, wenn man die im Vergleich zu den Vorgängerregierungen deutlich schwierigen äußeren und inneren Rahmenbedingungen in Rechnung stellt. Die außenpolitische Zivilisierungspolitik der rot-grünen Bundesregierung war, wie unsere Analysen zeigen, stark in der Programmatik, aber schwach in ihren Ergebnissen. Dies lag eben nicht nur an den Widrigkeiten der Zeitläufe, sondern auch an mangelndem politischen Willen, fehlender Konsequenz, handwerklichen Fehlern und gelegentlich auch an innenpolitischem Opportunismus. Die rot-grüne Bundesregierung hat die deutsche Außenpolitik nur selten gestaltet, zumeist nur verwaltet und in Kernbereichen sogar vernachlässigt. Sie hat damit selbst dazu beigetragen, dass sie durch die Veränderungen der internationalen Beziehungen und der amerikanischen Außenpolitik im Gefolge des 11. Septembers 2001 in die Defensive gedrängt wurde und sich schließlich selbst ins Abseits manövrierte. Als gute und enge Kooperationsbeziehungen zu Paris und Washington, als leistungsfähige internationale Organisationen wie die EU, die NATO und die VN gebraucht worden wären, zeigten sich die Folgen dieser Vernachlässigung, die Berlin zwar nicht alleine, aber eben doch auch zu verantworten hatte. So besehen, kam das Debakel der deutschen Irak-Politik zu Beginn des Jahres 2003 nicht einmal allzu überraschend.

***

Dieses Projekt entstand am Lehrstuhl für Außenpolitik und Internationale Beziehungen der Universität Trier in Zusammenarbeit mit PIN. Sie knüpft an eine frühere Analyse des Lehrstuhls zur rot-grünen Außenpolitik an, die 1999 vorgelegt wurden (Maull/Neßhöver/Stahl 1999). Das Autorenteam rekrutierten wir vornehmlich aus gegenwärtigen und früheren Mitarbeitern des Lehrstuhls, aus dem Kreis der Kollegen der Politikwissenschaft in Trier und aus Absolventen des Lehrstuhls. Wir danken allen Autoren ganz herzlich für ihre Bereitschaft, dieses Projekt mit recht engen Zeitvorgaben anzugehen (und diese auch weitestgehend einzuhalten!) sowie für ihre Geduld und ihr Verständnis bei der Umsetzung unserer Anregungen, Kürzungsvorschläge und Kritik. Siegfried Schieder, Marco Overhaus und Martin Wagener haben zudem alle Beiträge gelesen und sie mit den Herausgebern in mehreren gemeinsamen Redaktionssitzungen besprochen; dafür unseren besonderen Dank! Winand Gellner und Gerd Strohmeier haben unseren Vorschlag einer Gemeinschaftspublikation mit PIN sofort aufgegriffen und tatkräftig umgesetzt; wir danken ihnen und dem NOMOS-Verlag für die gute Zusammenarbeit und hoffen, dass auch sie mit dem Produkt zufrieden sind.

Bei der Organisation und Umsetzung des Projektes konnten wir uns einmal mehr auf die bewährten Fähigkeiten und die Hilfsbereitschaft von Christine Ann Rupp und unser hervorragendes Team von Hilfskräften stützen. Ohne ihre tatkräftige Unterstützung, vor allem aber ohne den Einsatz, ohne die vielfältigen Anregungen und die konstruktive Kritik meiner Mitherausgeber Sebastian Harnisch und Constantin Grund wäre dieser Band wohl kaum zustande gekommen.

Literaturverzeichnis

Harnisch, Sebastian/ Maull, Hanns W. (2001): Germany as a Civilian Power. The Foreign Policy of the Berlin Republic, Manchester.

Kirste, Knut/ Maull, Hanns W. (1996): Zivilmacht und Rollentheorie, in: Zeitschrift für Internationale Beziehungen 3:2, S. 283-312.

Maull, Hanns W. (2000): Germany and the Use of Force: Still a `Civilian Power`?, in: Survival, 42:2 (Summer 2000), S. 56-80.

Maull, Hanns W. (2001): Außenpolitische Kultur, in: Korte, Karl-Rudolf/ Weidenfeld, Werner (Hrsg.): Deutschland Trendbuch. Fakten und Orientierungen, Bonn, S. 645-672.

Maull, Hanns W. (2002): Die Außenpolitik der rot-grünen Koalition: Kontinuität und Wandel, in: Wagner, Wolfgang et al. (Hrsg.): Die Internationale Politik 1999/2000, München, S. 161-172.

Maull, Hanns W./ Neßhöver, Christoph/ Stahl, Bernhard (Hrsg.) (1999): Lehrgeld. Vier Monate rot-grüne Außenpolitik, Trier (Trierer Arbeitspapiere zur Internationalen Politik No.1), unter: http://www.deutsche-aussenpolitik.de/resources/tazip/tazip1.pdf [2.2.2003].

Die Entfremdung vom wichtigsten Verbündeten. Rot-Grün und Amerika

Nikolas Busse

Zu Beginn der zweiten Amtszeit von Rot-Grün waren die deutsch-amerikanischen Beziehungen so schlecht wie noch nie nach dem Zweiten Weltkrieg. Die Sicherheitsberaterin des amerikanischen Präsidenten, Condoleezza Rice, sprach von „vergifteten Beziehungen". Erst weigerte sich Verteidigungsminister Donald Rumsfeld, seinen deutschen Kollegen Peter Struck auf einem NATO-Treffen in Warschau zu einem bilateralen Gespräch abseits der Konferenz zu empfangen. Dann lehnte der amerikanische Präsident George W. Bush eine gesonderte Zusammenkunft mit Bundeskanzler Schröder beim NATO-Gipfeltreffen in Prag ab. Wie angespannt die Atmosphäre war, ließ sich auch daran ablesen, daß Bush sich nach dem Wahlsieg der rot-grünen Regierung im September 2002 weigerte, Schröder persönlich zu dessen Erfolg zu gratulieren. Als ob es sich um eine Fieberkurve handle, untersuchten die deutschen Medien für einige Wochen dann jede noch so kleine Bemerkung aus dem Weißen Haus daraufhin, ob sie Anzeichen für eine Aussöhnung zwischen Berlin und Washington enthalte. Routinemäßige Glückwunschtelegramme des amerikanischen Präsidenten, wie etwa zum Tag der deutschen Einheit, wurden geprüft wie früher Mitteilungen des Kreml, ob sie nicht eine versteckte Botschaft der Entspannung enthielten. Diese groteske Lage, die von den Pressestellen der Bundesregierung Nahrung erhielt, zeigt auch, wie unvorbereitet die Regierung (und die deutsche Öffentlichkeit) auf einen massiven Streit mit ihrem wichtigsten Verbündeten war.

Anlaß der Auseinandersetzung, die einschneidende und weitreichende Folgen für die deutsche Außenpolitik haben dürfte, war die Irak-Krise. Bundeskanzler Schröder hatte im Wahlkampf eine deutsche Beteiligung an einem möglichen Feldzug gegen Saddam Hussein kategorisch ausgeschlossen und einen Krieg generell nicht gutgeheißen. Dem amerikanischen Präsidenten Bush erschwerte er damit die Bildung einer Koalition der westlichen Demokratien gegen den Diktator in Bagdad und enttäuschte ihn dem Vernehmen nach auch persönlich.[1] Bei genauerem Hinsehen war der Streit über den Irak-Konflikt aber nur die Kulmination einer allgemeinen außenpolitischen Entfremdung zwischen großen Teilen der politischen Eliten in Amerika und Deutschland. Schon zuvor hatte es grundlegende Auseinandersetzungen gegeben, die von deutscher Seite meistens mit den Begriffspaaren zivile versus militärische bzw. unilaterale versus multilaterale Außenpolitik beschrieben wurden. Dieser Beitrag wird versuchen, die wichtigsten Ursachen dieser Entwicklung darzustellen und zu beschreiben, wie sich der Prozeß der Entfremdung vollzog.

---

[1] Im Herbst 2002 verbreiteten amerikanische Diplomaten in Berlin eine Zeitlang die Darstellung, Schröder habe dem Präsidenten im Frühjahr des Jahres (mutmaßlich bei dessen Berlin-Besuch) versprochen, sich einem möglichen Krieg nicht entgegenzustellen. Angeblich soll Schröder gesagt haben, wenn der Krieg nur kurz dauere, dann werde Berlin keine Einwände erheben. Bush sei dann persönlich gekränkt gewesen als Schröder im Wahlkampf plötzlich massiv Stellung gegen eine militärische Intervention genommen habe.

Kurz vor der Bundestagswahl 1998 sah es so aus, als ob ein Regierungswechsel zumindest eines nicht verändern würde: Auch wenn noch nie eine rot-grüne Koalition Deutschland regiert hatte, so schien es damals unwahrscheinlich, daß deren politische Führung die transatlantischen Beziehungen in Frage stellen würde. Bei einer Vorstellungsreise nach Washington im August 1998 gelang es dem Kanzlerkandidaten Gerhard Schröder auch, genau diesen Eindruck in der amerikanischen Hauptstadt zu erwecken. Brav sprach er von einem Verhältnis zu Amerika, daß so selbstverständlich sei, daß „es nicht ständiger politischer Beschwörung bedarf, daß wir miteinander auskommen" (FAZ 6.8.1998). Schröder bezeichnete die Partnerschaft mit Amerika als unentbehrlich, als wesentliche Voraussetzung für Deutschland zum Erreichen anderer Ziele. Ebenso wie ein ähnlich verlaufender Besuch von Rudolf Scharping zuvor, hinterließ dies bei den Amerikanern den beruhigenden Eindruck, daß sich in der deutschen Außenpolitik nicht viel ändern werde, sollte die Regierung Kohl/Kinkel abgewählt werden. Tatsächlich gab es zunächst keinen Anlaß zu vermuten, daß SPD und Grüne das „Fahren im alliierten Geleitzug" (Kinkel), eine der herausragendsten Eigenschaften der jüngeren deutschen Außenpolitik, aufgeben würden. Vor der Wahl billigte die SPD zwei Militärschläge des Präsidenten Bill Clinton gegen Afghanistan und Sudan zur Bekämpfung des Terrorismus; nach ihrem Wahlerfolg hatte die neue Regierung nichts gegen amerikanische Militärschläge gegen den Irak einzuwenden. So kam es, daß Ende 1998 in Washington nicht der grüne Außenminister Joschka Fischer Sorgen bereitete, sondern allenfalls der SPD-Finanzminister Oskar Lafontaine. Dessen Vorstellungen von einer geldpolitischen „Einbindung" der Europäischen Zentralbank machte den neoliberal ausgerichteten Wirtschaftspolitikern in Amerika mehr zu schaffen als möglicher Anti-Amerikanismus in Fischers Partei.

Fischer selbst förderte diesen Eindruck mit der Aussage, er werde keine „grüne", sondern eine „deutsche" Außenpolitik betreiben. Bei genauem Hinsehen zeigten sich aber schon in jenen ersten Tagen der rot-grünen Regierung frühe Spuren der transatlantischen Irritationen, die vier Jahre später zum großen Zerwürfnis führen sollten. In der Reaktion auf die Angriffe auf den Irak – es handelte sich um eine Strafaktion für die Weigerung Saddam Husseins, mit den Waffeninspekteuren der UNSCOM zusammenzuarbeiten – hatte sich zwar die Regierung auf die Seite Amerikas gestellt. Aus der Partei der Grünen kam aber schon verklausulierte Kritik an der Anwendung von Gewalt. Sie wurde bloß nicht allzu laut geäußert, um den eigenen Minister nicht zu beschädigen. Zuvor hatte Fischer selbst im November in der NATO und besonders bei der amerikanischen Außenministerin Madeleine Albright für Befremden gesorgt, weil er gefordert hatte, die Allianz solle darauf verzichten, Aggressoren mit dem Ersteinsatz von Atomwaffen zu drohen. Schließlich war von Karsten Voigt, dem neuen Koordinator für die transatlantischen Beziehungen im Auswärtigen Amt, im Februar 1999 zu hören, für Deutschland sei der Multilateralismus Staatsraison, für die Vereinigten Staaten dagegen nicht.

Damit waren schon in den ersten Monaten der rot-grünen Regierung die wichtigsten Themen angesprochen, die später im Verhältnis zu Amerika schwierig wurden: die Rolle von Gewalt in der Weltpolitik und die Frage der Herrschaftsstrukturen im internationalen System. Noch wurden sie durch rhetorische Rückzieher oder Schweigen in der ersten Reihe überspielt. Letztlich verbargen sich dahinter aber Traditionslinien zweier Parteien, die in den Jahrzehnten zuvor stark von Anti-Amerikanismus und pazifistischem Gedankengut geprägt worden waren. Bei den Grünen, die unter anderem aus der Friedensbewegung hervorgegangen waren, war dies natürlich besonders ausgeprägt. Aber auch in der SPD hatte es zu Beginn der achtziger Jahre viele Politiker gegeben, die sich gegen die NATO-Nachrüstung und die Stationierung von Pershing-Raketen in West-Europa ausgesprochen hatten. Hier bestand insbesondere ein Unterschied zur CDU Helmut Kohls, der in der ersten Zeit nach dem Regierungswechsel zunächst von der verbalen Kontinuität der deutschen Außenpolitik überdeckt wurde. Für die CDU waren die Befreiung vom Dritten Reich und die Westbindung immer zwei Seiten der gleichen Medaille gewesen. Bei den Sozialdemokraten herrschte aber spätestens seit Brandts Ostpolitik eine gewisse Skepsis gegenüber den Amerikanern und ihrer oft konfrontativen Politik gegen feindlich gesinnte Staaten vor. Und große Teile der Grünen trugen mit ihren ökologischen und radikalpazifistischen Wurzeln eine äußerst kritische Haltung gegenüber dem amerikanischen Wirtschaftsmodell und dem Machtanspruch dieses Landes in die Koalition hinein.

Noch treu an der Seite Washingtons: der Kosovo-Krieg

Auf den ersten Blick widerspricht der Verlauf des Kosovo-Kriegs der soeben vorgetragenen These. Denn wenige Monate nach ihrem Amtsantritt führte die rot-grüne Bundesregierung die Bundeswehr im Frühjahr 1999 in ihre ersten größeren Kampfeinsätze seit dem Zweiten Weltkrieg. Die Bundeswehr beteiligte sich mit Tornados der Luftwaffe an den Bombenangriffen auf Jugoslawien, mit denen der Belgrader Herrscher Slobodan Milosevic zur Beendigung seiner Unterdrückung der Kosovo-Albaner gezwungen wurde (vgl. hierzu die Beiträge von Martin Wagener und Constantin Grund in diesem Band).

Damals hatten viele Beobachter den Eindruck, daß die rot-grüne Koalition unter der Last der Umstände ein Projekt ihrer Vorgänger fortführte, dem sie bis dahin reichlich skeptisch gegenübergestanden hatte: der Übernahme von mehr weltpolitischer Verantwortung durch das wiedervereinte Deutschland. Schröder und vor allem Fischer erhielten damals in Zeitungskommentaren und politikwissenschaftlichen Analysen viel Lob dafür, daß sie gegen erheblichen innerparteilichen Widerstand einer deutschen Beteiligung an dem Krieg zustimmten. Manche Beobachter argumentierten, letztlich sei es fast ein Glücksfall gewesen, daß zu einem Zeitpunkt, da sich Deutschland nicht mehr mit einem Scheck von seinen Verpflichtungen hätte freikaufen können, eine rot-grüne Regierung an der Macht gewesen sei. Hätten damals noch CDU und FDP regiert, so diese Meinung, dann hätten SPD und Grüne wohl große Demonstrationen gegen den Kosovo-Einsatz veranstaltet, was den Handlungsspielraum der Regierung womöglich empfindlich eingeschränkt hätte. Nach dieser Lesart konnte letztlich nur eine linke Regierung in Deutschland jene (teilweise selbstauferlegten) Fesseln lösen, die seit 1945 einer aktiveren deutschen Außenpolitik im Wege gestanden hatten. Da all dies auch noch in einer gemeinsamen Aktion mit den von Amerika geführten NATO-Verbündeten geschah, entstand tatsächlich der Eindruck, das größer gewordene Deutschland habe seinen Platz in der Weltpolitik schon gefunden: zu Taten bereit, aber fest verankert im westlichen Lager, unter der Führung und an der Seite Washingtons.

Im Rückblick wird deutlich, daß tatsächlich etwas anderes stattgefunden hatte: Um den Krieg ihrer Klientel (und der deutschen Öffentlichkeit) als legitim darzustellen, stellten beide Parteien die Luftangriffe der NATO als moralisch notwendige Handlung zur Verhinderung eines Völkermordes an den Albanern im Kosovo in den Mittelpunkt ihrer Rechtfertigung der Kampfeinsätze. Verteidigungsminister Rudolf Scharping sprach einmal sogar ausdrücklich davon, daß es gelte, einen neuen Holocaust zu verhindern. Auch dem Personal der rot-grünen Regierung war klar, daß es im Kosovo-Konflikt auch um – durchaus vertretbare – politisch-strategische Fragen ging: Deutschland konnte keine Flüchtlinge mehr vom Balkan aufnehmen; die nicht endenden Bürgerkriege im zerfallenden Jugoslawien bedrohten die Stabilität Südeuropas; letztlich ging es auch darum, wer – und wessen Ordnungsmodell – in Europa das Sagen hatte. All das wollte die Koalition aber nicht offen zugeben, weil sie Angst hatte vor dem öffentlichen Protest und der ohnehin nur schwer kontrollierbaren Stimmung der Kriegsgegner in den eigenen Reihen. Die statt dessen herausgestellte moralische Begründung des Krieges führte nicht nur im Ausland zu Mißverständnissen.[2] Sie bestärkte auch bedeutende Teile der Regierungsparteien in der Ansicht, daß es in der Außenpolitik um idealistische Ziele ginge. Das wirkte sich bald auf die Beziehungen zu Amerika aus.

Der erste ernste Streit: Raketenabwehr

Schon ein halbes Jahr später, zu Beginn des Jahres 2000, zeigte sich, wie weit die außen- und sicherheitspolitischen Vorstellungen zwischen Berlin und Washington in Wirklichkeit auseinanderlagen. Das Projekt einer nationalen Raketenabwehr ließ grundlegende Meinungsunterschiede zwischen den beiden Ländern erkennen. Obwohl die breite Öffentlichkeit von diesem Dissens kaum Kenntnis nahm, traten hier zum ersten Mal offen konzeptionelle Unterschiede im außenpolitischen Denken zutage.

Das Projekt einer nationalen Raketenabwehr war ursprünglich vom Kongreß angestoßen worden, wurde dann aber von Präsident Bill Clinton weitergeführt. Es sah (und sieht bis heute) den Bau und die Stationierung von Abfangraketen in den Vereinigten Staaten und anderswo vor, um die amerikanische Bevölkerung vor Angriffen mit ballistischen Raketen aus sogenannten Schurkenstaaten („rogue states") zu schützen. Dazu zählte man in Washington zu verschiedenen Zeiten verschiedene Länder, meist war aber vom Irak, Iran, Nordkorea, Sudan, Syrien und Libyen die Rede. Gemeinsam war diesen Staaten, daß sie sich offen oder geheim um den Besitz von atomaren, chemischen und biologischen Waffen samt der zu ihrem Transport benötigten Raketen bemühten. In der amerikanischen Diskussion war eine Weile von zwei verschiedenen Systemen die Rede: eine nationale Raketenabwehr (national missile defence, NMD) mit Stützpunkten in Amerika sollte das Heimatland schützten, Abwehrsysteme für das Gefechtsfeld (theater missile defence, TMD) sollten für amerikanische Truppen in Asien und im Nahen Osten in Dienst gestellt werden. Später war dann nur noch von Raketenabwehr (missile defence, MD) die Rede, da nun auch die Verbündeten mit einbezogen werden sollten.

In den sicherheitspolitischen Zirkeln Deutschlands stieß das Projekt von Anfang an auf Ablehnung. Zum einen wurden allerlei technische Gründe hervorgebracht, warum es schwierig sei, mit hoher Geschwindigkeit im Weltall anfliegenden feindliche Raketen mit eigenen Raketen abzufangen. Zum anderen erschien es vielen deutschen Fach-

---

2   Eine Zeitlang wurde in vielen Entwicklungsländern der Verdacht geäußert, die NATO betrachte den Kosovo-Einsatz als Auftakt zu weltweiten Interventionen zugunsten der Menschenrechte von verfolgten Minderheiten. Entsprechende Äußerungen waren etwa von Diplomaten und Wissenschaftlern aus China (Tibet) und Indonesien (Ost-Timor) zu hören.

leuten angebrachter, mit der herkömmlichen Rüstungskontrolle gegen die Verbreitung von Massenvernichtungswaffen vorzugehen als mit einer neuen Generation von sehr teuren Abwehrwaffen. Außenminister Fischer, der die Diskussion mit den Amerikanern über dieses Thema lange Zeit alleine führte, machte sich schließlich den russischen Standpunkt zu eigen und wurde damit zu einem der schärfsten europäischen Kritiker des Projektes. Moskau protestierte gegen das amerikanische Vorhaben, weil es gegen den ABM-Vertrag von 1972 verstieß, ein Relikt aus dem Kalten Krieg. Dieser bilaterale Vertrag untersagte Amerika und Rußland (bis auf wenige Ausnahmen) den Bau von nationalen Raketenabwehrsystemen, um die nukleare Abschreckung aufrecht-zuerhalten. Ähnlich wie China befürchtete Moskau, daß ein amerikanisches Abwehr-system die eigenen nuklearen Kapazitäten wirkungslos machen würde und drohte deshalb für den Fall eines Baus des Systems mit einem neuen nuklearen Wettrüsten. Den meisten Fachleuten, auch im deutschen Außenministerium, war klar, daß Rußland dazu genauso die Mittel fehlten wie zum Bau einer eigenen Raketenabwehr. Trotzdem übernahm Fischer das russische Argument und begründete damit gegenüber Wash-ington seine Ablehnung des Vorhabens. Im Dezember 2001, schon unter dem neuen Präsidenten George W. Bush, kündigte Amerika schließlich den ABM-Vertrag und ent-schädigte Rußland mit einer weiteren Absenkung der strategischen Nuklearwaffen auf 1700 bis 2200 für jede Seite. Viele Beobachter hatten schon früher vermutet, daß es der russischen Regierung von Anfang an nur darum gegangen war, den Preis für ihre Zu-stimmung hochzutreiben. Nun bekam Moskau eine Vereinbarung über den Umfang der strategischen Rüstung, die es sich gerade noch leisten konnte.

Nach außen hin hatte die deutsche Regierung in dem Streit gar keine so schlechte Figur gemacht. Auch in anderen Ländern Europas, vor allem in Frankreich, hatte es Widerstand gegen das NMD-Projekt gegeben. Zudem zog Bundeskanzler Schröder im Februar 2001 einen Schlußstrich unter die Debatte in der deutschen Regierung, indem er sagte, die Entwicklung des Systems könne der deutschen Wirtschaft lukrative Auf-träge verschaffen. Tatsächlich hatte der Disput aber offenbart, daß in Amerika und Deutschland grundsätzlich verschiedene Schlüsse aus dem Ende des Kalten Krieges gezogen worden waren. Für viele Verteidigungsplaner in Washington bedeutete der Fall der Berliner Mauer den Beginn einer Phase strategischer Unwägbarkeiten und diffuser neuer Bedrohungen. Neben dem allmählichen Aufstieg Chinas zur Weltmacht, der aber noch in weiter Ferne zu liegen schien, richtete sich ihr Augenmerk schon zu Beginn der neunziger Jahre auf die Proliferation. Die Verbreitung von Massenvernich-tungswaffen in Entwicklungsländern, die von unberechenbaren Diktatoren regiert wurden, beschäftigte schon unter Präsident Clinton diverse Fachkommissionen. Sie ge-langten alle zu der Einschätzung, daß in Auseinandersetzungen mit solchen Regimen die nukleare Abschreckung womöglich nur noch eingeschränkt funktionieren werde, weshalb Amerika sich mit Raketenabwehrsystemen und anderen Maßnahmen schützen müsse.

In Deutschland herrschte dagegen allgemein das Gefühl vor, daß das Land mit dem Wegfall der sowjetischen Bedrohung keinen direkten militärischen Gefahren mehr ausgesetzt sei. Soweit die pazifistische Grundstimmung in Teilen der Regierungs-parteien es überhaupt zuließ, wurden Krieg und Kriegsgefahr ausschließlich als Bürgerkriegsszenarien in Drittländern verstanden. Deshalb sollte auch mit der Reform der Bundeswehr allenfalls die Fähigkeit zur Krisenintervention und zum Einsatz von Friedenstruppen in weit entfernten Einsatzgebieten erworben werden. Fragen der

Landesverteidigung erschienen dagegen fast allen Verteidigungspolitikern der Koalition (und nicht wenigen der Opposition) reichlich irrelevant, weshalb Fischer in der NMD-Diskussion letztlich an den Amerikanern vorbeiredete: Indem er den ABM-Vertrag und die Belange Rußlands in den Vordergrund schob, konzentrierte er sich auf das Konzept der Machtbalance zwischen den beiden Supermächten, das mit dem Ende des Ost-West-Konfliktes irrelevant geworden war. Daß es den Amerikanern aber um neue, asymmetrische Bedrohungen ging, erkannte man damals in Berlin noch nicht. Dieser konzeptionelle Unterschied wurde eine wichtige Ursache für die spätere Auseinandersetzung über die Irak-Politik.

Die Debatte über den Multilateralismus

Im Januar 2001 wurde George W. Bush der 43. Präsident der Vereinigten Staaten. Offiziell beeilte sich die Bundesregierung, dem vormaligen Gouverneur von Texas, einem Sohn des früheren Präsidenten George Bush, zu gratulieren und wieder einmal Freundschaft, Partnerschaft und die Bedeutung der transatlantischen Bindungen hervorzuheben. Hinter den Kulissen waren in Berlin allerdings viele Vorbehalte gegen den neuen Präsidenten zu hören. Der „Konservative mit Herz" (Bushs Wahlkampfslogan) stand bei nicht wenigen rot-grünen Außenpolitikern im Ruf, dumm, uninformiert, und womöglich sogar gefährlich zu sein. Das hatte zum Teil damit zu tun, daß der deutschen Linken die amerikanischen Republikaner, die weltanschaulich viel weiter rechts angesiedelt sind als CDU und CSU in Deutschland, schon immer suspekt waren. Zudem hatte Bush im Wahlkampf einiges gesagt, daß der Politik der deutschen Regierung zuwiderlief: So hatte sich Bush von Anfang an für die Raketenabwehr stark gemacht, wesentlich engagierter noch als sein Vorgänger; auch hatte er deutliche Kritik an den internationalen Bemühungen zum Klimaschutz geübt, einem Herzensanliegen insbesondere der Grünen. Und Bush hatte im Wahlkampf mehrfach betont, daß den Vereinigten Staaten Lateinamerika außenpolitisch wichtiger sein müsse als etwa der ferne Balkan. Diese Aussagen, die vor allem zur Gewinnung von hispanischen Wählerstimmen gedacht waren, riefen in Berlin die Befürchtung hervor, die Amerikaner würden unter Bush ihre Friedenstruppen im ehemaligen Jugoslawien verringern oder vielleicht sogar vollständig abziehen. Das hätte die Europäer vor die schwierige Aufgabe gestellt, selbst (militärisch) für die Stabilität des größten Krisenherdes auf ihrem Kontinent aufzukommen.

Das große Thema dieser ersten Phase von Bushs Amtszeit wurde jedoch ein anderes: Im Frühjahr und Sommer des Jahres 2001 entbrannte zwischen Deutschland und Amerika eine teilweise hitzig geführte Debatte über den Wert des Multilateralismus in der Weltpolitik. Diese Debatte, die einen bis dahin fast nur in der Politikwissenschaft verwendeten Fachbegriff zum politischen Schlagwort machte, wurde vor allem von der neuen amerikanischen Klimapolitik hervorgerufen. Just einen Tag vor Schröders Antrittsbesuch in Washington Ende März hatte die amerikanische Regierung das Kyoto-Protokoll für „tot" erklärt. Diese Vereinbarung von 1997 sieht internationale Maßnahmen zur Verringerung des Ausstoßes von Kohlendioxyd und Treibhausgasen vor und war vor allem von den Staaten der Europäischen Union unterstützt worden. Bushs Regierung stellte sich auf den Standpunkt, daß das Abkommen der amerikanischen Wirtschaft zu große Kosten aufbürde; auch stehe die mit dem Protokoll verfolgte Klimapolitik wissenschaftlich auf unsicheren Füßen. Washington kündigte an, sich nicht an das Protokoll zu halten und nach Wegen zu suchen, die von der Regierung Clinton geleistete Unterschrift unter das Protokoll zurückzuziehen.

Nicht nur in der rot-grünen Bundesregierung, auch in der deutschen Öffentlichkeit stieß dieses Vorgehen auf große Empörung. Das hatte zum einen etwas mit der in Deutschland besonders weit verbreiteten Akzeptanz des Umweltschutzes zu tun, zum anderen aber auch mit der als besonders hemdsärmlig, arrogant und undiplomatisch empfundenen Art, wie Bush seine Interessen geltend machte. Dieser Eindruck erhielt in der darauffolgenden Zeit zusätzliche Nahrung, da die amerikanische Regierung fast im Wochentakt weitere internationale Abkommen kündigte, blockierte oder für irrelevant erklärte. Darunter waren die Verhandlungen über ein Zusatzprotokoll zur Bio-Waffen-konvention von 1972 (Amerika war gegen die Schaffung eines Verifikationsmecha-nismus, weil es seine eigene Forschung vor Spionage schützen wollte), der geplante Internationale Strafgerichtshof (Amerika wollte seine im Ausland eingesetzten Truppen nicht vor dieses Gremium gestellt sehen, weil es politische Schauprozesse fürchtete), eine Konferenz über die Eindämmung von Kleinwaffen (Amerika wollte hier keine Einschränkungen des privaten Waffenbesitzes hinnehmen) und der Atomteststopp-vertrag (der amerikanische Senat verweigerte hier, von Bush unterstützt, seit längerem die Ratifikation, weil er mehrheitlich der Meinung war, das Land brauche langfristig Tests, um die Zuverlässigkeit und Sicherheit seiner Nuklearwaffen zu gewährleisten).

Über diese brüske Zurückweisung bestehender oder geplanter internationaler Ab-kommen durch die stärkste Nation waren nicht nur die Deutschen verstimmt. In vielen Ländern der EU, ebenso wie in Kanada oder Australien, wurde Kritik an Bush laut. Nirgends wurde sie aber so grundsätzlich wie in Deutschland. Während andere Regie-rungen von Industrienationen bei einigen Fragen durchaus auf der Seite Amerikas stan-den, lehnte die rot-grüne Bundesregierung die neue Linie der amerikanischen Regie-rung aus grundsätzlichen Erwägungen heraus ab. In Berlin fragte so gut wie niemand danach, ob die Amerikaner mit ihrer Kritik an Form und Inhalt mancher Abkommen nicht auch Recht haben mochten. Der Bundesregierung gefiel vor allem nicht, daß Amerika unverblümt seine nationalen Interessen verfolgte und wenig Respekt für das Völkerrecht oder internationale Organisationen zeigte. Bushs Ansatz, daß internationale Abkommen nur unterstützt werden, wenn sie den amerikanischen Interessen dienten, wurde in Berlin als schädlicher Unilateralismus abgelehnt. Dagegen setzte die Bundesregierung ein (nicht selten moralisch untermauertes) Bekenntnis zum Prinzip des Multilateralismus, der auf geteilte Verantwortung und Kompromisse in der Außen-politik abzielte. Hier verwob sich das pazifistische Gedankengut der deutschen Linken mit den außenpolitischen Traditionen der Bundesrepublik vor der Wiedervereinigung. Die Bundesrepublik hatte ihre (eingeschränkte) Souveränität nach dem Zweiten Weltkrieg nur als Mitglied internationaler Organisationen wiedererlangt (EU, NATO). Dadurch war das Geben und Nehmen in internationalen Organisationen, die gemein-schaftliche Ausübung staatlicher Macht, dem diplomatischen Personal des jungen west-deutschen Staates in Fleisch und Blut übergegangen. Außenminister Fischer übernahm dieses Erbe der alten Bundesrepublik besonders bereitwillig, weil es gut zum Parteipro-gramm der Grünen paßte, das in der Außenpolitik auf Entwicklung, internationale Zu-sammenarbeit und Machtbeschränkung fußte. Mit der außenpolitischen Methodik Amerikas, das als einzig verbliebene Weltmacht eine sehr viel strategischere Außen-sicht pflegte, konnte das nicht zusammenpassen.

Mit dem 11. September 2001, den verheerenden Terroranschlägen auf das World Trade Center in New York und das Pentagon in Washington, waren diese Debatten fürs erste zu Ende. Wie überall in der westlichen Welt herrschte in Deutschland großen Entsetzen über die Brutalität der Anschläge und ehrliches Mitgefühl mit den Vereinigten Staaten. Schon drei Stunden nach den Geschehnissen sprach Bundeskanzler Schröder davon, daß die Anschläge eine „Kriegserklärung" an die gesamte zivilisierte Welt gewesen seien, und daß er Präsident Bush die „uneingeschränkte Solidarität" Deutschlands versprochen habe (FAZ 13.9.2001). Das war ein großes Wort. Schröder und Fischer ließen in der ersten Zeit nach dem 11. September aber nicht erkennen, daß es ihnen damit womöglich nicht ernst sein könnte: Die Bundesregierung stimmte am Tag nach dem Anschlag der Ausrufung des Verteidigungsfalls durch die NATO zu, die zum ersten Mal in der Geschichte der Allianz zustande kam. Nach einem Besuch Fischers in Washington verabschiedete der Bundestag Ende September eine Entschließung zur Unterstützung Amerikas, in der ausdrücklich auch die Bereitschaft zu militärischem Beistand im Kampf gegen den Terrorismus zum Ausdruck kam. Die amerikanische Regierung machte den aus Saudi-Arabien stammenden Terroristenführer Usama Bin Laden und seine Organisation Al Qaida („die Basis") für die Anschläge verantwortlich. Bin Laden hielt sich in Afghanistan auf, unter dem Schutz des dort herrschenden islamistischen Taliban-Regimes. Als Anfang Oktober in Afghanistan der Krieg gegen die Taliban und die Al Qaida begann, da stimmte Deutschland dem (in den Worten Schröders) „ohne Vorbehalte" zu (FAZ 8.10.2001).

Schon kurz darauf geriet die Regierung mit dieser Haltung allerdings in massive Schwierigkeiten. Rasch war deutlich geworden, daß die Amerikaner im Kampf gegen den internationalen Terrorismus mehr erwarteten als verbale Unterstützung und Solidaritätskundgebungen am Brandenburger Tor. Im November präsentierte Schröder eine „Wunschliste" aus Washington, die eine Bereitstellung von 3900 deutschen Soldaten vorsah. Diese umfaßte ABC-Abwehreinheiten, die dann in Kuwait stationiert wurden (Spürpanzer Fuchs); Seestreitkräfte, die vor allem am Horn von Afrika eingesetzt werden sollten, um Taliban- und Al-Qaida-Kämpfern aus Afghanistan die Flucht übers Meer nach Afrika zu erschweren; Einheiten zur Rettung, Evakuierung und medizinischen Versorgung der am Kampf gegen den Terrorismus beteiligten alliierten Truppen; sowie ein Lufttransportkommando. Außerdem sollten 100 Mann des Bundeswehr-Sonderkommandos KSK zur Bekämpfung von versprengten Kämpfern in Afghanistan entsandt werden. Mit der Ausnahme des KSK, dessen genauer Auftrag geheim zu bleiben hatte, sollten deutsche Truppen in Afghanistan weder zu Boden noch in der Luft im Kampf eingesetzt werden. Trotzdem entzündete sich an der Frage dieses Einsatzes die bis dahin schwerste Krise der rot-grünen Koalition. Acht grüne Abgeordnete erklärten offen, sie lehnten eine Teilnahme der Bundeswehr am weltweiten Feldzug gegen den Terrorismus (Operation „Enduring Freedom") ab, auch von den Linken in der SPD kam deutlicher Widerstand. In diesen Tagen stand die Koalition kurz vor dem Scheitern. Schröder erlangte das notwendige Mandat zur Entsendung der deutschen Soldaten schließlich nur, indem er im Bundestag die Vertrauensfrage stellte. Nur die deutsche Beteiligung an der Friedenstruppe ISAF, die nach dem Sturz des Taliban-Regimes in der afghanischen Hauptstadt Kabul eingerichtet wurde, ging einen Monat später ohne größere Verwicklungen durch den Bundestag.

Diese dramatische Berg- und Talfahrt kam nicht von ungefähr. Allen Solidaritätsbekundungen zum Trotz hatten große Teile der Regierungsparteien auch in der Stunde der amerikanischen Not ihr grundsätzliches Mißtrauen gegen Washington nicht ablehnen können. Das kam schon drei Tage nach den Terroranschlägen zum Ausdruck, als Außenminister Fischer die amerikanische Regierung zu Besonnenheit und einer Politik „des kühlen Kopfes" aufrief. Dahinter stand die unter Politikern der Regierungskoalition zu dieser Zeit weit verbreitete Einschätzung, Bush könnte aus Wut über die Attentate überreagieren und losschlagen. Diese Annahme, die von viel Unkenntnis über die politischen Realitäten in Washington und die Professionalität der Bush-Regierung zeugte, entsprang letztlich wieder der Vorstellung, Bush habe das Wesen eines leichtsinnigen Cowboys, der außenpolitische Fragen in Wild-West-Manier angehe. Vier Wochen später äußerte Ludger Volmer, grüner Staatsminister im Auswärtigen Amt, daß die Vereinigten Staaten womöglich nicht ganz unschuldig seien an den Vorkommnissen des 11. September. Als erstes Regierungsmitglied nutzte Volmer die alte Amerika-Kritik der deutschen Linken, um das Phänomen des internationalen Terrorismus zu deuten: Die (von Amerika maßgeblich beeinflußte) Globalisierung und die harte interessenorientierte amerikanische Außenpolitik schürten Ressentiments in aller Welt, die Terroristen wie Bin Laden die Leute zutrieben (FAZ 14.9.2001). Damit machte sich Volmer eine Argumentation zu eigen, die in links-alternativen Kreisen und Medien schon bald nach den Anschlägen zu hören gewesen waren und die bei den Parteilinken viel Zustimmung hervorrief. Recht bald kam aus diesem Lager auch Kritik an der Art des militärischen Vorgehens der Amerikaner hinzu. Schon wenige Tage nach Beginn der Luftangriffe auf Afghanistan forderten führende Grünen-Politiker wie die Parteivorsitzende Claudia Roth eine Feuerpause, um Flüchtlingen zu helfen; und nachdem der Krieg vorbei war, nahm Außenminister Fischer Anstoß daran, daß die Amerikaner gefangene Terrorkämpfer aus Afghanistan in einem Lager auf Kuba internierten, um ihnen den rechtlichen Status von Kriegsgefangenen zu verweigern.[3]

Schröders Versprechen „uneingeschränkter Solidarität" stand also von Anfang an unter Vorbehalt: Die traditionellen Einstellungen der Linken in den Koalitionsparteien, in diesem Fall vor allem der Grünen, erschwerten die Teilnahme am internationalen Kampf gegen den Terrorismus, ohne sie zunächst allerdings wirklich behindern zu können. So gesehen, waren diese Vorfälle ein Vorspiel für die kommende Auseinandersetzung über den Irak. In Washington wurde das zu jener Zeit allerdings kaum wahrgenommen. Schröder und Deutschland galten als gute Verbündete, nicht zuletzt, weil sie polizeilich, sicherheitsdienstlich und letztlich auch militärisch einen durchaus beachtlichen Beitrag zur Bekämpfung des internationalen Terrorismus leisteten, und weil die Bundesregierung sich mit der Afghanistan-Friedenskonferenz auf dem Petersberg bei Bonn auch diplomatische Verdienste erwarb.

Der Bruch: Schröders Wahlkampf und der Irak

Im Frühjahr 2002 begann in Washington eine breite öffentliche Debatte über den Irak. In mehreren Reden machte Präsident Bush deutlich, daß er einen Regimewechsel in dem Land wünsche oder zumindest die kontrollierte Abrüstung der dort vermuteten

---

3   Diese Kritik wurde allerdings auch von Politikern anderer Parteien hervorgebracht, unter anderem vom FDP-Vorsitzenden Guido Westerwelle. Auch die Europäische Union nahm Anstoß an dem Verfahren, das vom Völkerrecht nicht gedeckt zu sein schien (vgl. FAZ 23.1.2002).

Massenvernichtungswaffen. Er reihte den Irak zusammen mit Nordkorea und Iran in eine „Achse des Bösen" ein und verkündete ein neues Konzept von „Präventivschlägen". Dies sah vor, daß Amerika gegebenenfalls „vorbeugend" (und ohne Zustimmung der UN) militärisch gegen Staaten vorgehen würde, die sich Massenvernichtungswaffen beschaffen wollten. Für viele Verbündete kam diese Entwicklung überraschend, da das westliche Lager doch noch vollauf mit dem Kampf gegen den Terrorismus beschäftigt schien. Schon früh entstand deshalb nicht nur in Deutschland der Eindruck, Bush habe womöglich andere Ziele, wie die Kontrolle über die reichen Ölvorkommen des Landes. Tatsächlich kamen hier aber zwei Linien in der sicherheitspolitischen Bedrohungsanalyse von Bushs Beratern zusammen: Beim Thema Irak verband sich die Sorge über die Verbreitung von Massenvernichtungswaffen, die schon das Projekt der Raketenabwehr vorangetrieben hatte, mit der Angst vor neuen Terroranschlägen. Für viele hohe Mitglieder der Bush-Regierung lautete eine der Lehren aus dem 11. September: Wenn zwei Anschläge mit vergleichsweise primitiven Mitteln schon solch großen Schaden anrichten konnten, wie katastrophal mußte dann erst ein Terrorangriff mit chemischen, biologischen oder gar nuklearen Waffen ausfallen? Der irakische Diktator, der in der Vergangenheit ein beängstigende Menge an Massenvernichtungswaffen angehäuft hatte und seit vier Jahren seine Rüstung nicht mehr von den UN kontrollieren ließ, mußte so fast zwangsläufig wieder ins Blickfeld Washingtons geraten.

In Deutschland fiel diese Debatte in die heiße Phase des Bundestagswahlkampfs. Je deutlicher die konfrontativen Töne aus Washington wurden, desto schärfer brachte die Bundesregierung zum Ausdruck, daß sie jegliches militärisches Vorgehen gegen den Irak ablehnte. Von „Abenteurertum", an dem Deutschland sich auf keinen Fall beteiligen werde, sprach Bundeskanzler Schröder, ebenso wie von einem „deutschen Weg", der die Vereinnahmung durch andere ausschloß. Einige Zeit hieß es in Berlin auch, die in Kuwait stationierten Bundeswehreinheiten (Teil der Operation „Enduring Freedom") würden im Falle eines Krieges abgezogen; es wurden sogar Überlegungen bekannt, den Amerikanern im Falle eines Krieges die Nutzung des deutschen Luftraumes und der hiesigen Militärinfrastruktur zu verwehren. In Äußerungen in der Endphase des Wahlkampfs wurde der amerikanische Präsident dann mit einem machthungrigen römischen Imperator verglichen (vom Vorsitzenden der SPD-Bundestagsfraktion Josef Stiegler), wenige Tage vor der Bundestagswahl sogar Parallelen zwischen dem Verhalten Bushs und demjenigen Hitlers gezogen (von der Justizministerin Hertha Däubler-Gmelin).[4] Bush selbst bekam etwas von der aufgeladenen Atmosphäre zu spüren, als er im Mai zu einem Staatsbesuch nach Berlin kam. In der Hauptstadt kam es zu Demonstrationen gegen die amerikanische Außenpolitik, an der auch Abgeordnete der Regierungsfraktionen teilnahmen. Während einer Rede Bushs im Bundestag versuchten einige PDS-Abgeordnete sogar ein Transparent mit Protestworten zu enthüllen. Es schien fast, als ob Bush geahnt hätte, daß er in Deutschland nicht wirklich willkommen war: Er blieb nur 19 Stunden in Berlin und reiste danach für mehrere Tage nach Rußland.

---

4   Über den genauen Wortlaut der Äußerung gab es widersprüchliche Darstellungen. Eine
     Lokalzeitung berichtete, Frau Däubler-Gmelin habe auf einer Wahlkampfveranstaltung gesagt, die
     amerikanische Regierung wolle mit ihrem Vorgehen gegen den Irak von innenpolitischen
     Schwierigkeiten ablenken. Das habe Hitler schon so gemacht. Die Ministerin gab dagegen an, sie
     habe auf eine Frage, ob Bush von innenpolitischen Schwierigkeiten ablenken wolle, geantwortet,
     das kenne man aus der eigenen Geschichte, seit den Zeiten von „Adolf Nazi". Sie habe aber
     hinzugefügt, einen solchen Vergleich dürfe man nicht herstellen (vgl. FAZ 21.9.2002).

Die amerikanische Regierung verfolgte das Treiben in Deutschland zunächst mit Zurückhaltung. Im August, wenige Wochen vor der Bundestagswahl, wurde aber der amerikanische Botschafter Dan Coats im Kanzleramt vorstellig, um sich über die „Sätze und Worte" zu beschweren, mit denen der Bundeskanzler Schröder die amerikanische Position beschrieb. Das bezog sich wohl vor allem auf den Ausdruck „Abenteuer", den Schröder immer wieder benutzte, um amerikanische Drohungen mit einem möglichen Militärschlag gegen den Irak zu beschreiben; Coats gab an, man sei in Amerika auch darüber verärgert, daß die deutsche Regierung unterstelle, Washington bedenke nicht die Folgen eines Angriffs. All das sagte Coats einer Zeitung (FAZ 20.8.2002). Der ungewöhnliche Vorgang, daß ein Botschafter sich öffentlich über den Regierungschef seines Gastlandes beschwerte, zeigte, wie verstimmt die amerikanische Regierung über die Haltung Deutschlands war. Denn mit seiner unverblümten Kritik, die so laut von keinem NATO-Partner geäußert wurde, erschwerte Schröder die amerikanischen Versuche, die Welt davon zu überzeugen, daß die mutmaßliche Rüstung des Irak mit Massenvernichtungswaffen eine ernste Gefahr darstelle. Am 21. September, einen Tag vor der Bundestagswahl, brach dann aber auch das Weiße Haus sein Schweigen: Nachdem die Justizministerin Bush in einem Atemzug mit Hitler genannt hatte, rief Außenminister Colin Powell den deutschen Außenminister an, um die „Empörung" der amerikanischen Regierung zum Ausdruck zu bringen. Nach dem Wahlsieg Schröders folgten die zu Beginn dieses Aufsatzes erwähnten bitteren Äußerungen über den Stand der bilateralen Beziehungen und die Weigerung amerikanischer Politiker, sich mit ihren deutschen Kollegen zu treffen. Trotz (kühl verlaufender) Arbeitsbesuche des Außen- und des Verteidigungsministers in der amerikanischen Hauptstadt, kam man sich in der Sache nicht näher; es fielen sogar weitere harte Worte.[5] Das Verhältnis Bushs zu Schröder wurde von amerikanischen Diplomaten aber als „jenseits der Reparaturfähigkeit" (beyond repair) beschrieben.

Mit seiner Irak-Kampagne gewann Schröder die Bundestagswahl. Noch zu Beginn des Jahres hatte die Koalition in allen Meinungsumfragen deutlich hinter CDU und FDP gelegen. In dem Maße, in dem der Kanzler das Thema Irak forcierte, stiegen auch die Umfragewerte für SPD und Grüne. Besonders deutlich wurde das in Ostdeutschland: Dort verlor die PDS, die bis dahin in der Irak-Frage als einzige die Position der fundamentalen Ablehnung vertreten hatte, stetig an Zustimmung; am Ende scheiterte sie an der Fünf-Prozent-Hürde. Auch in Westdeutschland trug Schröders Haltung zur Mobilisierung im linken Wählerspektrum bei. Der Kanzler und andere hohe SPD-Politiker berichteten offen davon, wieviel Zustimmung sie auf Wahlkampfveranstaltungen für ihre Position erhalten hatten. Schröder zeigte sich in dieser Situation (wieder einmal) als äußerst geschickter Wahlkämpfer. Obwohl zu diesem Zeitpunkt in Washington noch keine Entscheidungen über einen Militäroperation zum Sturz Saddam Husseins gefallen waren, erweckte der Kanzler den Eindruck, als ob die Frage einer Beteiligung Deutschlands konkret beantwortet werden müsse; einmal verstieg er sich

---

5   Vor allem Rumsfeld sorgte mit zwei Äußerungen in Deutschland für Empörung. Einmal sagte er, die ablehnende Haltung Deutschlands und Frankreichs gegen einen Irak-Krieg sei nicht von Belang, da diese Länder das „alte Europa" seien. Das „neue Europa" in Ost- und Mitteleuropa stehe dagegen auf Seiten Amerikas. Dann stellte er Deutschland auf eine Stufe mit zwei diktatorischen Regimen, als er vor einem Kongreßausschuß Auskunft darüber gab, welche Staaten die amerikanische Irak-Politik unterstützten. Nur Deutschland, Kuba und Libyen hätten erklärt, sie wollten im Irak gar nichts tun, sagte Rumsfeld.

sogar zu der Behauptung, beim Treffen der NATO-Verteidigungsminister kurz nach der Bundestagswahl werde eine Entscheidung über den Krieg gefällt.

Trotzdem stand hinter all dem mehr als Wahlkampf. In der Debatte über den Irak kam in den Regierungsparteien das Unbehagen wieder hoch, das seit Antritt der rot-grünen Regierung das Verhältnis Deutschlands zu seinem wichtigsten Verbündeten belastet hatte: die Ablehnung von militärischer Gewalt als Mittel der Konfliktlösung, das Mißtrauen gegen Amerikas Machtstellung und seine konservativen Politiker sowie Unbehagen über die neue Sicherheitsagenda, wie sie von Washington definiert wurde. So wie sich die deutsche Politik schon in der Diskussion über die Raketenabwehr nicht auf die Kernfrage eingelassen hatte, wie auf Proliferation zu reagieren sei, so war auch diesmal in Berlin nur am Rande von möglichen Bedrohungen durch die irakische Rüstung die Rede. Obwohl Analysen des Bundesnachrichtendienstes vorlagen, die durchaus Anlaß zu Sorge geben konnten,[6] begründete Außenminister Fischer die Haltung der Bundesregierung vor allem mit den Risiken einer militärischen Intervention im Irak.[7] Die Folgen eines Eingreifens für den gesamten Nahen Osten seien unabsehbar, lautete seine Argumentation. Damit war gemeint, daß ein amerikanischer Einmarsch im Irak die gesamte arabische und muslimische Welt in Aufruhr versetzen könne. Als Folge, so die Sorge des Auswärtigen Amtes, könnten prowestliche Regime wie die in Saudi-Arabien oder Jordanien ins Wanken geraten, der islamistische Terrorismus in aller Welt neuen Zulauf erhalten und sich der Konflikt zwischen Palästinensern und Israel weiter verschärfen.[8] Damit verengte Fischer die deutsche Diskussion auf die Frage einer Militäroperation und deren mögliche Folgen. Die Ursache des Konflikts, Saddam Husseins jahrelange Weigerung, seine Rüstung unter UN-Aufsicht zu stellen, wurde gar nicht mehr ernsthaft behandelt.

Daß die rot-grünen Politiker wieder einmal auf die Argumente der Amerikaner nicht eingingen, hing auch mit dem Konzept des Präventivschlages zusammen. Dieses völkerrechtlich und politisch zweischneidige Instrument stand mehr als alles andere im Widerspruch zum pazifistisch-multilateralen Selbstverständnis, das nicht nur vom linken Flügel der Koalitionsparteien gepflegt wurde. Allerdings hatte die Bundesregierung keine politischen Alternativen zum amerikanischen Kurs anzubieten, und sie hielt sich auch selbst nicht an die von ihr sonst so hoch gelobten Prinzipien des Multilateralismus: Der Bundeskanzler sagte mehrfach, Deutschland werde sich nicht einmal dann an einem Militärschlag gegen den Irak beteiligen, wenn er mit Zustimmung des Sicherheitsrates der Vereinten Nationen stattfinde. Die ersten Monate nach der Wahl zeigten, daß Schröder damit den beiden zentralen Institutionen Schaden zufügte, die fünfzig Jahre lang Frieden und Wohlstand der Bundesrepublik und später des vereinten Deutschlands garantiert hatten: der EU und der NATO. Im Januar 2003 kam es zum offenen Zerwürfnis in der EU, als acht europäische Regierungen – unter ihnen Groß-

---

6   Vgl. die im Oktober 1999 erschienene Studie des Bundesnachrichtendienstes mit dem Titel „Proliferation von Massenvernichtungsmitteln und Trägerraketen".

7   Vgl. etwa Fischers Interview mit der Süddeutschen Zeitung vom 7.8.2002.

8   Der Nahost-Konflikt hatte in den Monaten zuvor ebenfalls zu Spannungen zwischen Amerika und Deutschland sowie anderen Staaten in der EU geführt. Präsident Bush war vorgeworfen worden, er unterstütze einseitig die israelische Regierung und deren militärische Vergeltungsschläge in den Palästinensergebieten. Den Europäern, insbesondere der Europäischen Kommission, kreidete man in Washington (und noch mehr in Israel) dagegen an, sie unterstützen mit ihren Finanzhilfen für die palästinensische Autonomiebehörde die politischen Hintermänner der Selbstmordattentate der zweiten Intifada.

britannien, Italien und Spanien – in einer gemeinsamen Erklärung die Irak-Politik der Vereinigten Staaten unterstützten. Deutschland und Frankreich verhinderten mit Belgien zur gleichen Zeit, daß die NATO-Planungen zum Schutz der Türkei vor einem möglichen irakischen Angriff aufnahm. Obwohl Deutschland versprach, es werde der Türkei in jedem Fall Patriot-Abwehrsysteme zur Verfügung stellen, hinterließ dieser Vorgang bei den Amerikanern einen besonders bitteren Eindruck: Verteidigungsminister Rumsfeld sagte öffentlich, die Verweigerung der Hilfe für einen Bündnispartner sei „schändlich" (FAZ 10.2.2003).

Ausblick

Die Zerrüttung des deutsch-amerikanischen Verhältnisses durch die rot-grüne Regierung ist beispiellos. Daß es soweit kam, lag vor allem daran, daß man sich nicht über Kleinigkeiten in die Haare geraten war. Auseinandersetzungen über das Kyoto-Protokoll oder den Internationalen Strafgerichtshof hätte man, vor allem aus amerikanischer Sicht, vielleicht noch unter der Rubrik „Meinungsverschiedenheiten unter Freunden" abbuchen können. Beim Themenkomplex Proliferation/Irak/Terrorismus ging es für die Amerikaner spätestens nach dem 11. September jedoch um eine Kernfrage ihrer nationalen Sicherheit. Daß dem aus Deutschland so wenig Verständnis entgegengebracht wurde, hat in Washington viele Angehörige des außenpolitischen Establishments davon überzeugt, daß mit dem engen Verbündeten von einst fürs erste nicht zu rechnen sei. Die nächsten Jahre werden zeigen, welche Folgen das für die deutsche Außenpolitik hat. Schon seit längerem ist zu beobachten, daß Amerika sich neue Verbündete sucht, wie etwa Rußland oder Indien. Damit wird das ohnehin nicht sonderlich große Gewicht Deutschlands in der Weltpolitik noch geringer. Fortwährender Widerspruch Berlins gegen grundlegende Festlegungen der amerikanischen Außenpolitik werden diese Tendenz nur verstärken.

Ein dramatischer Einschnitt wäre es freilich, wenn all dies zu einer grundlegenden Neuorientierung der deutschen Außenpolitik führen sollte. Die Opposition gegen die amerikanische Irak-Politik entsprang am Anfang dem Salon-Antiamerikanismus der Achtundsechziger und der moralisierend-pazifistischen Haltung des links-liberalen Milieus, das in Berlin an der Macht war. Sie traf aber auf viel Widerhall in der Bevölkerung, was es auch CDU/CSU und FDP schwer machte, eine amerikafreundliche Linie beizubehalten.[9] Es wäre sicher kein Fortschritt, wenn sich daraus ein neuer Grundton der Berliner Politik entwickelte. In Frankreich, das in der Irak-Frage ebenfalls Vorbehalte gegen Bushs Vorgehen zeigte, hat man seit 1945 stets eine selbstbewußte Haltung gegenüber Washington gepflegt. Dies ging aber immer einher mit dem festen Willen, notfalls selbst militärische Verantwortung in der Weltpolitik zu übernehmen. In Deutschland ist diese Bereitschaft bis heute viel schwächer ausgeprägt, weshalb eine Außenpolitik nach französischem Vorbild in letzter Konsequenz zu Selbstisolierung und (informeller) Neutralitätspolitik führen dürfte.

Das kann hierzulande im Ernst niemand wollen: Amerika ist nicht nur ein wichtiger Handelspartner und der Garant der nationalen Sicherheit Deutschlands. Bei allen Mei-

---

9   Bei Umfragen im Sommer 2002 sprachen sich etwa achtzig Prozent der befragten Deutschen gegen einen Irak-Krieg aus.

nungsunterschieden ist und bleibt es auch ein Land, das die wichtigsten westlichen Werte mit uns teilt: Freiheit und Demokratie.

Auslandseinsätze der Bundeswehr. Normalisierung statt Militarisierung deutscher Sicherheitspolitik

Martin Wagener[1]

Gäbe es einen innenpolitischen Wettbewerb sicherheitspolitischer Flexibilität, dann hätten die Mitglieder der rot-grünen Bundesregierung diesen unangefochten gewonnen. Zu Beginn der 90er Jahre hatten sie sich nicht nur gegen jede Entsendung deutscher Streitkräfte in internationale Konfliktzonen ausgesprochen, sondern z.T. ganz offen gegen die Bundeswehr als Instrument der Sicherheitspolitik Stellung bezogen. Die Bilanz der ersten vier Jahre und vier Monate unter Bundeskanzler Gerhard Schröder zeigt dagegen, dass die Verantwortlichen der Mitte-Links-Koalition in der Praxis nur noch wenig gemein haben mit dem, was sie dereinst in der Opposition für richtig hielten. Denn die Regierung hat dafür gesorgt, dass Einsätze der Bundeswehr zugenommen haben und künftig wesentlich wahrscheinlicher sein werden, als dies jemals in der gesamten Amtszeit von Bundeskanzler Helmut Kohl der Fall war. Der äußerste linke Flügel der SPD sowie von Bündnis90/Die Grünen vertritt deshalb die Auffassung, dass sich die deutsche Sicherheitspolitik zunehmend militarisiere. Konsequenter Weise verweigerte er der Regierung die Zustimmung im Bundestag zur Beteiligung der Bundeswehr an der Operation „Enduring Freedom" im November 2001.

Im Gegensatz zu dieser Sichtweise vertritt der Verfasser folgende These: Die Regierung Schröder hat durch die von ihr zu verantwortenden Auslandseinsätze zu einer Normalisierung deutscher Sicherheitspolitik beigetragen und dabei an Entwicklungstrends, die sich bereits in der Zeit der Vorgängerregierung abgezeichnet haben, angeknüpft. Unter „Normalisierung" wird dabei jenes Verhalten verstanden, das auf eine gleichberechtigte Teilnahme deutscher Streitkräfte an Einsätzen der UNO, der NATO und künftig auch der EU abzielt. „Normalisierung" bedeutet demnach auch, dass Deutschland kollektive Sicherheitsgüter produziert und sich nicht auf die Defensivkombination von Scheckbuchdiplomatie in Konflikten und die Haltung eines free rider im Frieden konzentriert. Der vorliegende Beitrag soll mit Blick auf die Art und Weise der Durchführung von Auslandseinsätzen feststellen, wie weit der Prozess der Normalisierung deutscher Sicherheitspolitik gediehen ist. Dies geschieht aus zwei Perspektiven: Zunächst werden in einem quantitativen Untersuchungsabschnitt die in die rot-grüne Amtszeit fallenden Auslandseinsätze skizziert. Darauf erfolgt die Betrachtung der qualitativen Normalisierungsmerkmale Einsatzlogik, Fähigkeitsprofil, Bereitschaft zu Kampfeinsätzen und Führungsaufgaben. Abschließend werden die Grenzen des Normalisierungsprozesses ausgelotet.

Auslandseinsätze der rot-grünen Bundesregierung

Als die Regierung Helmut Kohl im September 1998 abgewählt wurde, waren ca. 2.800 deutsche Soldaten in Bosnien-Herzegowina und Georgien stationiert. Im Laufe der ersten Amtsperiode Gerhard Schröders nahmen zeitweise über 10.000 Angehörige

1   Für Anregungen und Kritik danke ich der Redaktion dieses Sammelbandes und Friedrich-Wilhelm Rodefeld vom Einsatzführungskommando der Bundeswehr.

der Bundeswehr an Auslandseinsätzen teil.[2] Abgesehen von einigen kleineren Missionen lag das Haupteinsatzgebiet bis zum 11. September 2001 auf dem Balkan. Seit den Terroranschlägen von New York und Washington sind Afghanistan, das Horn von Afrika sowie Kuwait hinzugekommen. Abgesehen von den Missionen in Bosnien-Herzegowina und Georgien sind alle übrigen aktuellen Entsendungen deutscher Streitkräfte von der rot-grünen Bundesregierung begonnen worden. Sie dürften noch über Jahre andauern, da es bislang nirgendwo gelungen ist, einen selbsttragenden Frieden zu schaffen. Die nachfolgend betrachteten Auslandseinsätze werden durch Berücksichtigung der Faktoren Konfliktumfeld, Mandatsauftrag, Beteiligung der Bundeswehr (Umfang, Aufgaben) und Perspektiven (Mandatsverlängerungen, Einsatzdauer) beschrieben (BMVg 2002b, Goebel 2000).

Stabilisierung des Balkans

Nach dem Ausbruch der Feindseligkeiten im Raum des ehemaligen Jugoslawiens hat sich die Bundeswehr an mehreren Einsätzen beteiligt, die zu einer Stabilisierung der Lage auf dem Balkan beigetragen haben. Dazu gehörten die Luftbrücke nach Sarajevo (Juli 1992 - Januar 1996), die Operation „Sharp Guard" in Form der Embargo-Überwachung in der Adria (Juli 1992 - Juni 1996), Lebensmittelabwürfe über Bosnien-Herzegowina (März 1993 - August 1995), die Operation „Deny Flight" in Form der Überwachung der Flugverbotszonen über dem ehemaligen Jugoslawien (April 1993 - Dezember 1995) sowie die Implementation Force (IFOR) zur Umsetzung des Dayton Peace Accord vom 14. Dezember 1995 (Dezember 1995 - Dezember 1996).

Stabilization Force: Am 20. Dezember 1996 löste die Stabilization Force (SFOR) IFOR ab (BMVg 2000a). Ihre Aufgabe war und ist, einen Beitrag zur Stabilisierung und zum Wiederaufbau Bosnien-Herzegowinas zu leisten. Sie hatte eine anfängliche Zielgröße von 30.000 Soldaten, wobei der deutsche Anteil auf 3.000 Mann festgesetzt worden war. Bis zum Januar 2003 wurde die SFOR neu strukturiert. Sie umfasst nun statt drei Divisionen drei Brigaden, was eine Truppenreduzierung auf 13.000 Soldaten zur Folge hat, die von insgesamt 35 Nationen gestellt werden. Das deutsche Kontingent, in das 70 albanische Soldaten integriert worden sind, umfasste im Februar 2003 noch 1.366 Soldaten und ist leicht rückläufig. Aufklärungsflüge von Luftwaffe und Marine unterstützen die Arbeit der Streitkräfte. Das von der Bundeswehr in Raijlovac unterhaltene Feldlazarett ist zudem für die sanitätsdienstliche Versorgung aller SFOR-Angehörigen zuständig. Die Truppe beteiligt sich am Wiederaufbau des Landes, indem sie in der Civil Military Cooperation (CIMIC) mitarbeitet. Am 12. Juli 2002 hat der UN-Sicherheitsrat das Mandat für die SFOR um ein weiteres Jahr verlängert. Ein Beschluss des Parlaments war nicht notwendig. Am 19. Juni 1998 hatte der Deutsche Bundestag der SFOR-Folgeoperation ohne zeitliche Begrenzung zugestimmt, die Mitwirkung der Bundeswehr allerdings von einem Mandat des UN-Sicherheitsrats abhängig gemacht.

Kosovo Force: Bereits kurz nach ihrer Amtseinführung musste die rot-grüne Regierung ihre erste außenpolitische Feuertaufe bestehen. Die Unterdrückungspolitik des jugoslawischen Staatspräsidenten Slobodan Milosevic hatte im Kosovo Formen

---

2   Am 20. Februar 2003 waren 8.493 Soldaten der Bundeswehr im Auslandseinsatz (Bundeswehr 20.2.2003). Die Reduktion ist vor allem auf Umstrukturierungen auf dem Balkan sowie die Verringerung der am Horn von Afrika eingesetzten Einheiten zurückzuführen.

„ethnischer Säuberung" angenommen. Nach mehreren vergeblichen diplomatischen Anläufen wurde diese Politik von der NATO gewaltsam beendet. Am 24. März 1999 startete die Allianz mit dem Beginn der Bombardierung Jugoslawiens die Operation „Allied Force". Die deutsche Luftwaffe beteiligte sich an dieser Mission mit 14 Kampfflugzeugen der Typen Electronic Combat and Reconnaissance (ECR)- und Reconnaissance (RECCE)-Tornado. Dabei flog sie insgesamt knapp 500 Einsätze und nahm damit erstmalig von Beginn an uneingeschränkt an einer friedensschaffenden Maßnahme der NATO teil. Während der Operation „Allied Force" wurden von der Bundeswehr 3.100 Soldaten in Albanien und Mazedonien eingesetzt, um den Flüchtlingen humanitäre Hilfe zu leisten.

Nach der Kapitulation Belgrads beendete die Allianz ihre Luftschläge am 10. Juni 1999. Kurz darauf übernahmen die Kosovo Force (KFOR) unter NATO-Führung sowie die United Nations Interim Administration Mission in Kosovo (UNMIK) die Verantwortung in dem zwischen Serben und Albanern umstrittenen Gebiet. Der Auftrag der KFOR lag ursprünglich in der Schaffung eines sicheren Umfeldes im Kosovo, wurde aber de facto auf exekutive, legislative und judikative Kompetenzen erweitert, da die ehemals serbisch beherrschten Verwaltungsstrukturen weitgehend zusammengebrochen waren. Im Juli 2002 umfasste die Mission ca. 38.000 Soldaten, zu denen ungefähr 4.600 Mann der Bundeswehr gehörten (BMVg 2000b). Sie waren bis zur Umstrukturierung der NATO-Verbände auf dem Balkan im Süden des Kosovos mit dem Stützpunkt Prizren für einen von insgesamt fünf Sektoren verantwortlich. In der Multinationalen Brigade Süd, die insgesamt 6.000 NATO- und Nicht-NATO-Soldaten umfasste, standen Kräfte Aserbaidschans, Bulgariens, Georgiens, Österreichs, der Schweiz und der Türkei unter deutschem Kommando. Am 7. Juni 2002 stimmte das Parlament der Fortsetzung der Beteiligung der Bundeswehr an der KFOR um ein weiteres Jahr zu. Im Februar 2003 hatte das deutsche Kontingent noch einen Umfang von 3.846 Soldaten.

Allied Harmony: Im Sommer 2001 zeichneten sich in Mazedonien Spannungen ab, die das Land in einen Bürgerkrieg zu ziehen drohten. Freischärler der albanischen Minderheit versuchten, ihr Siedlungsgebiet von der Verfügungsgewalt der Zentralmacht in Skopje zu lösen. Die NATO beteiligte sich an der Deeskalation des Konflikts mit der Operation „Essential Harvest". Auf Bitte des mazedonischen Staatspräsidenten, Boris Trajkovski, und mit Zustimmung aller Konfliktparteien wurden von August bis September 2001 innerhalb von 30 Tagen 3.500 Soldaten der Task Force Harvest eingesetzt, die für das Einsammeln der von den Freischärlern freiwillig abgegebenen Waffen zuständig waren. Deutschland beteiligte sich an der Mission mit bis zu 500 Soldaten. Dieser Entwaffnungsaktion folgte, ebenfalls unter Leitung der NATO, die Operation „Amber Fox", die zeitweise von der Bundeswehr geführt wurde. Am 16. Dezember 2002 wurde sie von der Folgeoperation „Allied Harmony" abgelöst. Ihre Aufgabe ist der Schutz von EU- und OSZE-Beobachtern, die für die Überwachung der Rückkehr der Vertriebenen und der mazedonischen Sicherheitskräfte in die ehemaligen Konfliktgebiete zuständig sind. Die Beteiligung der Bundeswehr ist am 5. Dezember 2002 um ein halbes Jahr verlängert worden. Im Februar 2003 lag ihr Beitrag bei 66 Soldaten. Im Laufe des März 2003 soll „Allied Harmony" von der EU übernommen werden.

Mit der Beteiligung am Kampf gegen den internationalen Terrorismus hat die rot-grüne Bundesregierung für die Bundeswehr neben dem Balkan einen zweiten, weitaus größeren Einsatzraum geschaffen.

Enduring Freedom: Der von US-Präsident George W. Bush ausgerufene weltweite Krieg gegen den internationalen Terrorismus verfolgt in militärischer Hinsicht das Ziel, die Bewegungsfreiheit von Al Qaida und ähnlichen Gruppierungen einzuengen, ihre Trainingslager zu zerstören sowie so viele potenzielle Attentäter als möglich zu neutralisieren. Darüber hinaus soll der Wiederaufbau Afghanistans abgesichert werden, damit schwache staatliche Strukturen nicht erneut von starken extremistischen Kräften mit Verbindungen zum internationalen Terrorismus ausgenutzt werden können. Der Deutsche Bundestag hat am 16. November 2001 der Beteiligung von bis zu 3.900 Soldaten an der Operation „Enduring Freedom" zugestimmt. Dieses Mandat wurde am 15. November 2002 um ein weiteres Jahr verlängert. Zugesagt wurde die Unterstützung mit fünf Kontingenten, für die personelle Obergrenzen festgelegt worden sind: ABC-Abwehrkräfte (ca. 800 Soldaten), Sanitätskräfte (ca. 250 Soldaten), Spezialkräfte (ca. 100 Soldaten), Lufttransportkräfte (ca. 500 Soldaten) und Seestreitkräfte einschließlich Seeluftstreitkräften (ca. 1.800 Soldaten). Hinzu kommen Unterstützungsstreitkräfte in einem Umfang von ca. 450 Soldaten (Bundesregierung 2002).

Einen Beitrag zum Kampf gegen die al-Qaida leistet die Bundeswehr am Horn von Afrika (Stockfisch 2002). Dort ist sie mit einem größeren Einsatzverband vertreten, zu dessen Aufgaben es gehört, den Seeraum zu überwachen und mögliche Bewegungen von Terroristen zwischen der Arabischen Halbinsel und der afrikanischen Küste zu verhindern. Befürchtet wird, dass aus Zentralasien flüchtende Mitglieder der al-Qaida in das wie Afghanistan von Anarchie betroffene Somalia einsickern. Die Kontrollaufgaben werden entweder durch Fernaufklärung und Funkkontakt oder – im Falle eines Verdachts – durch Boarding-Teams durchgeführt, die auch von der Bundeswehr gestellt werden. Im ersten Einsatzjahr wurden von der Deutschen Marine im Einsatzraum zwischen dem südlichen Roten Meer und dem Golf von Aden 4.000 Schiffe abgefragt, in 40 Fällen Handelsschiffe gesichert und maritime Einheiten der Anti-Terror-Koalition durch die Meerenge von Bab el Mandeb geleitet (BMVg 13.11.2002). Im Februar 2003 beteiligte sich die Bundeswehr mit noch 983 von anfänglich ca. 1.500 Soldaten an der Task Force 150, die seit Februar 2002 im Einsatz ist und zeitweise von der Deutschen Marine geführt worden ist. Das deutsche Kontingent, das Fregatten, Schnellboote (Rückverlegung bis zum 15. Mai 2002), Hubschrauber, Einsatzgruppenversorger, Tanker und Tender umfasst, nutzt als Abstützpunkte Djibouti und Mombasa (Kenia), wo drei Seefernaufklärer des Typs Breguet Atlantic stationiert sind.

Ebenfalls zur Unterstützung der Operation „Enduring Freedom" gehört sei Februar 2002 die Dislozierung einer ABC-Abwehrtruppe in Kuwait. Ein Teilkontingent („Immediate Response Force") mit einer Stärke von 59 Soldaten inklusive sechs Spürpanzern des Typs Fuchs ist vor Ort; die übrigen etwas weniger als 200 Soldaten sind am 13. März 2002 nach Deutschland zurückverlegt worden und stehen dort auf Abruf bereit. Offiziell hat die Bundeswehr den Auftrag, Kuwait im Falle von terroristischen Angriffen mit ABC-Waffen zu unterstützen. Inoffiziell dürfte sie zur Verfügung gehalten werden, um ihren amerikanischen Verbündeten im Falle einer Auseinandersetzung mit dem Irak zu helfen. Ob sich der deutsche Kontingentführer im Ernstfall einer Aufforderung seines amerikanischen Kameraden entziehen würde, ihm auf irakischem Gebiet Nothilfe zu leisten, darf bezweifelt werden. Der SPD-Außenpolitiker Hans-Ulrich Klose, der bis vor kurzem Vorsitzender des Auswärtigen Ausschusses im Bundestag war und derzeit dessen Stellvertreter ist, hatte dazu Ende November 2002 geäußert, dass deutsche Spürpanzer im Falle eines Einsatzes biologischer oder chemischer Kampfstoffe im irakisch-kuwaitischen Grenzgebiet zum Einsatz kommen müssten (FAZ 25.11.2002). In einem jüngeren Datenblatt der Bundeswehr ist bereits ein regionaler Einsatzrahmen angedeutet worden: „Mit der Stationierung von Teilen des deutschen ABC-Verbandes in Kuwait wird Vorsorge getroffen, um im Falle des Einsatzes von Massenvernichtungswaffen und Chemieunfällen oder bei der Freisetzung von Schadstoffen bei terroristischen Anschlägen auf amerikanische Stützpunkte oder Stützpunkte der Koalitionspartner sowie zivile Einrichtungen in der Region umgehend reagieren zu können" (Bundeswehr 2002).

Seit Januar 2002 werden in Afghanistan ca. 100 Mitglieder des 1996 gegründeten Kommandos Spezialkräfte (KSK) gegen versprengte Kräfte der Taliban und der al-Qaida eingesetzt. Welche Aufgaben sie genau erledigen, unterliegt der Geheimhaltung. Die offizielle Berichterstattung weist jedoch darauf hin, dass sie sich unter Verbündeten großes Ansehen erworben haben sollen.

Abschließend sei erwähnt, dass sich die Bundeswehr an weiteren, öffentlich weniger beachteten Maßnahmen beteiligt hat, die der Operation „Enduring Freedom" zugerechnet werden können. Dazu gehört seit Mitte Oktober 2001 die Operation „Active Endeavour", durch die Teile der ständigen maritimen Einsatzverbände der NATO in das östliche Mittelmeer verlegt worden sind. Deutschland ist an diesem Einsatz mit bis zu 400 Soldaten beteiligt. Durch die Operation „Eagle Assist" sind sieben Frühwarnflugzeuge der AWACS-Flotte von Geilenkirchen aus in die USA verlegt worden. Hier waren ca. 50 deutsche Soldaten bis zum Abschluss der Operation am 16. Mai 2002 im Einsatz. Zudem hatten vom 26. November 2001 bis zum 10. Januar 2002 drei Transall zwischen Ramstein und Incirlik Transportflüge durchgeführt. Diese Maßnahmen dienen in erster Linie der Entlastung der USA, was auch in dem Schutz amerikanischer Einrichtungen in Deutschland durch Soldaten der Bundeswehr seinen Ausdruck findet. Als weiterer Beitrag zur Anti-Terror-Koalition kann seit dem 23. November 2001 die Bereitstellung eines Airbus A 310 MedEvac zum Kranken- und Verwundetentransport betrachtet werden. Er wurde u.a. am 6. März 2002 nach dem Sprengunfall in Kabul sowie am 13. April 2002 nach dem Attentat im tunesischen Djerba eingesetzt.

International Security Assistance Force (ISAF): Am 22. Dezember 2001 hat der Deutsche Bundestag der Beteiligung der Bundeswehr an der International Security Assistance Force (ISAF) in Afghanistan zugestimmt, deren Aufgabe es ist, die Arbeit der Übergangsregierung in Kabul unter Führung von Ministerpräsident Hamid Karzai abzusichern. Deutschland beteiligt sich seit Januar 2002 an der 4.800 Soldaten umfassenden Truppe mit einem Kontingent von 1.200 Mann, das bis zum 20. Februar 2003 auf 1.926 Soldaten angestiegen ist. Für das Frühjahr 2003 ist im Zuge der mit den Niederlanden übernommenen Führung der ISAF eine Erhöhung auf 2.500 Soldaten vorgesehen. Die Bundeswehr ist in ihrem Sektor in Kabul in erster Linie für Aufgaben der Sicherheitspräsenz zuständig. Der logistische Nachschub erfolgt vor allem über Termez in Usbekistan, auf dessen Flugplatz ein Lufttransportstützpunkt mit 190 Soldaten des deutschen ISAF-Kontingents eingerichtet worden ist. Der Deutsche Bundestag hat die Beteiligung der Bundeswehr am 20. Dezember 2002 um ein Jahr verlängert.

Kleinere Missionen

Neben den beiden derzeitigen Hauptaufgaben der Bundeswehr hat diese sich während der Amtszeit der rot-grünen Regierung an mehreren kleineren Auslandseinsätzen beteiligt.

United Nations Observer Mission in Georgia (UNOMIG): Seit August 1993 versucht die UNO, über eine Beobachtermission die zwischen Georgien und Abchasien eingerichtete Sicherheitszone zu überwachen. Weiteres Ziel der United Nations Observer Mission in Georgia (UNOMIG) ist es, Voraussetzungen für eine Rückkehr der Kriegsflüchtlinge zu schaffen. Das deutsche Kontingent, das seit 1994 im Einsatz ist, umfasste im Dezember 2002 mit elf der insgesamt 117 Militärbeobachter den größten Anteil und ist u.a. für die medizinische Versorgung zuständig. Am 31. Juli 2002 stimmte Bundesverteidigungsminister Peter Struck der weiteren Beteiligung deutscher Soldaten an der UNOMIG zu.

United Nations Monitoring, Verification and Inspection Commission (UNMOVIC): Am 14. Januar 2003 erhielt die Bundesregierung die Bitte der UNO, der United Nations Monitoring, Verification and Inspection Commission (UNMOVIC) das Aufklärungssystem Luftgestützte Unbemannte Nahaufklärungsausstattung (LUNA) X-2000 zur Verfügung zu stellen. Deutschland wird diesem Wunsch entsprechen. Dazu soll das notwendige Personal in einem Umfang von 20 Soldaten auf freiwilliger Basis abgestellt werden. Um die Unabhängigkeit der UNMOVIC zu gewährleisten, werden sie als „Expert on Mission" von der UNO direkt unter Vertrag genommen und in dieser Zeit von der Bundeswehr beurlaubt. Das Aufklärungssystem soll ab Anfang März seine Tätigkeit im Irak aufnehmen – vorausgesetzt, dass Waffeninspektionen dann noch möglich sind. Die Abstellung von Soldaten und Material ist zunächst auf drei Monate befristet.

Humanitäre Hilfsmaßnahmen: Von Oktober 1999 bis Februar 2000 hat sich die Bundeswehr mit 70 Soldaten an der International Force East Timor (INTERFET) beteiligt. Ihre Aufgabe bestand darin, Verwundete und Kranke aus Ost-Timor zu evakuieren. Über 100 Soldaten waren im März 2000 in Mosambik im Einsatz, um den von der Überschwemmungskatastrophe Betroffenen zu helfen. Im November 2000 wurden über einen Airbus A-310 MedEvac mehrere verletzte Palästinenser aus Gaza ausgeflogen.

Anzeichen der Normalisierung des Streitkräfteeinsatzes

Diese Darstellung der Auslandseinsätze zeigt, dass Deutschland in den vergangenen vier Jahren und vier Monaten der Amtszeit von Bundeskanzler Gerhard Schröder wesentlich intensiver als in der Ära Helmut Kohls dazu beigetragen hat, Sicherheit auch mit militärischen Mitteln zu exportieren. Deutschland ist nach den USA zum größten Truppensteller bei internationalen Einsätzen geworden. Neben diesem rein quantitativen Argument lässt sich die Normalisierung des Streitkräfteeinsatzes vor allem an vier übergreifenden qualitativen Merkmalen festmachen. Dazu gehören die Einsatzlogik, das Fähigkeitsprofil, die Bereitschaft zu Kampfeinsätzen sowie nicht zuletzt der Aspekt der Übernahme von Führungsaufgaben.

Auslandseinsätze der Bundeswehr erfolgen grundsätzlich multinational eingebunden, um der nach der Vereinigung größer gewordenen, internationalen Verantwortung Deutschlands gerecht zu werden. Sie dienen nach offizieller Lesart zwei primären Zielen: Sie sollen einerseits den Weltfrieden und die internationale Sicherheit unterstützen. Andererseits wird versucht, mit dem Streitkräfteeinsatz vor Ort zu menschenwürdigeren Lebensverhältnissen beizutragen. Aus strategischer Sicht verweist die rotgrüne Regierung darauf, durch Auslandseinsätze der Bundeswehr Krisen und ihre Auswirkungen auf Distanz halten zu können. Deutschland sei, so Berlin, heute nicht mehr nur Konsument, sondern auch Produzent von Sicherheit (BMVg 2002a:13).

Die Bundesregierung hat damit an die Einsatzlogik der Kohl-Ära angeknüpft. Eine Modifikation bzw. Erweiterung hat in zwei Bereichen stattgefunden. So finden Auslandseinsätze inzwischen in einem globalen Rahmen statt. Grundsätzlich ist die Beteiligung der Bundeswehr an Missionen, die in entfernten Kontinenten durchgeführt werden, zwar nicht neu. Von Mai 1992 bis November 1993 war ein 450 Soldaten umfassendes Sanitätskontingent in Kambodscha stationiert, das zur Unterstützung der United Nations Transitional Authority in Cambodia (UNTAC) eingesetzt wurde. Humanitäre Hilfseinsätze mittels Luftbrücken wurden in Somalia (August 1992 - März 1993) oder Ruanda (Juli - Dezember 1994) durchgeführt. Mit der Entsendung eines 1.700 Mann starken Heereskontingents in das somalische Belet Uen (August 1993 - März 1994) trug die Bundeswehr zur logistischen Absicherung der United Nations Operation in Somalia (UNOSOM) II bei. Im Zuge des 11. September 2001 und der von Gerhard Schröder verkündeten „uneingeschränkten Solidarität" Deutschlands mit den USA hat aber eine systematische geographische Entgrenzung der Einsätze stattgefunden. So könnte die Bundeswehr könnte künftig weltweit überall dort eingesetzt werden, wo die al-Qaida oder ähnliche Gruppierungen aktiv sind. Verteidigungsminister Struck sprach diesbezüglich am 21. Februar 2003 auf einer Pressekonferenz von einer „territorial unabhängigen Krisenbewältigung" (Struck 21.2.2003). Bereits die Teilnahme am Kosovo-Krieg 1999 sowie die Unterstützung des parallel dazu verabschiedeten Neuen Strategischen Konzepts der NATO hatten gezeigt, dass die rot-grüne Bundesregierung nach einer Abwägung der jeweiligen Umstände grundsätzlich bereit ist, deutsche Streitkräfte weltweit nicht nur an UN-Blauhelmmissionen teilnehmen zu lassen, sondern sie auch im Rahmen robuster Out-of-Area-Einsätze der NATO zu entsenden. Vor dem Hintergrund des Kampfes gegen den Terrorismus hat Berlin die amerikanische Argumentation übernommen, wonach der Weltfriede nun auch von transnationalen Akteuren bedroht wird. Hinzu kommt, dass die amtierende Regierung den Menschenrechtsschutz dahingehend ausgedehnt hat, dass zu diesem Zwecke nicht nur in andauernde Bürgerkriege, die das ganze Land umfassen, gewaltsam eingegriffen werden kann (Kohl/Bosnien-Herzegowina), sondern desgleichen versucht wird, existierende Herrschaftsverhältnisse in einem Staat, dessen Führung in einem geographisch begrenzten Gebiet Minderheiten unterdrückt, zu ändern (Schröder/Jugoslawien). Die Präsenz der Bundeswehr im Kosovo hat dabei wenigstens mittelbar zum Sturz Milosevics beigetragen.

Durch die Erweiterung der Einsatzlogik sind Streitkräfteeinsätze der Bundeswehr zur Wahrnehmung sicherheitspolitischer Interessen nicht mehr an geographische Grenzen gebunden. Gleichzeitig wurde die Zahl der Interventionsgründe im Sinne eines „erweiterten Sicherheitsbegriffs" ausgedehnt.

Die deutschen Streitkräfte sind zu einer „Armee im Einsatz" geworden. War die Bundeswehr ursprünglich für die Abwehr einer mit Kampfflugzeugen unterstützten Panzerinvasion aus dem Osten aufgebaut worden, muss sie heute auf ein wesentlich vielschichtigeres Bedrohungsumfeld vorbereitet sein. Dazu gehören neben den klassischen Gefahren, die von konventionellen Landstreitkräften ausgehen, ebenso jene, die mit Terroristen in Zusammenhang gebracht werden. So trainieren Fregatten, die ursprünglich für die Bekämpfung von Überwasserkampfzielen und zur Jagd auf U-Boote konzipiert worden waren, heute Abwehrmaßnahmen für ein aktuell wesentlich bedrohlicheres und auch wahrscheinlicheres Szenario: Die gegenwärtig am Horn von Afrika stationierten Einheiten der Deutschen Marine rechnen damit, nach dem Muster des Anschlags gegen die USS Cole im Hafen von Aden im Oktober 2000 von Schnellbooten angegriffen zu werden. Die deutschen Streitkräfte müssen daher nicht nur die Logik der trinitarischen (Clausewitz 1998), sondern auch jene der asymmetrischen Kriegsführung (Creveld 1998; Münkler 2002) beherrschen.

Die Bundeswehr ist derzeit in der Lage, sich grundsätzlich an allen Einsätzen multinationaler Streitkräfte zu beteiligen. Sie verfügt jedoch nicht über die nötige Ausrüstungspalette, um sich in sämtliche Operationen vollständig einbringen zu können (Soldat und Technik 2002; Struck 2003; BMVg o.J. a, b). Sie kann z.B. keine unabhängige Lagebildaufklärung von Einsatzgebieten durchführen, ohne in diese mit Kampfflugzeugen (RECCE-Tornados, Breguet Atlantic) oder Drohnen (CL 289, LUNA X-2000) einzufliegen. In mehreren Bereichen, insbesondere jenem der Kommunikation, ist sie auf die Nutzung ziviler Dienstleistungen angewiesen. Große Mängel bestehen im Lufttransport: Die Transall C-160 sind nur für kürzere Strecken geeignet, weshalb das Einsatzführungskommando für die strategische Luftverlegung russische bzw. ukrainische Antonows des Typs An-124 sowie Iljuschins des Typs Il-76 anmieten muss. Die Sicherheit der Truppe im Einsatzgebiet ist verbessert worden, wozu vor allem Maßnahmen des Minenschutzes beitrugen. In begrenztem Umfang kann die Bundeswehr multinationale Verbände leiten. Vollständig autonom ist sie bereits heute imstande, begrenzte nationale Rettungsaktionen jenseits des Bündnisgebietes durchzuführen. Aber je weiter das Zielgebiet entfernt ist und je länger der Einsatz dauert, desto größer werden die Herausforderungen (Fernmeldewesen, Logistik, Nachrichtengewinnung etc.). Insgesamt werden die deutschen Streitkräfte meist defensiv eingesetzt, was z.B. die Verwendungen der Deutschen Marine zeigen: Minenräumen am Persischen Golf (1991), Seeraumüberwachung in der Adria (1992-1996) und am Horn von Afrika (seit 2002), Evakuierung von Heereskräften aus dem umkämpften Somalia (1994) sowie künftig möglicherweise verstärkt Geleitschutz in Krisenregionen gegen Übergriffe von Terroristen und Piraten.

Die Modernisierung der Bundeswehr wird sich auf die Gestaltung von Auslandseinsätzen in mehrfacher Hinsicht auswirken. Sie wird im multinationalen Rahmen durch Verbesserung der Interoperabilität kooperationsfähiger. In verschiedenen Segmenten werden die Reformen auch nationale, militärische Handlungsoptionen verbreitern. Dies geschieht durch die Beschaffung des strategischen Lufttransporters A 400 M und eines Einsatztruppenunterstützungsschiffs, durch die Umwandlung von Airbus A310 in Tankflugzeuge sowie durch die Indienststellung des ersten nationalen, satellitengestützten Aufklärungssystems des Typs Synthetic Aperture Radar (SAR)-Lupe, mit dem bei Einsätzen präzisere Lagebilder möglich werden. Dadurch, aber auch durch einen umfassenderen Schutz der Stützpunkte im Einsatzgebiet, zu dem künftig das Medium Extended Air Defense System (MEADS) beitragen könnte, wird die Sicherheit der Truppe erhöht und damit eine wesentliche Voraussetzung dafür geschaffen, Auslandseinsätze auch in Zukunft innenpolitisch durchzusetzen. Die Erweiterung des Einsatzradius durch die Beschaffung weitreichender, hochwirksamer und präziser Abstandswaffen (Taurus, Polyphem, RBS15 Mk3) könnte zugleich auch dazu führen, dass die Bundeswehr bei künftigen, vor allem friedensschaffenden Einsätzen früher in das Geschehen eingreift.

Die Modernisierung der Bundeswehr bedeutet, dass sie sich nicht nur an Beobachtermissionen und friedenserhaltenden Maßnahmen, sondern verstärkt auch an Kampfeinsätzen beteiligen können wird. Dies ist eines der wichtigsten Momente der Normalisierung, da Streitkräfte an Glaubwürdigkeit verlieren, wenn sie nur zur Wahrnehmung von Präsenzaufgaben in befriedeten Zonen herangezogen werden. Damit ist nicht gemeint, dass militärische Normalisierung ausschließlich durch eine besonders hohe Beteiligung an Kampfeinsätzen erreichbar wäre. Es geht schlicht darum, dass die Bundeswehr in gleichberechtigter Weise an allen militärischen Aufträgen im Einsatzgebiet mitwirken kann.

Bereitschaft zu Kampfeinsätzen

Kampfeinsätze müssen gleichwohl als besonders bedeutsamer Aspekt der Normalisierung gewertet werden. Die Regierung Schröder hat zwar grundsätzlich daran festgehalten, militärische Maßnahmen in der Logik der Abschreckung zu sehen, jedoch noch wesentlich stärker als ihre Vorgängerin auf offensive Waffeneinsätze gesetzt (Maull 2000). Aus der Perspektive der Kampfunterstützung war der erste Kampfeinsatz der Luftwaffe seit dem Zweiten Weltkrieg bereits in der Ära Kohl erfolgt. Die von der NATO am 30. August 1995 gestartete Operation „Deliberate Force", zu der Luftangriffe gegen serbische Stellungen in Bosnien-Herzegowina gehörten, wurde von ECR- und RECCE-Tornados der Bundeswehr begleitet. Sie beteiligten sich an der Aufklärung, nicht jedoch der Bekämpfung von Bodenzielen. Wie sehr sich das Verhältnis der deutschen Führung zum Einsatz von bewaffneter Gewalt schon in den 90er Jahren weiter verändert hatte, zeigte die Operation „Libelle": Unter rein nationaler Führung evakuierte die Bundeswehr am 14. März 1997 ca. 100 deutsche und ausländische Staatsangehörige aus Tirana, in dem damals die Staatsgewalt zusammengebrochen war. Während des Einsatzes war auf die Besatzung der CH-53 Hubschrauber von Unbekannten das Feuer eröffnet worden, das vom Kommandotrupp erwidert wurde. Ohne internationale Koordination oder die Bitte um Überflugrechte an die albanische Führung hatte die Bundeswehr im Auftrag der Regierung Nothilfe geleistet, was vom Bundestag im Nachhinein ohne größeres Aufsehen gebilligt wurde (Glawatz 2000). Der entscheidende Schritt in Richtung Normalisierung wurde jedoch erst 1999 mit dem Einsatz von ECR-Tornados gegen Bodenziele während der Operation „Allied Force" im Kosovo vollzogen: Die deutschen Luftstreitkräfte beteiligten sich aktiv an der Ausschaltung der gegnerischen Flugabwehr, gegen die insgesamt 236 Flugkörper des Typs High-Speed Anti-Radiation Missile (HARM) verschossen wurden (Hahn/Panke 2000:598).

Einer der wohl wichtigsten organisatorischen Schritte für Kampfeinsätze im Ausland ist die Aufstellung der Division Spezielle Operationen (DSO), die ab 2004 mit einer Sollstärke von 7.300 Soldaten voll einsatzfähig sein wird. Zu ihr gehören das KSK mit insgesamt 1.000 Soldaten sowie die beiden Luftlandebrigaden des Heeres. Grundsätzlich können drei Aufgabenfelder unterschieden werden: Die DSO ist, erstens, für die Rettung und Evakuierung deutscher Staatsbürger im Ausland zuständig. Kontingente der Bundeswehr werden, zweitens, bei ihrer Verlegung bzw. ihrem Rücktransport in das Einsatzgebiet unterstützt und geschützt. Dazu gehört auch die Rückführung von UN-, OSZE-, NATO- und EU-Personal, das etwa während einer Beobachtermission in Gefahr geraten ist. Schließlich wird vor allem das KSK, drittens, zu Operationen gegen Einrichtungen des Gegners hinter den feindlichen Linien eingesetzt.

Mit der Entsendung der Spezialkräfte nach Afghanistan sind erstmalig in der Geschichte der Bundeswehr Bodentruppen in ein Kampfgebiet geschickt worden. Ihr Aufgabenspektrum soll Anfang November 2002 erweitert sein. Waren sie zunächst nur an der Seite ihrer amerikanischen Verbündeten eingesetzt, so sollen sie seither ein eigenes Einsatzgebiet zugewiesen bekommen haben. Verteidigungsminister Struck begründete dies damit, dass der deutsche Beitrag an der Operation „Enduring Freedom" permanent „überprüft und angepasst [wird], um einen noch eigenständigeren Beitrag zu leisten". Damit zeige Deutschland seine Bereitschaft, „umfassende militärische Verantwortung zu übernehmen" (FAZ 04.11.2002). Wie weit der Einsatz der Spezialkräfte reicht, geht aus Nachrichtenmeldungen über eine direkte Beteiligung an Gefechten hervor. Ende Januar 2003 soll das KSK an einer Auseinandersetzung teilgenommen haben, bei der auf der Seite der Rebellen angeblich mindestens 18 Kämpfer gefallen sind (Die Welt 1.2.2002).

Mit der Billigung der Bundeswehrreform durch das Bundeskabinett Mitte Juni 2000 hat die Regierung Schröder die Fokussierung der deutschen Streitkräfte auf Interventionsszenarien strukturell abgesichert. „Einsätze im Rahmen von Konfliktverhütung und Krisenbewältigung sind für deutsche Streitkräfte auf unabsehbare Zeit die wahrscheinlichsten" (BMVg 2002a:25). Bei der Umstrukturierung der Streitkräfte sind 150.000 Soldaten als Einsatzkräfte vorgesehen, wodurch die alte Aufteilung in Krisenreaktions- und Hauptverteidigungsstreitkräfte hinfällig geworden ist (BMVg 2002a: 29,47). Johannes Varwick merkte dazu kritisch an: „Paradoxerweise beschließt also eine rot-grüne Regierungskoalition eben jenes Fähigkeitsprofil für deutsche Streitkräfte, welches sie zu Oppositionszeiten bis zum Bundesverfassungsgericht bekämpft hatte und das zum Teil im Gegensatz zum eigenen Parteiprogramm steht" (Varwick 2000:63). Damit hat die Regierung dazu beigetragen, dass die Bundeswehr ihr Instrumentarium in Zukunft öfter auch offensiv einsetzen dürfte. Hätte sie wie die Kohl-Regierung nämlich daran festgehalten, Auslandseinsätze nur in begrenztem Umfang durchzuführen und die Aufgaben der Bundeswehr auf die Landes- und Bündnisverteidigung zu konzentrieren, wäre die Wahrscheinlichkeit des Streitkräfteeinsatzes wesentlich geringer gewesen. Insgesamt scheint die Zunahme robuster Einsatzmittel allerdings keiner besonderen rot-grünen Politik zu entspringen, sondern ist eher als Kontinuität einer Entwicklungstendenz zur Normalisierung der Beteiligung der Bundeswehr bei multinationalen Einsätzen zu begreifen (Baumann/Hellmann 2001).

Führungsaufgaben

Die Bundeswehr hat in den vergangenen Jahren bei internationalen Einsätzen soviel Verantwortung übernommen wie niemals zuvor in ihrer Geschichte. Während der Regierungszeit Helmut Kohls ging es zunächst darum, im Einsatzgebiet eine qualitative

Gleichstellung der Bundeswehr zu erlangen, die erstmals mit der Beteiligung an der SFOR erreicht worden war (Budde 2000). Dem deutschen Heer steht zur Umsetzung seines Auftrages das Gerät zur Verfügung, das auch die verbündeten Streitkräfte einsetzen dürfen. Die drei Verantwortungsbereiche in Bosnien-Herzegowina liegen jedoch in der klassischen Aufteilung bei den drei Nuklearmächten des Westens, den USA, Großbritannien und Frankreich. Die deutschen Heereskräfte sind hier dem französischen Stab der Multinationalen Brigade Südost in Mostar zugeordnet, die bis zur Umstrukturierung der SFOR Divisionsstärke hatte. Seit Anfang Dezember 2002 bilden sie zusammen mit dem italienischen Kontingent einen gemeinsamen Einsatzverband. Vor ihrer Entsendung auf den Balkan hatte die Bundeswehr das Sanitätskontingent der UNTAC geleitet. Die deutschen Truppen haben in der Ära Kohl weder Sektoren noch Oberbefehle über multinationale Kontingente übernommen, dafür jedoch Teilaufgaben von Operationen geführt. Dies galt z.B. 1997 für die Operation „Colombo", in der ein deutscher General in einem Abschnitt Sarajevos für die Absicherung des Papst-Besuches zuständig war.

Deutschland übernahm erst mit Beginn des KFOR-Mandates im Juni 1999 mehr Verantwortung bei der Durchführung von NATO- oder UN-Aufträgen. Der Bundeswehr wurde im Süden des Kosovos mit dem Hauptquartier Prizren erstmals bei einem friedenserhaltenden Einsatz ein eigener Sektor zugeteilt. Vom 8. Oktober 1999 bis zum 18. April 2000 übernahm der deutsche General Klaus Reinhardt das Oberkommando über die Multinationalen Streitkräfte KFOR. Reinhardt war damit der erste General der Bundeswehr, der ein NATO-Kommando außerhalb des Bündnisgebietes leitete. Am 12. November 2002 wurden im Rahmen der Umstrukturierung der NATO-Kräfte auf dem Balkan die Multinationale Brigade West unter dem Kommando Italiens und die Multinationale Brigade Süd unter dem Kommando Deutschlands zur Multinationalen Brigade Südwest zusammengelegt. Die Führung wurde zunächst von der Bundeswehr übernommen und soll voraussichtlich im Jahresrhythmus wechseln.

In Mazedonien hatte die Bundeswehr vom 13. Dezember 2001 bis zum 26. Juni 2002 die ca. 1.000 Soldaten umfassende Task Force Fox geführt, wobei sie zeitweise mit einem Kontingent von 600 Soldaten vertreten war. Damit hatten deutsche Streitkräfte erstmals eine NATO-Operation im Bereich des Krisenmanagements geleitet. Weitere Führungsaufgaben sind von der Bundeswehr im Rahmen der Operation „Enduring Freedom" bzw. in Afghanistan durchgeführt worden. Die Deutsche Marine hatte vom 4. Mai bis zum 30. Oktober 2002 den Oberbefehl über die multinationalen Seestreitkräfte am Horn von Afrika inne. Am 19. März 2002 hat sie zudem die taktische Führung der Kabul Multinational Brigade (KMNB) übernommen. Eine weitere Führungsaufgabe ist am 10. Februar 2003 durch die deutsch-niederländische Leitung der Afghanistan-Schutztruppe entstanden, die vom ISAF Operations Coordination Center (IOCC) wahrgenommen wird. Er baut auf dem High Readiness Forces Headquarter (HRF HQ) auf, das nach einer im Januar 2001 begonnenen Umstrukturierung aus dem I. Deutsch-Niederländischen Korps in Münster hervorgegangen ist. Das HRF HQ soll in und außerhalb des NATO-Raumes innerhalb von 20 bis 30 Tagen voll einsatz- und führungsfähig sein (Lindhorst 2002). Die Führung für ISAF-III ist auf sechs Monate festgesetzt.

Die Zukunft des Streitkräfteeinsatzes wird ganz maßgeblich von zwei Faktoren abhängen: Welche finanziellen Ressourcen stehen, erstens, zur Gestaltung von Sicherheitspolitik zur Verfügung? Will Deutschland weiterhin Auslandseinsätze bis hin zu friedensschaffenden Maßnahmen durchführen, so benötigt die Bundeswehr dazu adäquates Gerät. Wie entwickelt sich, zweitens, das sicherheitspolitische Selbstverständnis der Berliner Republik? Mit anderen Worten: Welche Rolle will Deutschland bei multinationalen Einsätzen spielen?

Verteidigungsetat

Die rot-grüne Bundesregierung steckt selbstverschuldet in einem nur schwer zu lösenden Dilemma: Auf der einen Seite verlangt sie von der Bundeswehr, eine zunehmende Zahl von Auslandseinsätzen zu bewältigen. Auf der anderen Seite ist sie nur begrenzt bereit, die dafür notwendigen Mittel zur Verfügung zu stellen. Der Verteidigungshaushalt ist bis zum Jahr 2006 auf ein Niveau von 24,389 Mrd. Euro begrenzt worden, womit er einen Anteil von nur 1,5% am Bruttoinlandsprodukt hat (zum Vergleich für 2002: USA 3,0%, Frankreich 2,7% und Großbritannien 2,4%). Die Investitionsquote lag nach Angaben des Bundesministeriums der Verteidigung 2001 bei 24,5% (BMVg 2002a:36), wobei Fachleute jedoch darauf hinweisen, dass 30% für eine moderne Ausrüstung notwendig seien (Erbe 2002:7).[3] Weitere Probleme ergeben sich aus einem Investitionsstau von 10-15 Mrd. Euro und hohen Kosten zur Durchführung der Auslandseinsätze, die von 186,2 Mio. Euro im letzten Amtsjahr Helmut Kohls auf über 1,56 Mrd. Euro im Jahr 2002 angestiegen sind (Wagner 3.12.2002). 2003 sollen im Zuge der Übernahme der Führung der ISAF weitere 89 Mio. Euro hinzukommen. Eine kurzfristige Erhöhung des Verteidigungsetats durch Verschuldung erscheint aufgrund des Sparkurses des Bundesfinanzministeriums und der Vorgaben des währungspolitischen Stabilitätspaktes eher unwahrscheinlich und wäre daher nur durch Umschichtungen sowie zusätzliche Steuererhöhungen möglich.

Welcher Weg hier auch immer eingeschlagen wird, in Politik und Wissenschaft gibt es mittlerweile erhebliche Unterstützung für eine größere Ressourcenzuwendung für die Bundeswehr. Karsten D. Voigt, Koordinator für die deutsch-amerikanische Zusammenarbeit im Auswärtigen Amt, wies nach dem 11. September 2001 darauf hin, dass Deutschland mehr Mittel für Außen-, Verteidigungs- und Entwicklungspolitik aufwenden müsse: „Es führt in die Irre, hinter diesen Überlegungen eine vermeintliche deutsche Großmannssucht zu vermuten. Heutzutage besteht nicht mehr die Gefahr des deutschen Imperialismus sondern des deutschen Provinzialismus" (Voigt 2002:24). Hanns W. Maull empfiehlt eine „politische Werbekampagne für Außen- und Sicherheitspolitik, die verdeutlicht, dass es sich Deutschland nicht mehr leisten kann, internationale Ordnungspolitik aus der Portokasse zu bezahlen" (Maull 2001:10). Auch Helga Haftendorn fordert mit Blick auf die Gewichte in der NATO: „Um den USA als selbstbewusster Partner gegenübertreten zu können, müssen die Europäer ihr eigenes Haus in Ordnung bringen. [...] Sie müssen [...] den Umbau ihrer Streitkräfte vorantreiben und

---

3   Von 1996-2001 sind bei den europäischen NATO-Mitgliedern die Ausgaben für die Beschaffung neuen Geräts um 6,9% gefallen, wohingegen sie in den USA um 4,7% gestiegen sind (IISS 2001:105).

dafür mehr Geld aufwenden" (Haftendorn 2002:53). Der politische Wille zur Fortsetzung der Normalisierung des Streitkräfteeinsatzes könnte daher an finanzielle Grenzen stoßen. Dann wäre allerdings auch die Frage berechtigt, wie weit der politische Wille reicht.

Selbstverständnis

Die bisherige Betrachtung der Auslandseinsätze der Bundeswehr bezog den Begriff der „Normalisierung" auf die Sicherheitspolitik einer starken Mittelmacht in multinationalen Einsätzen. Das deutsche Selbstverständnis hat sich während der Regierungszeit Schröders dahingehend geändert – wenngleich dies ansatzweise auch bereits unter Kohl zu konstatieren war –, dass Berlin mit seinen Verbündeten nicht mehr nur finanzielle Risiken, sondern auch jene für Leib und Leben der eigenen Soldaten teilt. Diese Normalisierung sorgt dafür, dass Deutschland Kernaufgaben multinationaler Einsätze übernehmen kann und dabei mit Blick auf die Inhalte der Mission zwangsläufig gehört werden muss. Denn ein Gelingen vieler Operationen hängt oftmals ganz maßgeblich davon ab, in welchem Umfang sich die Bundeswehr beteiligt und wie lange sie vor Ort bleibt. Im Vergleich zu den USA hat Deutschland auf diese Weise seine Position als Juniorpartner gestärkt. Mit Blick auf die Entwicklung der Europäischen Sicherheits- und Verteidigungspolitik (ESVP) hat Berlin seine Stellung neben den Führungsmächten Paris und London ausgebaut.

Mit dieser Weiterentwicklung des Selbstverständnisses deutscher Sicherheitspolitik sind gleichzeitig aber auch neue Fragen erkennbar geworden. Wo beispielsweise soll künftig die Meßlatte für das liegen, was als „Normalität" des deutschen Streitkräfteeinsatzes und der ihm zugrunde liegenden Ausrüstung gelten soll? Aus der Perspektive der derzeitigen und vermutlich auch der folgenden Regierung werden dazu weder der Besitz von Nuklearwaffen und Flugzeugträgergruppen noch die Einrichtung von Überseestützpunkten zählen. Dagegen dürfte es im Rahmen des Möglichen liegen, als nächsten Schritt der Normalisierung der Deutschen Marine am Horn von Afrika mehr Kompetenzen zu verleihen. Deren Boarding-Teams können derzeit nur dann eingesetzt werden, wenn das zu untersuchende Schiff dazu die Erlaubnis erteilt. Maßstab könnten hier die Kompetenzen der spanischen Seestreitkräfte sein, die am 10. Dezember 2002 ein mit SCUD-Raketen beladenes nordkoreanisches Schiff auf den Weg nach Jemen mit einem Schuss vor den Burg stoppten und danach enterten. Die Normalisierung der Entsendung deutscher Streitkräfte wird sich aus europäischer Perspektive vorerst auf diesem Feld abspielen. Es geht folglich um einen strategisch und operativ konsequenten Einsatz vorhandenen Geräts – und damit unter den gegebenen Umständen nicht um ein vollständiges militärisches Gleichziehen mit Frankreich und Großbritannien.

Eine weitere Konkretisierung der Meßlatte ergibt sich durch Hinzuziehung des transatlantischen Faktors. Selbst wenn die Modernisierung der Bundeswehr vollständig umgesetzt wird und es zu einer Erhöhung des Verteidigungshaushalts kommt, dürfte sich allen Normalisierungstendenzen und neu geschaffenen Einflussoptionen zum Trotz lange Zeit nichts an der alten transatlantischen Kräftegleichung ändern. Die Handlungsfähigkeit Deutschlands und Europas bei der Entsendung von Streitkräften hängt weiterhin zutiefst von der Partnerschaft mit den USA ab. Ihr nuklearer Schutzschirm garantiert die Sicherheit der Verbündeten und eröffnet ihnen Handlungsfreiräume. Die Erpressbarkeit des eigenen Landes in Auslandseinsätzen nimmt ab, wenn es weiß, dass hinter ihm die Abschreckungsfähigkeit der USA steht. Die amerikanischen Streitkräfte eröffnen zudem Handlungsmöglichkeiten. Ohne ihren Einsatz wären weder Slobodan Milosevic noch die Taliban besiegt worden, hätte es also gar nicht zur Stationierung von KFOR und ISAF kommen können. Allein während des Kosovo-Krieges führten die USA 75% der Kampf- und Unterstützungseinsätze durch und verschossen fast 95% aller Marschflugkörper (Enders 2002:52). Wie sehr die Bundeswehr auf die Hilfe der amerikanischen Streitkräfte angewiesen ist, wird am Hindukusch sichtbar: Im Notfall könnten die deutschen Soldaten in Kabul ihr Feldlager mit eigenen Mitteln nicht verteidigen. Eine Evakuierung wäre nur mit Unterstützung der Luftstreitkräfte der USA möglich – und dies auch nur dann, wenn sie nicht parallel an einem anderen Kriegsschauplatz gebunden sind. Normalisierung bedeutet aus dieser Perspektive, Abhängigkeiten im Bündnis zu reduzieren und auf mehr Ausgewogenheit hinzuarbeiten. Ziel wäre nicht eine Reduktion des amerikanischen Machtfaktors, sondern eine Anhebung der Leistungsfähigkeit der europäischen Streitkräfte, damit diese als Nahziel wenigstens an ihrer Peripherie zur umfassenden Machtprojektion fähig sind. Die Bundeswehr sollte dabei eine dem Gewicht Deutschlands in Europa entsprechende Aufgabe übernehmen.

Literaturverzeichnis

Baumann, Rainer/ Hellmann, Gunther (2001): Germany and the Use of Military Force: `Total War´, the `Culture of Restraint´ and the Quest for Normality, in: Webber, Douglas (Hrsg.): New Europe, New Germany, Old Foreign Policy? German Foreign Policy Since Unification, London/Portland, S. 61-82.

Budde, Hans-Otto (2000): Gleiche Rechte und Pflichten – Die deutsche Beteiligung an der SFOR, in: Goebel, Peter (Hrsg.): Von Kambodscha bis Kosovo. Auslandseinsätze der Bundeswehr seit Ende des Kalten Krieges, Bonn/Frankfurt am Main, S. 166-173.

Bundesministerium der Verteidigung (BMVg) (o.J. (a): Datenblatt zur Projektplanung, unter: http://www.bundeswehr.de/pic/pdf/reform/datenblatt_projekte.pdf [25.2.2003].

BMVg (o.J. (b)): Waffensysteme und Großgerät, unter: http://www.bundeswehr.de/pic/pdf/broschueren/GG_HE_1-104WEB.pdf [25.2.2003].

BMVg (2000a): Folgeoperation SFOR. Informationen über die Beteiligung der Bundeswehr an der Stabilisierung des Friedens im ehemaligen Jugoslawien, unter: http://www.bundeswehr.de/pic/pdf/broschueren/sfor.pdf [25.2.2003].

BMVg (2000b): Friedenstruppe KFOR. Hintergrundinformationen zum Einsatz der Internationalen Staatengemeinschaft im Kosovo und zur Beteiligung der Bundeswehr, unter: http://www.bundeswehr.de/pic/pdf/broschueren/kfor.pdf [25.2.2003].

BMVg (2002a): Bundeswehr 2002. Sachstand und Perspektiven, unter: http://www.bundeswehr.de/pic/pdf/broschueren/bundeswehr_2002.pdf [25.2.2003].

BMVg (2002b): Einsätze der Bundeswehr im Ausland, unter: http://www.bundeswehr.de/ pic/pdf/broschueren/broschuere_ausleinsatz_aug02.pdf [25.2.2003].

BMVg (13.11.2002): Ein Jahr Operation Enduring Freedom, unter: http://www.bundeswehr.de/wir/einsatz/021114_oef_bilanz.php [25.2.2003].

Bundesregierung (8.5.2002): Unterrichtung des Deutschen Bundestages zum Einsatz bewaffneter deutscher Streitkräfte bei der Unterstützung der gemeinsamen Reaktion auf terroristische Angriffe gegen die USA, BT-Drucksache 14/8990, unter: http://www.bundeswehr.de/pic/pdf/broschueren/bt-unterrichtung.pdf [25.2.2003].

Bundeswehr (2002): ABC-Abwehrkräfte, unter: http://www.einsatz.bundeswehr.de/ einsatz_aktuell/oef_abc/ueberblick/abc_ueb.php [25.2.2003].

Bundeswehr (20.2.2003): Die Bundeswehr in Zahlen. Gesamtstärke und Auslandseinsätze, unter: http://www.bundeswehr.de/forces/Personalstaerke_bw.php [25.2.2003].

Clausewitz, Carl von (1998): Vom Kriege. Hinterlassenes Werk, Berlin.

Creveld, Martin van (1998): Die Zukunft des Krieges, München.

Enders, Thomas (2002): Zur Interoperabilität von Streitkräften. Eine Einschätzung aus Sicht der Industrie, in: Internationale Politik, 57/4, S. 51-56.

Erbe, Jürgen (2002): Die Lage der wehrtechnischen Industrie in Deutschland, in: Soldat und Technik, H. 9, S. 7-16.

Glawatz, Henning (2000): Flug ins Ungewisse – Die Operation Libelle, in: Goebel, Peter (Hrsg.): Von Kambodscha bis Kosovo. Auslandseinsätze der Bundeswehr seit Ende des Kalten Krieges, Bonn/Frankfurt am Main, S. 295-307.

Goebel, Peter (Hrsg.) (2000): Von Kambodscha bis Kosovo. Auslandseinsätze der Bundeswehr seit Ende des Kalten Krieges, Bonn/Frankfurt am Main.

Haftendorn, Helga (2002): Das Ende der alten NATO, in: Internationale Politik 57/4, S. 49-54.

Hahn, Joachim/ Panke, Ulrich (2000): Operation Allied Force. Erfahrungen der Luftwaffe aus dem Einsatz des Einsatzgeschwaders I, in: Soldat und Technik, H. 9, S. 596-599.

International Institute for Strategic Studies (IISS) (2001): Strategic Survey 2000/2001, London.

Lindhorst, Burghardt (2002): Weltweit führungsfähig, in: Soldat und Technik, H. 9, S. 54-56.

Maull, Hanns W. (2000): Germany and the Use of Fore: Still a 'Civilian Power'?, in: Survival, 42/2, S. 56-80.

Maull, Hanns W. (2001): Internationaler Terrorismus. Die deutsche Außenpolitik auf dem Prüfstand, in: Internationale Politik, 56/12, S. 1-10.

Münkler, Herfried (2002): Die neuen Kriege, Hamburg.

Soldat und Technik (2002): Das BWB und seine Projektabteilungen, H. 12, S. 8-76.

Stockfisch, Dieter (2002): Deutscher Marineverband am Horn von Afrika, in: Soldat und Technik, H. 3, S. 40-42.

Struck, Peter (2003): Entscheidungen zur Zukunft der Bundeswehr, in: Soldat und Technik, H. 1, S. 6-9.

Struck, Peter (21.2.2003): Pressekonferenz zum Thema „Weiterentwicklung der Reform", unter: http://www.bmvg.de/archiv/reden/minister/print/030221_planungsweisungen_gi.php [25.2.2003].

Varwick, Johannes (2000): Die Bundeswehr reformieren, in: Internationale Politik, 55/7, S. 61-64.

Voigt, Karsten D. (2002): Global denken! Neue Themen für die deutsche Amerika-Politik, in: Internationale Politik, 57/4, S. 19-24.

Wagner, Hans Georg (3.12.2002): Antwort auf die Anfrage von Petra Pau vom 21.11.2002, unter: http://www.petrapau.de/15_bundestag/dok/an_021215_ bundeswehr.htm 25.2.2003].

Zwischen kooperativer Sicherheit und militärischer Interventionsfähigkeit. Rot-grüne Sicherheitspolitik im Rahmen von ESVP und NATO

Marco Overhaus

Die vergangenen vier Jahre und vier Monate rot-grüner Sicherheits- und Verteidigungspolitik im Rahmen der Europäischen Union und der NATO scheinen durch einen Widerspruch gekennzeichnet zu sein. Einerseits spielte die Bundesrepublik unter Bundeskanzler Gerhard Schröder gemeinsam mit einigen europäischen Partnern seit dem Herbst 1998 die „Rolle des Initiators und Motors" der Europäischen Sicherheits- und Verteidigungspolitik (ESVP) (Schmalz 2001:549) und übernahm dabei zusammen mit Paris und London die „Meinungsführerschaft" (Regelsberger 2002:36). Darüber hinaus verpflichtete sich Berlin sowohl im Rahmen der NATO als auch der ESVP zu umfangreichen Modernisierungsanstrengungen und Investitionen in die Bundeswehr, um den neuen sicherheitspolitischen Herausforderungen nach dem Ende des Kalten Krieges zu begegnen.

Andererseits zählt Deutschland bei der Reform seiner Streitkräfte und der Bereitstellung von militärischen Ressourcen zu den „Bremsern" und den „Schlusslichtern" im europäischen Kontext. Mit etwa 1,5 Prozent seines Bruttoinlandsproduktes gibt es deutlich weniger Geld für die Verteidigung aus als etwa Frankreich und Großbritannien. Die relativen Reduzierungen der Verteidigungsausgaben unter Rot-Grün haben dazu geführt, dass die Reformbemühungen der Bundeswehr bisher im Sande verlaufen sind und Deutschland seine zugesagten Rüstungsinvestitionen in NATO und ESVP kaum erfüllen kann (Agüera 2002) (dies gilt freilich nicht nur für Deutschland). Bei multinationalen Rüstungsprojekten wie dem Airbus-Militärtransporter A 400 M gilt Berlin unter seinen Partnern zudem als „unsicherer Kantonist." Die mangelnde Fähigkeit Deutschlands, seine integrationsgerichtete Rhetorik mit der Bereitstellung von finanziellen Ressourcen zu untermauern gefährdet nach Auffassung Franz-Josef Meiers die Glaubwürdigkeit genau jener Institutionen, die den Kern deutscher Sicherheits- und Verteidigungspolitik ausmachen: „Die Reform der Bundeswehr wird zu einem Gradmesser, wie ernst es deutschen Entscheidungsträgern mit den zugesicherten Beiträgen Deutschlands zur gemeinsamen Sicherheitsverantwortung im Bündnis und der Union ist" (Meiers 2002:48).

Diese Diskrepanz wird nicht erst seit dem Amtsantritt der rot-grünen Regierung unter Bundeskanzler Schröder konstatiert, sondern durchaus auch schon für die Amtszeit Helmut Kohls. Mit der rapiden Entwicklung der ESVP seit 1998, der Ausweitung des Aufgabenspektrums der NATO mit dem neuen Strategischen Konzept vom Frühjahr 1999 und der starken Zunahme von Auslandseinsätzen der Bundeswehr ist die Kluft zwischen Anspruch und Wirklichkeit jedoch ein gutes Stück größer geworden.

Es stellt sich daher die Frage, wie dieser (scheinbare) Widerspruch in der deutschen Sicherheits- und Verteidigungspolitik der rot-grünen Bundesregierung zu erklären ist und welche Konsequenzen sich daraus für die Perspektiven europäischer und transatlantischer Sicherheitspolitik am Beginn der zweiten Amtszeit von Bundeskanzler Schröder ergeben. Erklärungsversuche, die lediglich auf die Zwänge angespannter Haushaltslagen (verstärkt durch den Euro-Stabilitätspakt) oder innenpolitische Handlungszwänge per se hinweisen, scheinen in dieser Hinsicht unbefriedigend. Deutsche und französische Verteidigungspolitiker sehen sich mit ähnlichen haushaltpolitischen Zwängen konfrontiert, aber dennoch gibt Frankreich deutlich mehr Geld für seine Verteidigung aus als Deutschland. Die jeweilige Allokation öffentlicher Mittel deutet vielmehr auf unterschiedliche Prioritätensetzungen hin, die auf den Stellenwert militärischer Mittel in der Außenpolitik verweisen.

In diesem Beitrag wird die These vertreten, dass sich das Zusammenfallen einer integrationsfreundlichen Rhetorik und Politik Deutschlands im Rahmen von ESVP und NATO einerseits mit der zurückhaltenden Bereitstellung militärischer Ressourcen andererseits durch das Funktionsverständnis deutscher Politik gegenüber den europäischen Sicherheitsinstitutionen erklären lässt. Dabei erweist sich die von institutionalistischen Forschungsansätzen entwickelte Typologie unterschiedlicher Funktionsverständnisse als ein guter Ausgangspunkt, um das deutsche Verhalten zu verorten. Sie ermöglicht es darüber hinaus, Akzentverschiebungen rot-grüner Politik gegenüber der Vorgängerregierung unter Bundeskanzler Helmut Kohl aufzuzeigen und kann schließlich auch einen Beitrag zur vergleichenden Analyse von Sicherheitspolitiken unterschiedlicher Mitgliedsstaaten leisten.

Kooperative Sicherheit vs. militärische Interventionsfähigkeit?

Institutionalistischen Ansätzen in den Internationalen Beziehungen liegt die Annahme zugrunde, dass Institutionen (auch jene im Bereich der Sicherheit) eine von reinen nationalen Macht- und Interessenabwägungen unabhängige Wirkung auf staatliche Außenpolitik entfalten, da sie aus Sicht der Regierungen bestimmte Funktionen erfüllen. Insbesondere der „rationalistische" Forschungsstrang dieser Ansätze unterscheidet dabei zwischen der „allgemeinen" und „spezifischen" Funktionen von Sicherheitsinstitutionen (Haftendorn 1997:16). Vereinfacht ausgedrückt bezieht sich die allgemeine Funktion darauf, die interne Kooperation zwischen ihren Mitgliedstaaten über ein breites Themenspektrum zu ermöglichen und zu fördern. „Spezifische" Funktionen von Sicherheitsinstitutionen dagegen beziehen sich auf die konkreten sicherheitspolitischen Risiken und Bedrohungen, mit denen sich die Mitgliedstaaten konfrontiert sehen. Dabei kann es sich um Problembereiche handeln, die entweder aus der Institution heraus rühren (intern) oder von außen an diese herangetragen werden (extern). Schließlich verfügen die Mitgliedstaaten über verschiedene Instrumente, um den Risiken und Bedrohungen zu begegnen, die entweder stärker militärisch oder stärker politisch ausgerichtet sind. Ein Spannungsverhältnis zwischen der allgemein-internen Funktion und den spezifisch-externen Funktionen besteht insofern, als dass letztere von den Sicherheitsinstitutionen in erster Linie die Fähigkeit zu effektivem Handeln nach außen verlangen, während die allgemeine Funktion internen Kooperationserfordernissen genügen muss.

Auf der Basis dieser Unterscheidung lässt sich zwischen zwei Polen eine Bandbreite möglicher Funktionsverständnisse definieren. An dem einen Ende steht das Ziel „kooperativer Sicherheit", verstanden als eine Strategie zur Einflussgewinnung auf andere Staaten durch interne Kooperation sowie durch die Schaffung positiver Anreizstrukturen (dies entspricht im wesentlichen der allgemeinen Funktion). Zwei zentrale Instrumente dieser Strategie sind Konsultationen und Inklusivität. Inklusivität wiederum zielt ab auf die Ausweitung der Mitglieder der Sicherheitsinstitution. Im Rahmen dieser Strategie hat das Militär primär die politische Aufgabe, Kooperationspartner aneinander zu binden und Vertrauen zu schaffen (etwa durch multinationale militärische

Strukturen). An dem anderen Ende des Spektrums steht das Ziel der militärischen Handlungsfähigkeit nach außen (als einer spezifischen, militärischen Funktion). Hier kommt es in wesentlich stärkerem Maße auf die operativen Fähigkeiten der Streitkräfte an, da ihre Aufgabe darin besteht, durch „Druck", „Abschreckung" bzw. Zwangsmaß-nahmen Einfluss auf andere Akteure des internationalen Systems zu ermöglichen (etwa im Rahmen von „friedenserzwingenden Maßnahmen").

Dabei handelt es sich allerdings nicht um strikte „Entweder-Oder-Kategorien". Sicherheitsinstitutionen wie die NATO und die sie konstituierenden Mitgliedstaaten verfolgen zumeist beide Zielsetzungen, was angesichts begrenzter Ressourcen zu Ziel-konflikten führen kann. Letztendlich kommt es auf die Gewichtung zwischen „koopera-tiver Sicherheit" und militärischer Handlungsfähigkeit in den jeweiligen außenpoli-tischen Strategien der Mitgliedstaaten an, um deren Verhalten und das Zusammen-wirken in den Institutionen zu erklären.

Im Lichte dieser Betrachtung erscheint die Gleichzeitigkeit in der deutscher Politik von integrationsfreundlicher Rhetorik und Politik und der mangelnden Bereitstellung militärischer Ressourcen weniger als ein „Paradox" oder „Widerspruch", sondern viel-mehr als die logische Konsequenz eines spezifischen deutschen Verständnisses europä-ischer Sicherheitsinstitutionen.

Kontinuität mit Akzentverschiebungen: Rot-grüne Sicherheits- und Verteidigungspolitik

Die deutsche Politik im Rahmen europäischer und transatlantischer Sicherheits-strukturen war nach der Wiedervereinigung im wesentlichen durch drei Merkmale ge-kennzeichnet. Erstens durch eine ausgeprägte politische Führungsrolle Deutschlands bei der Entwicklung der Europäischen Sicherheits- und Verteidigungsidentität (ESVI), zweitens durch eine enge Abstimmung mit Frankreich während des gesamten Prozesses und drittens durch die Vorrangstellung, welche die deutsche Politik der NATO unter den europäischen Sicherheitsinstitutionen nicht nur im Bereich der kollektiven Vertei-digung auch nach dem Ende des Kalten Krieges zusprach (Meimeth 1998:108; Lüdeke 2002:190).

Nach dem Regierungswechsel von 1998 konnte keineswegs von vornherein davon ausgegangen werden, dass die neue rot-grüne Regierung unter Bundeskanzler Gerhard Schröder die Führungsrolle beim Aufbau einer Sicherheits- und Verteidigungspolitik im Rahmen der EU fortführen würde. Während ihrer Zeit in der Opposition nahmen nicht nur Bündnis90/Die Grünen, sondern auch weite Teile der SPD eine kritische Hal-tung gegenüber der ESVI ein und sprachen sich wiederholt gegen eine „Militarisie-rung" der Europäischen Union aus. Auch die deutsche Beteiligung an out-of-area-Ein-sätzen der NATO sowie deren Osterweiterung wurde von weiten Teilen beider Parteien abgelehnt.

Vor diesem Hintergrund mag es einige Beobachter überrascht haben, mit welchem Nachdruck der grüne Außenminister Joschka Fischer nach dem Wahlsieg die Kontinui-tät und Bündnistreue deutscher Außen-, Sicherheits- und Verteidigungspolitik bekräf-tigte. Nach dem Ende der ersten Amtszeit überwogen in der Tat die Elemente der Kon-tinuität. Rot-Grün vollzog keine grundlegende Abkehr in den wesentlichen Punkten gegenüber der Vorgängerregierung. Gleichzeitig setzte die Regierung Schröder/Fischer jedoch durchaus eigene Akzente. Diese rot-grünen Akzente vor dem Hintergrund grundsätzlicher Kontinuität deutscher Sicherheits- und Verteidigungspolitik lassen sich wie folgt zusammenfassen: a.) Fortführung der deutschen Führungsrolle im Bereich der ESVI bzw. ESVP bei gleichzeitiger Ergänzung um eine dezidiert zivile Komponente; b.) Fortführung der Kooperation mit Frankreich, jedoch zunächst mit deutlich geringerem Enthusiasmus als unter Helmut Kohl; c.) weiterhin Anerkennung der Vorrangstellung der NATO bei der kollektiven Verteidigung und beim militärischen Krisenmanagement, während zugleich das Ziel einer stärkeren „Emanzipation der Europäer" verfolgt wird; d.) Akzentverschiebung beim Funktionsverständnis europäischer Sicherheitsinstitutionen. Diese letztgenannte Aspekt schließt die drei anderen Punkte mit ein und bildet somit gewissermaßen den Rahmen für die genannten Akzentverschiebungen. Darauf soll im folgenden näher eingegangen werden.

Fortdauernde Führungsrolle und Betonung der zivilen Konfliktbearbeitung

In der Koalitionsvereinbarung vom Oktober 1998 finden sich alt bekannte Elemente, welche die deutsche Politik seit der Wiedervereinigung und den Maastrichter Verhandlungen gekennzeichnet haben. Dazu zählt insbesondere die Stärkung einer gemeinsamen europäischen Politik auch im Bereich der Sicherheit und Verteidigung, die im Grundsatz kompatibel sein soll mit der NATO, die Weiterentwicklung der Westeuropäischen Union (WEU) sowie die Perspektive der Fusion von WEU und EU.

Zunächst nahm Deutschland im Herbst 1998 jedoch eher eine Statistenrolle ein, als Frankreich und Großbritannien gemeinsam in Saint Malo eine Initiative zur Weiterentwicklung der europäischen Sicherheits- und Verteidigungspolitik unternahmen. Das gemeinsame Papier fand viel Beachtung, da es erstmals die Schaffung „autonomer militärischer Fähigkeiten" der EU vorsah, ein Ziel, dass von der britischen Regierung bis dahin mit Hinweis auf eine mögliche Schwächung der NATO strikt abgelehnt wurde. Unter der neuen Labour-Regierung von Premierminister Tony Blair näherten sich die bis dahin sehr gegensätzlichen Vorstellungen in London und Paris weit genug an, um der Entwicklung einer europäischen Sicherheits- und Verteidigungspolitik eine beachtliche Dynamik zu verschaffen.

Trotz der zeitweisen Abstinenz deutscher Politik erscheint es gerechtfertigt, auch unter der rot-grünen Regierung von einer Führungsrolle Berlins bei der Weiterentwicklung der ESVP zu sprechen, da die deutsche Politik die Möglichkeiten der französisch-britischen Annäherung erkannte und während ihrer Präsidentschaft in der EU konsequent versuchte, diese Möglichkeiten zu nutzen. So ist es ein wesentlicher Verdienst der deutschen Präsidentschaft, die französisch-britische Initiative beim Europäischen Gipfel in Köln im Juni 1999 auf die Ebene aller EU-Staaten gehoben zu haben. Die Ergebnisse dieses Gipfels entsprachen am Ende dem traditionellen deutschen Interesse an der Stärkung der ESVI.

Unter Rot-Grün wurde ferner die Idee der Flexibilisierung und verstärkten Zusammenarbeit auch in verteidigungspolitischen Fragen aus der Amtszeit Helmut Kohls wieder aufgegriffen.[1] Auf der Regierungskonferenz von Nizza setzte sich Berlin gemein-

---

[1] Siehe beispielsweise das Positionspapier des Beauftragten Deutschlands und Italiens zur verstärkten Zusammenarbeit vom 21./22. September 2000. Bereits die Regierung Kohl setzte sich (gemeinsam mit den Niederlanden und Frankreich) während der Regierungskonferenz zur Revision des Maastrichter Vertrages für flexible Vorgehensweisen auch in der gemeinsamen Verteidigungspolitik und Rüstungszusammenarbeit ein (Lüdeke 2002:191, 211).

sam mit Frankreich und Italien für die Aufnahme von Flexibilisierungsklauseln im rüstungs- und verteidigungspolitischen Bereich in den Vertrag ein, was allerdings v.a. am Widerstand Großbritanniens scheiterte (Jopp 2001:235). Neben der politischen Unterstützung beim Aufbau der ESVP verpflichtete sich die Bundesregierung, mit zirka 18.000 Soldaten das größte Kontingent der bis 2003 aufzubauenden 60.000 Soldaten umfassenden European Reaction Response Force (ERRF) zur Verfügung zu stellen.

In der Koalitionsvereinbarung vom Oktober 1998 erhielt die Außen- und Sicherheitspolitik neben den geschilderten Positionen und Politiken eine starke zivile Dimension, die auch auf die ESVP übertragen wurde (Schmalz 2001:558; Janning 1999:326). Ausdruck der Betonung ziviler Instrumente war das maßgebliche deutsche Eintreten dafür, die neu geschaffenen militärischen Institutionen und Fähigkeitsziele durch eine zivile und polizeiliche Komponente zu ergänzen. So formulierte der EU-Gipfel in Helsinki nicht nur das Ziel der Schaffung einer schnellen militärischen Eingreiftruppe, sondern auch der Bereitstellung von 5.000 Polizeibeamten aus den Mitgliedstaaten der EU zur Entsendung in Konfliktgebiete. Deutschland verpflichtete sich in diesem Zusammenhang zur Bereitstellung von 900 Beamten (davon 90 innerhalb einer Reaktionszeit von 30 Tagen). Der von den Staats- und Regierungschefs in Nizza angenommene Berichtsannex zu den zivilen Krisenbewältigungsfähigkeiten geht ebenfalls zu wesentlichen Teilen auf deutsche Vorschläge zurück (Schmalz 2001:569).

Im Kosovo wie auch gegenüber dem Balkan insgesamt demonstrierte die rot-grüne Bundesregierung seit dem Frühjahr 1999 außerdem, dass sie den hohen Stellenwert ziviler Konfliktbearbeitung auch in der operativen Politik umzusetzen suchte. Sie setzte sich vorrangig für die politische Initiative zur Beendigung des Kosovo-Krieges ein und brachte mit dem Stabilitätspakt für Südost-Europa ein wirtschaftliches und politisches Großprojekt zur dauerhaften Stabilisierung des Balkan im Rahmen der EU auf den Weg. Offensichtlich sollte die EU zu einem effektiven Akteur der Konfliktintervention mit politischen und wirtschaftlichen Mitteln fortentwickelt werden (siehe auch den Beitrag von Constantin Grund in diesem Band).

Schwächung des deutsch-französischen Motors im Bereich der europäischen Verteidigungspolitik?

Nach Einschätzung von Francois Heisbourg verdeutlichte die Abwesenheit Deutschlands im Saint Malo Prozess auch den Niedergang des deutsch-französischen Integrationsmotors im Bereich der europäischen Verteidigung (Heisbourg 2000). Beim Rückblick auf die vergangenen vier Jahre rot-grüner Außenpolitik erscheint diese Einschätzung als zu pessimistisch. Unter der Kanzlerschaft Helmut Kohls hatten sich die deutsch-französischen Beziehungen beinahe zu einer Art „Selbstzweck" entwickelt, was sich auch daran zeigte, dass Deutschland sich im Bereich der GASP inklusive seiner verteidigungspolitischen Dimension zunächst der französischen Unterstützung vergewisserte, bevor es seine eigene Auffassung kundtat. Aus Rücksichtnahme auf französische Vorbehalte stellte Bonn zeitweise seine weitergehenden Ambitionen zur Vergemeinschaftung nationaler Verteidigungspolitiken zurück (Lüdeke 2002:152). Diesen Stellenwert verloren die deutsch-französischen Beziehungen zumindest während der ersten Legislaturperiode unter Bundeskanzler Schröder (siehe Beitrag von Christoph Neßhöver in diesem Band). Indikator für diesen Bedeutungsverlust ist auch, dass deutsch-französische Positionen zunächst nicht wie früher von Bundeskanzler

Kohl und Staatspräsident Mitterand bzw. Chirac symbolträchtig (mit entsprechender Medienaufmerksamkeit) im Vorfeld von Schlüsselereignissen (v.a. den beiden Regierungskonferenzen) präsentiert wurden, sondern fast schon ein wenig unauffällig im Rahmen der jährlich stattfindenden deutsch-französischen Gipfelkonsultationen. So erläuterten der französische Staatspräsident Chirac und Bundeskanzler Schröder im Frühjahr 1999 in Toulouse ihre Pläne, das Eurokorps zu einem „schnellen Krisenreaktionskorps" auszubauen, das auch für kurzfristig anberaumte Kriseneinsätze zur Verfügung stehen soll. Diese Idee war jedoch keineswegs neu, sondern lag schon in der europäischen Perspektive der Gründung des Eurocorps begründet (FAZ 31.5.1999).

Ein Jahr später, anlässlich des gemeinsamen Gipfels in Mainz am 9. Juni 2000 waren Frankreich und Deutschland erneut darum bemüht, ihr Vorgehen in der Entwicklung der ESVP gemeinsam festzulegen. Janning weist darauf hin, dass die Entscheidung von Helsinki zum Aufbau einer europäischen Eingreiftruppe in Umfang und Zeitplan auf deutsch-französischen Vorschlägen basiert, während Verteidigungsminister Scharping seine Idee zur Bildung eines europäischen Lufttransportkommandos formell auf die Ebene einer deutsch-französischen Initiative hob (Janning 2000:313). Schließlich wurde in diesem Zusammenhang auf dem Mainzer Gipfel auch das multinationale Rüstungsprojekt des A 400 M Militärtransporters initiiert. „In der Summe demonstrieren die Reformüberlegungen aus Paris und Berlin neu gewachsene Übereinstimmung der alten Allianz für Europa. Beide Seiten haben seit dem Herbst 1999 sichtbar in den Konsens investiert und durch symbolische Gesten untermauert" (Janning 2000:314).

Somit wäre es übertrieben, vom Niedergang des deutsch-französischen Integrationsmotors im Bereich der europäischen Verteidigung zu sprechen. Die Gesten der Zusammenarbeit zwischen Paris und Berlin waren in den ersten vier Jahren der rot-grünen Regierung allerdings oft mehr „symbolisch" als substantiell und fassten den bestehenden acquis communautaire der bilateralen Beziehungen eher zusammen, als dass sie ihn entscheidend ausgeweitet hätten.

Nach den Wahlen vom 22. September 2002 deutet sich jedoch an, dass sowohl Berlin als auch Paris darum bemüht sind, ihr Tandem im europäischen Integrationsprozess wieder stärker zur Geltung zu bringen. Kurz nach den Wahlen übernahm Außenminister Fischer selbst die Vertretung der Bundesregierung im Europäischen Konvent, ein Schritt, der auch vom französischen Außenminister de Villepin vollzogen wurde. Darüber hinaus legten Deutschland und Frankreich dem Konvent ein gemeinsames Positionspapier zur ESVP vor, das u.a. die Schaffung einer europäischen „Verteidigungsunion" vorsieht. Schließlich deutet auch die gemeinsame Formulierung einer Position zur Krise im Irak während der Feierlichkeiten zum 40-jährigen Bestehen des Elysée-Vertrages auf eine Bekräftigung des deutsch-französischen Führungsanspruchs innerhalb der EU hin. Dabei darf freilich nicht übersehen werden, dass Frankreich im Gegensatz zur Bundesrepublik Deutschland eine militärische Beteiligung im Falle eines Krieges gegen den Irak nicht kategorisch ausgeschlossen hat. Es bleibt abzuwarten, ob die deutsch-französischen Beziehungen im Laufe der zweiten rot-grünen Legislaturperiode wieder den gleichen Stellenwert erlangen werden, wie während der Amtszeit Helmut Kohls.

Im Sinne der Leitfrage dieses Beitrages fällt das deutsch-französische Tandem in den Bereich „kooperativer Sicherheitspolitik", da die Vorschläge und Initiativen sowohl während der Regierungszeit Kohls als auch unter der rot-grünen Bundesregierung primär darauf abzielten, die Zusammenarbeit zunächst auf dem Gebiet der Sicherheits- und Verteidigungspolitik und davon ausgehend auch ganz allgemein die Kooperation zwischen beiden Ländern zu stärken. Dies zeigt sich nicht zuletzt an der Bedeutung, die beide Länder in der Vergangenheit der Schaffung multinationaler Streitkräftestrukturen beigemessen haben. Die Mehrzahl der Sicherheitsexperten bewerten den operativ-militärischen Mehrwert solcher Strukturen wie dem Eurocorps eher nüchtern, während sie quasi als „vertrauensbildende Maßnahme" eine wichtige Aufgabe erfüllen.

NATO: Emanzipation der Europäer?

Die von Bundeskanzler Schröder und Außenminister Fischer so nachdrücklich beteuerte Kontinuität der deutschen Außenpolitik galt vor allem auch für die „Bündnistreue" Deutschlands. Diese schien bereits unmittelbar nach dem Regierungswechsel durch die Beteiligung deutscher ECR-Tornados an der Operation Allied Force der NATO gegen serbische Einrichtungen im Kosovo, Serbien und Montenegro belegt zu werden. Auch jenseits der operativen Beteiligung an den Militäreinsätzen schien die Bundesrepublik kaum vom atlantischen Kurs der Vorgängerregierung abzuweichen. Die NATO behielt aus deutscher Sicht ihre zentrale Stellung im Geflecht europäischer Sicherheitsinstitutionen, sowohl im Bereich der kollektiven Verteidigung als auch beim militärischen Krisenmanagement. Aus zwei Gründen verlagerte sich seit dem Herbst 1998 zumindest der Akzent dennoch etwas zu Gunsten der EU als sicherheitspolitischem Akteur. Erstens brachte die von Deutschland maßgeblich unterstützte ESVP mit ihren neu zu schaffenden Institutionen und militärischen und zivilen Fähigkeitszielen die Perspektive einer stärkeren sicherheits- und verteidigungspolitischen Unabhängigkeit der Europäer mit sich, wenngleich dieses Ziel auch heute noch in weiter Ferne liegt. Zweitens verloren die militärischen Primärfunktionen der Allianz (kollektive Verteidigung und Krisenmanagement) aus Sicht der rot-grünen Bundesregierung an Bedeutung, während sich die traditionelle deutsche Präferenz für zivile Mechanismen der Konfliktbearbeitung tendenziell verstärkte.

Eigene Akzente beim Funktionsverständnis von ESVP und NATO

Die kollektive Verteidigung gegen einen übermächtigen Feind ist zwar aus dem Vokabular der deutschen Militärstrategen noch nicht gänzlich verschwunden, hat jedoch ihre ehemals hohe Priorität verloren. Auch das militärische Krisenmanagement war aus Sicht Berlins nach wie vor keine der vordringlichsten Aufgaben europäischer Sicherheitsinstitutionen, wie im folgenden argumentiert wird. Dies mag angesichts der mehr als 9.000 deutschen Soldaten, die derzeit unter der Regierung Schröder im Rahmen von militärischen Auslandseinsätzen der Bundeswehr ihren Dienst leisten, paradox erscheinen. Dennoch gilt wie auch schon für die Regierungszeit Kohls, dass Deutschland in diesem Bereich nicht als Demandeur in Erscheinung getreten ist, sondern im Gegenteil als – wenn auch vorsichtiger – Bremser. Als es im April 1999 in Washington um ein neues Strategisches Konzept der NATO ging, drängten v.a. Deutschland und Frankreich (wenn auch aus unterschiedlichen Motivationen heraus) darauf, der Allianz im Bereich des militärischen Krisenmanagements engere geographische und funktionale Grenzen zu ziehen, als insbesondere die Clinton-Administration dies forderte. Aktionen außerhalb des Bündnisgebietes sollten weiterhin einen inhaltlichen und geographischen Zusammenhang zur NATO haben und in der Regel mit einem UNO-

Mandat ausgestattet sein (Frankfurter Rundschau 26.4.1999). Zwar beteiligte sich Berlin am Kosovo-Krieg, teilte jedoch nicht die Wahrnehmung der USA einer neuen interventionswilligeren NATO, sondern betrachtete Kosovo eher als Ausnahme, was insbesondere auf die Marginalisierung der Vereinten Nationen bezogen wurde. Gemeinsam mit Italien sprach sich die Regierung Schröder/Fischer deshalb vehement gegen eine dauerhafte „Selbstmandatierung" der NATO aus, und versuchte daher im Kosovo-Konflikt, durch eigene Initiativen v.a. im Rahmen der EU und der G-8 die UNO (sowie Russland) wieder bei der Suche nach politischen Lösungen „zurück ins Boot zu holen" (Schäfer 2001).

Dass sich die Bundesrepublik dennoch in erheblichem Umfang an verschiedenen multinationalen Militäreinsätzen in Bosnien-Herzegowina, Kosovo sowie jüngst (und außerhalb des NATO-Rahmens) an der von den USA geführten Operation Enduring Freedom beteiligte, hängt zum einen damit zusammen, dass auch in Berlin die Notwendigkeit des Einsatzes militärischer Mittel, insbesondere zur Absicherung von Friedensprozessen in Bürgerkriegsgesellschaften, durchaus anerkannt wird. Keine Bundesregierung würde vermutlich das Leben deutscher Bundeswehrsoldaten riskieren, wenn sie darin nicht auch einen wichtigen Beitrag für die Befriedung des jeweiligen Konfliktes sehen würde. Gleichzeitig erfüllen die deutschen Streitkräfte jedoch auch eine klare politische Funktion, da ihr Einsatz die viel zitierte deutsche „Bündnissolidarität" demonstriert und somit Mitgestaltungsmöglichkeiten westlicher Allianzpolitik bewahren soll (Janning 1999:325). Die Motivation zur Beteiligung deutscher Soldaten an multinationalen Auslandseinsätzen rührt somit ganz wesentlich vom Ziel her, Deutschlands Bindungen mit der NATO und seinen europäischen Partnern zu stärken. Vor diesem Hintergrund erhält die Einbindung deutscher Streitkräfte in multinationale Strukturen einen starken symbolischen Wert während die operativ-militärischen Notwendigkeiten und die entsprechende Ressourcenausstattung gerade in Zeiten angespannter Haushaltslagen in den Hintergrund rücken (Meimeth 2002).

Auch im Kontext der ESVP gilt, dass Deutschland bisher keineswegs als Demandeur bei militärischen Kriseninterventionen aufgetreten ist. Zwar machte sich die Regierung Schröder/Fischer im Vorfeld des Prager Gipfeltreffens der NATO im November 2002 dafür stark, den Einsatz der Allianz in Mazedonien möglichst bald in den Verantwortungsbereich der EU zu überführen. Gleiches gilt auch für die Übernahme der Polizeimission in Bosnien-Herzegowina und möglicherweise sogar der dortigen SFOR-Mission. Dieses Drängen kann jedoch als Versuch gewertet werden, die Glaubwürdigkeit der ESVP und ihrer neu geschaffenen Institutionen zu einem recht „günstigen Preis" unter Beweis zu stellen. Sowohl in Mazedonien als auch in Bosnien stehen bereits heute überwiegend europäische Kontingente, so dass ein Abzug amerikanischer Soldaten dort am ehesten zu verkraften wäre. Außerdem würde die EU dort auch weiterhin auf NATO-Ressourcen zurückgreifen können. Ein wesentliches Merkmal der genannten Missionen ist schließlich, dass es sich in erster Linie um friedenserhaltende Maßnahmen am unteren Ende des „Petersberg-Spektrums" handelt, nicht um anspruchsvolle, friedenserzwingende Kampfeinsätze. Die Operation Allied Harmony in Mazedonien, die Polizeimission sowie die SFOR-II in Bosnien-Herzegowina dienen ausschließlich dem Zweck, die sicherheitspolitischen Grundvoraussetzungen der jeweiligen politischen Friedensprozesse (nation building) zu schaffen. Somit entsprechen sie letztlich dem stärker zivilgesellschaftlich ausgerichteten Sicherheitsbegriff der rotgrünen Bundesregierung.

Auch aus Sicht der Regierung Schröder/Fischer zählt das operativ-militärische Krisenmanagement nicht zu den wichtigsten Funktionen von NATO und ESVP, während die vormals zentrale Aufgabe der kollektiven Verteidigung auf ein eher rudimentäres „Restrisiko" reduziert wurde. Angesichts der weiterhin großen Bedeutung, welche die deutsche Politik der Allianz dennoch beimisst, liegt die Vermutung nahe, dass es der rot-grünen Bundesregierung ähnlich wie der Vorgängerregierung auf die Stärkung kooperativer Sicherheitspolitik durch NATO und ESVP (wie Stabilitätsexport nach Mittelost-Europa und Stärkung der Integrationskräfte nach innen) ankommt.

Die Diskussion um die „Erstschlags-Doktrin" Anfang 1999, die von Fischer angestoßen wurde, und von Schröder ausdrücklich als „legitim" bezeichnet wurde (Frankfurter Rundschau 8.2.1999), sowie die (zumindest anfängliche) deutsche Ablehnung der amerikanischen Pläne zur Verwirklichung einer nationalen Raketenabwehr bestätigen diese Vermutung. In beiden Fällen war die Bundesregierung bereit, auch um den Preis von Spannungen im deutsch-amerikanischen Verhältnis ihre Ablehnung öffentlich zu vertreten. Sie befürchtete im Falle eines Festhaltens an der „Erstschlags-Doktrin" sowie der Aushebelung des ABM-Vertrages von 1972 eine nachhaltige Schwächung der internationalen Bemühungen um Abrüstung und Nicht-Weiterverbreitung von Massenvernichtungswaffen (FAZ 27.5.2000). In dem Maße, in dem nicht-militärische und kooperative Elemente der Sicherheitspolitik für Deutschland in den Vordergrund rückten, verlor die NATO auch ein Stück ihrer unangefochtenen Stellung gegenüber anderen Sicherheitsinstitutionen, wodurch insbesondere das Konzept der *interlocking institutions* eine Art Wiederbelebung erfahren könnte.

Wie sehr die Bundesregierung die NATO in den Kontext anderer europäischer Institutionen und Zusammenhänge einordnet wurde im Juni 2001 deutlich. In kurzer Abfolge fanden mit den deutsch-französischen Konsultationen in Freiburg, dem NATO-Treffen in Brüssel, dem EU-Gipfel in Göteborg und den deutsch-polnischen Konsultationen in Frankfurt/Oder eine Reihe wesentlicher Gespräche statt, die Berlin ausdrücklich in einen ganzheitlichen Zusammenhang brachte. Bundeskanzler Schröder versicherte gegenüber dem amerikanischen Präsidenten abermals, dass die engere europäische Verteidigungszusammenarbeit die NATO ergänzen, nicht aber ersetzen solle (FAZ 15.6.2002). Die Allianz blieb somit trotz der ganzheitlichen Perspektive für Deutschland ein primus inter pares.

In das Bild der NATO als Instrument zur Stärkung kooperativer Sicherheit in Europa mag zunächst nicht so recht passen, dass die Bundesregierung die anstehende große Osterweiterung der NATO bis kurz vor dem Gipfel in Prag eher passiv begleitet denn aktiv mitgestaltet hat. Nach Auffassung von Eckart Lohse spiegelt sich darin gar ein generelles Desinteresse der rot-grünen Bundesregierung gegenüber der NATO wider, was „(...) nicht zuletzt daran liegen mag, dass die Grünen als Partei des Außenministers, aber auch Teile der SPD-Linken mit einer NATO-kritischen Grundhaltung groß geworden sind" (FAZ 14.5.2002). Dieses Urteil erscheint überzeichnet. Vielmehr dürfte die deutsche Zurückhaltung erstens damit zu tun haben, dass die USA die NATO-Osterweiterung zuletzt selbst vor dem Hintergrund des „internationalen Kampfes gegen den Terrorismus" aktiv vorangetrieben haben und zweitens, dass sich die deutsche Regierung vor dem entscheidenden Gipfel im Dezember in Kopenhagen vor allem auf die anstehende (und sehr viel kompliziertere) Osterweiterung der Europäischen Union konzentrierte. In der Vergangenheit nahm die deutsche Bundesregierung immer dann eine ambivalente Haltung zur NATO-Osterweiterung ein, wenn sie eine Gefährdung der kooperativen Beziehungen zu Russland fürchtete. Dieser „Russland-Faktor" verlor jedoch mit dem pro-westlichen Kurswechsel Präsident Putins und dem faktischen Einlenken Moskaus seine Bedeutung.

Aus der Perspektive der deutschen Sicherheits- und Verteidigungspolitik seit der Wiedervereinigung erfüllten die europäischen Sicherheitsinstitutionen neben dem „Stabilitätsexport" durch Erweiterung sowie die Stärkung internationaler Bemühungen zu Abrüstung und Rüstungskontrolle noch eine weitere wesentliche politische Funktion, die direkt mit dem europäischen Integrationsprozess verbunden ist. Insbesondere die Europäische Sicherheits- und Verteidigungsidentität sollte in der Wahrnehmung der Regierung Kohl die europäische Einigung per se fördern, indem sie durch die Ergänzung der Wirtschaftsintegration mit einer sicherheitspolitischen Integration zur Herausbildung einer politischen Union beitragen würde. Dieser Idee liegt die Logik des funktionalen „spill-overs" zu Grunde, wonach die zwischenstaatliche Zusammenarbeit der europäischen Partner auf dem Felde der Sicherheits- und Verteidigungspolitik positive Auswirkungen auf die Zusammenarbeit (oder Integration) in anderen Politikbereichen hat. Wie kaum ein anderer Politiker vertrat Bundeskanzler Kohl dieses Verständnis.[2] Darin lag für Ihn gleichzeitig ein wesentlicher Grund, die sicherheits- und verteidigungspolitische Zusammenarbeit mit Frankreich zu forcieren.

Außenminister Fischer trat gewissermaßen in die Fußstapfen Helmut Kohls, als er während seiner viel beachteten Humboldt-Rede im Mai 2000 erneut einen engen Zusammenhang zwischen der GASP/ESVP und den anderen großen EU-Projekten der wirtschaftlichen sowie der Währungs-Integration herstellte. Die Humboldt-Rede des Außenministers markierte in vielerlei Hinsicht einen Höhepunkt der deutschen integrationspolitischen Ambitionen, der keineswegs repräsentativ ist für die Zeit der ersten rotgrünen Legislaturperiode insgesamt. Trotz der deutschen Führungsrolle in diesem Bereich betrachtete Bundeskanzler Schröder die europäische Sicherheits- und Verteidigungspolitik zumindest in den ersten vier Jahren nicht in dem gleichen Maße wie die Regierung Kohl als ein Instrument, um den europäischen Integrationsprozess zu vertiefen. Dazu passt auch der fehlende „Enthusiasmus" für den deutsch-französischen Integrationsmotor in der Verteidigung wie auch in anderen Bereichen. Wie bereits erwähnt, zeichnen sich nach den Bundestagswahlen vom September 2002 jedoch Veränderungen ab.

Die Perspektiven vier Monate nach der Bundestagswahl 2002

Als Bundeskanzler Schröder im August 2002 mitten im Wahlkampf eine deutsche Beteiligung an einer möglichen militärischen Intervention im Irak kategorisch ausschloss – und dies auch für den Fall, dass der Sicherheitsrat der Vereinten Nationen ein entsprechendes Vorgehen autorisieren würde – schlugen die Wellen hoch. Die Opposition warf dem Kanzler vor, die transatlantischen Beziehungen nachhaltig zu beschädigen und Deutschland international zu isolieren. Der Kanzler seinerseits scheute nicht davor zurück, seine Kritiker zumindest indirekt als unbedachte Kriegstreiber darzu-

---

2   Bundeskanzler Kohl stellte in seiner Rede anlässlich der Wehrkundetagung in München am 5. Februar 1994 in kaum noch zu übertreffender Deutlichkeit einen unauflösbaren Zusammenhang zwischen der ESVI und der Europäischen Integration her, als er jenen, welche die Entwicklung einer europäischen Verteidigungsidentität ablehnten, vorhielt, damit auch die politische Einigung Europas abzulehnen.

stellen. Durch die Wahlkampfdynamik bekam die Debatte schnell einen schwarz-weißen Anstrich, wodurch der Eindruck entstand, als ob Regierung und Opposition grundsätzlich unterschiedliche Ansätze zum legitimen Einsatz militärischer Gewalt und zu den transatlantischen Beziehungen hätten. Dieser Eindruck täuscht, da auch Kanzler-kandidat Stoiber einer militärischen Intervention im Irak skeptisch gegenüberstand und sie im Falle eines Vorgehens der USA ohne Zustimmung des Sicherheitsrates ebenfalls ablehnte (Schieder/Overhaus 2002).

Der Streit um eine mögliche Irak-Intervention spiegelt somit weniger einen innenpolitischen Dissens in der deutschen Außenpolitik wider, sondern vielmehr eine neu entbrannte Debatte zwischen den USA (und vor allem Großbritannien) einerseits und Deutschland und anderen europäischen Staaten andererseits über den Sinn und die Legitimation des Einsatzes militärischer Gewalt in den internationalen Beziehungen. Vor diesem Hintergrund erklärt sich der Streit zwischen Berlin und Washington über das Vorgehen im Irak eben nicht primär aus der Wahlkampftaktik des Bundeskanzlers. Vielmehr bedeutet die amerikanische Politik gegenüber dem Regime in Bagdad ein Beispiel par excellence für eine neue amerikanische Sicherheitsstrategie, die in wesentlichen Punkten der deutschen Präferenz für kooperative Sicherheitsstrukturen entgegensteht (New York Times 27.1.2003). Dazu zählt insbesondere die Idee präemp-tiver Militärschläge, welche die definitorische Eingrenzung des in der UN-Charta verankerten Rechts auf Selbstverteidigung stark ausdehnen würde. Schließlich wider-spricht die von den USA verfolgte Politik der *Coalitions of the Willing* jenseits formaler institutioneller Strukturen dem deutschen Verständnis kooperativer Sicherheit. In diesem Punkt gibt es auch keine grundsätzlichen Differenzen zwischen den großen politischen Parteien in Deutschland. Unterschiedlich sind lediglich die Strategien, um auf die transatlantischen Interessenunterschiede zu reagieren.

Die Frage nach den Möglichkeiten und Grenzen militärischer Interventionen spielte auch auf dem NATO-Gipfel in Prag im vergangenen Herbst eine wichtige Rolle, als es um die Initiative der USA zur Aufstellung einer Response-Force ging. Diese Debatte um eine schnelle Eingreiftruppe im Rahmen der Allianz zeigt gleichzeitig, dass die Bundesregierung mitunter dazu gezwungen war, im Bezug auf ihre Strategie der kooperativen Sicherheit Kompromisse einzugehen. Nach amerikanischen Vorstellungen soll diese Truppe aus etwa 21.000 Elite-Soldaten bestehen, mit der Fähigkeit, weltweit und mit sehr kurzer Vorlaufzeit als eine Art Vorhut in Krisenregionen oder zur Be-kämpfung des Terrorismus zu intervenieren. Die Bundesregierung nahm diese Initiative zurückhaltend auf, auch wenn sie der Idee auf dem Prager Gipfel am Ende zustimmte. Angesichts der ohnehin angespannten deutsch-amerikanischen Beziehungen nach dem Bundestagswahlkampf konnten Schröder und Fischer das amerikanische Ansinnen kaum rundweg ablehnen. Die Besuche der deutschen Außen- und Verteidigungs-minister in Washington vor dem NATO-Gipfel haben verdeutlicht, wie sehr die Bun-desregierung darum bemüht war, das Verhältnis mit Washington wieder zu normali-sieren. Darüber hinaus haben die USA immer wieder zumindest indirekt damit gedroht, dass die Allianz an Bedeutung verlieren könnte, wenn die Europäer nicht mehr militärische Ressourcen unter anderem auch zur Bekämpfung des internationalen Terrorismus bereitstellen würden.[3]

Es ist jedoch bezeichnend, dass Außenminister Fischer in seiner Rede vor dem deutschen Bundestag zum Prager NATO-Gipfel die Beteiligung Deutschlands an einer NATO-Response-Force gleich in vierfacher Hinsicht qualifizierte. Die Truppe müsse, erstens, die integrierten NATO-Strukturen stärken (was der Idee von lockeren ad hoc-Koalitionen widerspricht); Entscheidungen über die Einsätze müssten zweitens dem NATO-Rat (und damit dem Konsenserfordernis) vorbehalten bleiben; der Bundestag habe ein Mitentscheidungsrecht über die Entsendung deutscher Soldaten und die neue Truppe dürfe schließlich nicht dem Aufbau europäischer Krisenreaktionskräfte entgegenstehen (Fischer 2002). Obwohl Fischer gleich zu Anfang seiner Rede darauf hinweist, dass der „Terrorismus (...) militärisch entschlossen bekämpft werden [muss]", unterstreicht er mehrfach die Notwendigkeit eines weit gefassten Sicherheitsbegriffs, der insbesondere auch präventive und zivile Maßnahmen einschließt. Der NATO weist der deutsche Außenminister dabei die Funktion als ein „wichtiger Pfeiler in einem System globaler kooperativer Sicherheit" zu.

Vor diesem Hintergrund wird deutlich, dass das Funktionsverständnis der rot-grünen Bundesregierung gegenüber den euro-atlantischen Sicherheitsinstitutionen im allgemeinen und der NATO im besonderen deutlich abweicht von der Position einiger führender Vertreter der derzeitigen amerikanischen Administration, welche die Allianz zukünftig als „Werkzeugkasten" und „Trainingspool" für die flexible Zusammenstellung und Unterstützung von multinationalen Missionen unter amerikanischer Führung sehen. Die New York Times brachte diesen Zusammenhang kürzlich mit dem etwas überspitzten Begriff der „Fremdenlegion des Pentagon" auf den Punkt.

Schlussfolgerungen

Die rot-grüne Regierung unter Bundeskanzler Schröder führte seit ihrem Amtsantritt 1998 gegenüber NATO und ESVP in ganz wesentlichen Punkten die Politik ihrer Vorgängerregierung fort, setzte aber gleichzeitig eigene Akzente. Sie nahm weiterhin eine Führungsrolle bei der Ausgestaltung einer europäischen Sicherheits- und Verteidigungspolitik im Rahmen der EU ein, wobei Sie der Entwicklung einer nicht-militärischen Komponente in Ergänzung zu den militärischen Institutionen und Fähigkeitszielen eine besondere Bedeutung beimaß. Die EU sollte auch zu einem effektiven Akteur der zivilen präventiven Konfliktbearbeitung werden. Darüber hinaus wurde die Kooperation mit Frankreich im Bereich der europäischen Verteidigung weiterhin gepflegt. Sie genoss aber zunächst nicht den gleichen Stellenwert, wie noch unter Helmut Kohl. Es bleibt abzuwarten, ob sich der Trend zur „Revitalisierung" der deutsch-französischen Beziehungen nach den Bundestagswahlen im Herbst 2002 verstetigt. Auch an der zentralen Stellung der NATO im Geflecht europäischer Sicherheitsinstitutionen änderte sich unter der rot-grünen Regierung nichts Grundsätzliches, wenngleich sich das Gewicht seit Saint Malo und nicht zuletzt auch vor dem Hintergrund des drohenden Alleingangs der USA im Irak zu Gunsten einer „autonomen" Handlungsfähigkeit der EU verschoben hat.

---

3 So mahnte etwa der amerikanische NATO-Botschafter, Nicolas Burns, die Europäer müssten ihre militärischen Fähigkeiten steigern, um die Interoperabilität mit den amerikanischen Streitkräften nicht zu gefährden (Washington Times 20.11.2002).

Das bedeutendste Kontinuitätsmerkmal seit der Wiedervereinigung ist darin zu sehen, dass die deutsche Politik unter der CDU-geführten und unter der SPD-geführten Regierung die ESVP und NATO in erster Linie als Instrumente zur Stärkung kooperativer Sicherheit in Europa ansah. Dazu zählte etwa der „Stabilitätsexport" nach Mittelost-Europa durch Anbindung bzw. Erweiterung zunächst der NATO und schließlich auch der EU. Insbesondere die ESVP erfüllte darüber hinaus aus deutscher Sicht auch die Funktion, den europäischen Integrationsprozess insgesamt zu stärken und etwa die französische Sicherheitspolitik im Sinne der Annäherung an die atlantischen Strukturen zu beeinflussen. Gleichzeitig betrachtete man weder NATO noch ESVP primär als Instrument der effektiven militärischen Konfliktintervention (Hyde-Price 2000:143).

Ziel dieses Beitrags war es, den oft angeprangerten Widerspruch rot-grüner Sicherheits- und Verteidigungspolitik zwischen der integrationsfreundlichen Rhetorik und Politik Deutschlands im Bereich der europäischen Sicherheitsinstitutionen einerseits und der mangelnden Bereitstellung militärischer Ressourcen andererseits durch ihr spezifisches Funktionsverständnis der deutschen Politik zu erklären. Die Bundesrepublik unterstützte NATO und ESVP primär im Sinne kooperativer Sicherheit und im Lichte des europäischen Integrationsprozesses und nicht im Sinne militärischer Interventionsfähigkeit. Mit anderen Worten: Die allgemeine und die politischen Funktionen standen und stehen für die Bundesregierung vor den spezifisch-militärischen Funktionen der Sicherheitsinstitutionen NATO und ESVP.

In diesem Zusammenhang ist es wichtig, sich die Ausgestaltung der Sicherheitsinstitutionen als einen Kompromiss zwischen den Mitgliedstaaten mit ihren jeweils eigenen Funktionsverständnissen vorzustellen. Die NATO erfüllt somit mehrere Funktionen gleichzeitig, wobei deren Gewichtung auf und zwischen den Gipfeltreffen immer wieder neu „ausgehandelt" werden muss. Aus den divergierenden transatlantischen Funktionsverständnissen resultiert ein zentrales Dilemma deutscher Sicherheits- und Verteidigungspolitik. Einerseits hat die Bundesrepublik ein großes Interesse daran, die USA auch weiterhin an Europa zu binden. Sie weiß, dass die NATO nur mit der aktiven Beteiligung Washingtons langfristig Bestand haben wird. Dies ist sicherlich auch mit der Hoffnung verbunden, über die Allianz auch in Zukunft einen zumindest moderaten Einfluss auf amerikanische Außenpolitik nehmen zu können. Gleichzeitig sieht die Bundesregierung die NATO, wie auch die Vorgängerregierung, nicht als ein Instrument zur Steigerung militärischer Interventionsfähigkeit an, wodurch weitere Konflikte mit den USA (und zwar unabhängig von der jeweiligen Regierungskonstellation in Berlin) vorprogrammiert sind. Die aktuelle Auseinandersetzung um eine mögliche indirekte Rolle der NATO bei einer militärischen Intervention im Irak deuten bereits darauf hin.

Die entscheidende Frage ist, wie belastbar die transatlantischen Beziehungen auch bei divergierenden Funktionsverständnissen sein werden und ab welchem Punkt ein Ungleichgewicht die Glaubwürdigkeit der Sicherheitsinstitutionen gefährdet. Da die rot-grüne Bundesregierung der kooperativen Sicherheit sowie der zivilen Konfliktbearbeitung weiterhin eine wesentliche Bedeutung beimisst während v.a. die US-Regierung unter Präsident George Bush mehr Wert legt auf die schnelle logistische, materielle (und ggf. auch legitimatorische) Unterstützung der eigenen militärischen Interventionsfähigkeit, ist damit zu rechnen, dass die Spannungen im Bündnis eher zunehmen werden.

Literaturverzeichnis

Agüera, Martin (2002): Bundeswehr Transformation – Is the Second Time The Charm? in: German Foreign Policy in Dialogue 3/9, unter: http://www.deutsche-aussen-politik.de/newsletter/issue9.pdf [3.2.2003].

Frankfurter Allgemeine Zeitung (27.5.2000): Deutschland mahnt Amerika.

Frankfurter Allgemeine Zeitung (31.5.1999): Europäische Verteidigungsidentität soll gestärkt werden.

Frankfurter Allgemeine Zeitung (14.5.2002): In Erwartung einer großen Runde.

Frankfurter Allgemeine Zeitung (15.6.2003): NATO ergänzen, nicht ersetzen.

Fischer, Joschka (2002): Regierungserklärung vom 14.11.2002 zum NATO-Gipfel am 21./22. November 2002 in Prag, unter: http://www.bundesregierung.de/Nachrichten /Regierungserklaerungen-,8674.449460/Regierungserklaerung-von-Bunde.htm [10.02.2003].

Frankfurter Rundschau (26.4.1999): NATO erteilt sich neue Befugnisse.

Frankfurter Rundschau (8.2.1999): Schröder betont Deutschlands Verantwortung in der NATO.

Haftendorn, Helga (1997): Sicherheitsinstitutionen in den internationalen Beziehungen. Eine Einführung, in: Haftendorn, Helga/ Keck, Otto (Hrsg.): Kooperation jenseits von Hegemonie und Bedrohung, Baden-Baden, S. 11-33.

Heisbourg, Francois (2000): Trittbrettfahrer? Keine europäische Verteidigung ohne Deutschland, in: Internationale Politik, 55/4, S. 35-42.

Hyde-Price, Adrian (2000): Germany & European Order, Manchester.

Janning, Josef (1999): Bundesrepublik Deutschland, in: Weidenfeld, Werner/ Wessels, Wolfgang (Hrsg.): Jahrbuch der Europäischen Integration 1998/1999, Institut für Europäische Politik, Bonn, S. 325-332.

Janning, Josef (2000): Bundesrepublik Deutschland, in: Weidenfeld, Werner/ Wessels, Wolfgang (Hrsg.): Jahrbuch der Europäischen Integration 1999/2000, Institut für Europäische Politik, Bonn, S. 309-316.

Jopp, Mathias (2001): Europäische Sicherheits- und Verteidigungspolitik, in: Weiden-feld, Werner/ Wessels, Wolfgang (Hrsg.): Jahrbuch der Europäischen Integration 2000/2001, Institut für Europäische Politik, Bonn, S. 233-242.

Lüdeke, Axel (2002): "Europäisierung" der deutschen Außen- und Sicherheitspolitik. Konstitutive und operative Europapolitik zwischen Maastricht und Amsterdam, Opladen.

Meiers, Franz-Josef (2002): Deutschland: Der dreifache Spagat, in: Erhart, Hans-Georg (Hrsg.): Die Europäische Sicherheits- und Verteidigungspolitik. Positionen - Perzeptionen - Probleme - Perspektiven, Baden-Baden, S. 35-48.

Meimeth, Michael (1998): Germany, in: Brenner, Michael (Hrsg.): NATO and Collective Security, Basingstoke, S. 81-115.

Meimeth, Michael (2002): Sicherheitspolitik zwischen Nation und Europa. Deutsche und französische Perspektiven, in: Meimeth, Michael/ Schild, Joachim (Hrsg.): Die Zukunft von Nationalstaaten in der europäischen Integration. Deutsche und französische Perspektiven, Opladen, S. 231-47.

New York Times (27.1.2003): News Analysis: Will Iraq be first test of Bush's preemption doctrine?

Regelsberger, Elfriede (2002): Deutschland und die GASP. Ein Mix aus Vision und Pragmatismus, in: Müller-Brandeck-Boquet, Gisela (Hrsg.): Europäische Außenpolitik. GASP- und ESVP-Konzeptionen ausgewählter EU-Mitgliedstaaten, Baden-Baden, S. 28-40.

Schäfer, Paul (2001): Machtpolitik im Schatten der internationalen Institutionen - Neue Tendenzen deutscher Politik in EU, OSZE, UNO und NATO, in: Lammers, Christiane/ Schrader, Lutz (Hrsg.): Neue deutsche Außen- und Sicherheitspolitik - Eine friedenswissenschaftliche Bilanz zwei Jahre nach dem rot-grünen Regierungswechsel, Baden-Baden, S. 152-163.

Schieder, Siegfried/ Overhaus, Marco (2002): Die außenpolitischen Positionen der Parteien im Bundestagswahlkampf 2002, in: Politik im Netz 3/17, unter: http://www.politik-im-netz.com/pin_rl/archiv/paufsatz/Action.lasso?-database=pin_aufsatz.fp3&-layout=internet&-response=/pin_rl/archiv/paufsatz/arc_auf_det.lasso&Ident_such=A-100&-search [2.2.2003].

Schmalz, Uwe (2001): Die europäisierte Macht - Deutschland in der europäischen Außen- und Sicherheitspolitik, in: Schmalz, Uwe, et al. (Hrsg.): Eine neue deutsche Europapolitik? Rahmenbedingungen - Problemfelder - Optionen, Bonn, S. 515-80.

Washington Times (20.11.2002): NATO to expand with new focus on terror defense.

Europa bauen – Deutschland bewahren: Rot-grüne Europapolitik

Sebastian Harnisch und Siegfried Schieder

Die Symbolik hätte passender nicht sein können: Zu Beginn ihrer zweiten Amtszeit musste die rot-grüne Koalition zusehen, wie die EU-Kommission inmitten negativer Nachrichten über die wirtschaftliche und finanzielle Gesamtlage der Republik nach einer ersten Mahnung in Form eines „Blauen Briefes" im Frühjahr 2002 ein Strafverfahren wegen Übertretung der im Stabilitäts- und Wachstumspakt von 1996 festgelegten Verschuldungsgrenze einleitete. Trotz gemeinsamer Bemühungen mit Bund, Ländern und Gemeinden war es Finanzminister Eichel nicht gelungen, die staatliche Neuverschuldung unter die Grenze von 3 Prozent zu drücken. Dabei war die Verschuldungsgrenze samt Strafverfahren von der liberal-konservativen Koalition unter Helmut Kohl als Instrument vorgesehen worden, um eine Aufweichung der währungs- und finanzpolitischen Stabilitätspolitik nach dem Übergang der D-Mark in den Euro zu verhindern (Bulmer/Jeffery/Patterson 2000:90-103). Bereits kurz vor der Wiederwahl im September 2002 hatte die Bundesregierung nur durch ihr Veto im Rat der Finanz- und Wirtschaftsminister eine Verwarnung verhindern können (Economist 27.07.2002). Wenige Wochen später war der Gulliver in seinen eigenen Fesseln gefangen.

Interessant an dieser Episode ist weniger, dass die Bundesrepublik bei der Umsetzung europäischer Normen und Politiken, selbst wenn sie von ihr aufgestellt worden sind, Schwächen zeigt. Interessanter erscheint vielmehr das Ausmaß und die Reichweite der Bindewirkung, welche die traditionell stark pro-integrationistische Europapolitik der Bundesrepublik für die heutige deutsche Politik entfaltet. Das dynamische Vorstoßen der Integration auf immer neue Politikbereiche in den 1990er Jahren führt daher nicht nur zu wachsenden Umsetzungsproblemen von EU-Normen, sondern die Europapolitik insgesamt verändert grundsätzlich ihren Charakter. Zum einen werden die wechselseitigen Abhängigkeiten zwischen Berlin und Brüssel immer größer; dies zeigt sich institutionell in der Einrichtung und dem Ausbau eigener Europaabteilungen in den Bundesministerien und der Gründung einer Europaministerkonferenz der Länder im Jahre 1991. Diese Entwicklung wird auch durch die wachsende gegenseitige Beeinflussung der Politikfelder beispielsweise zwischen der Außen-, Einwanderungs- sowie Innen- und Justizpolitik gestärkt. Zum anderen steigt der gesamtgesellschaftliche Betroffenheitsgrad durch Europa, der die binnenstaatlichen Akteure (euro)politisiert. Wenngleich in der Forschung umstritten ist, ob die wachsende Europäisierung vieler Politikfelder – verstanden als Erweiterung des Wahrnehmungshorizontes und des politischen Gestaltungsrahmens um die europäische Dimension – eher politische oder eher gesellschaftliche Akteure stärkt; es kann zumindest festgehalten werden: Die wechselseitige Durchdringung des deutschen und europäischen Politikprozesses verändert nicht nur Politikinhalte, sondern auch die Prozesse und Strukturen zu deren Durchsetzung (u.a. Knodt/Kohler-Koch 2000; Sturm/Pehle 2001).

Die Veränderung der Einstellungen der deutschen Eliten und der öffentlichen Meinung zu Europa spiegelt diesen Trend wider. Sie weisen aber gleichzeitig daraufhin, dass lange gehaltene Wertvorstellung weiterhin prägend auf die deutsche Europapolitik wirken. Zum einen lässt sich anhand von Umfragen zeigen, dass in den Eliten und der Öffentlichkeit eine wachsende Unzufriedenheit mit der deutschen Interessenwahrnehmung und Durchsetzungsfähigkeit auf europäischer Ebene vorherrscht (vgl. Neuss/Hilz 1999; Schneider/Bailer 2002; zur öffentlichen Meinung Hellmann 2002:28). Zum anderen geht mit diesem Bewusstsein aber keine anti-europäische Haltung einher, sondern eine deutsche und europäische Identität werden von der überwiegenden Mehrheit der (befragten) Bevölkerung offenbar als kompatibel angesehen. So stimmten mehr als 85 Prozent der Befragten einer Allensbach-Umfragestudie der Aussage (voll oder eher) zu, dass die Deutschen „ein stärkeres europäisches Bewusstsein" entwickeln müssten. Wurde prognostisch danach gefragt, ob Deutschland in 50 Jahren in einem europäischen Gesamtstaat eingegliedert sein wird, erwarteten dies mehr als Zweidrittel der Befragten (Hellmann 2002:28).

Vor dem Hintergrund dieser strukturellen Veränderungen entwickeln wir zwei Thesen zur Europapolitik der rot-grünen Koalition: Erstens hat sich der Trend zu einer wachsenden Vielstimmigkeit in der Europapolitik fortgesetzt, der durch das heterogene deutsche Entscheidungsverfahren verstärkt, aber nicht hervorgerufen wird (Bulmer/Maurer/Patterson 2001:242-256). Europapolitik ist in den 1990er Jahren komplexer, der Innenpolitik ähnlicher und aufgrund der wachsenden Anzahl betroffener Akteure schwerer bzw. weniger eindeutig legitimierbar geworden. Unter den politischen Akteuren haben primär die Bundesländer seit ihrer Aufwertung 1992 durch den neuen Art. 23 GG einen wachsenden Einfluss auf europapolitische Einzelentscheidungen ausüben können, u.a. durch die Einfügung der Subsidiaritätsklausel in den Maastrichter Vertrag (1991), die Beschränkung der europäischen Kompetenzen in der Asylpolitik in Amsterdam (1996) und die Einsetzung einer Regierungskonferenz zur Überprüfung der Kompetenzabgrenzung auf dem Gipfel von Nizza im Jahre 2000 (Hrbek 2001). Auch das Bundesverfassungsgericht hat sich in den 1990er Jahren als europapolitischer Akteur profiliert. Im Maastricht-Urteil erhob das Gericht die Forderung nach einer stärkeren demokratischen Rückbindung der europäischen Integration und einem eigenen Prüfungsanspruch für die Auslegung europäischer Befugnisnormen (insb. Art. 235 des EG-Vertrages) (Höscheidt/Schotten 1994). Bereits während der deutschen Ratspräsidentschaft griff die rot-grüne Koalition dieses Ansinnen mit ihrer Initiative zur Entwicklung einer Grundrechtscharta und der Nominierung des ehemaligen Bundesverfassungsgerichtspräsidenten Roman Herzog zum Vorsitzenden des Konvents auf (Hummer 2001; Bundesregierung 2000).

Unsere zweite These lautet, dass der Europapolitik der rot-grünen Koalition zunächst keine geschlossene Konzeption zugrunde lag, sondern vielmehr als individueller und kollektiver Such- und Lernprozess verstanden werden sollte. Ausgangspunkt dieser Suche bildete auf der einen Seite die klassisch pro-integrationistische Position von Außenminister Fischer. Ihm gegenüber stand mit Bundeskanzler Schröder zunächst ein ausgeprägt pragmatischer Landespolitiker, der zumindest rhetorisch die „nationalen deutschen Interessen" (Stichwort: Nettozahlerdebatte) hervorhob. Die historischen Schatten Deutschlands beunruhigten ihn weit weniger als Joschka Fischer, dessen Credo nach wie vor „die Selbstbeschränkung der Macht" in Europa ist. Im Verlauf der ersten Legislaturperiode lassen sich jedoch einige europapolitische Lernprozesse Schröders feststellen, die die konzeptionellen Unterschiede zu Beginn der zweiten Amtszeit deutlich geringer erscheinen lassen (Die Zeit 19/01). Die strukturelle Stärkung des Kanzleramtes durch das Wachstum der Gipfeldiplomatie und den Moderationsbedarf zwischen den einzelnen Fachministerien in europäischen Fragen, die sich auch in der (erneuten) Debatte über die Schaffung eines im Bundeskanzleramt angesiedelten Europaministers niederschlug, führt mittel- bis langfristig aber zum weiteren Einflussverlust des Auswärtigen Amtes.

Pragmatiker als Visionäre – Die deutsche Ratspräsidentschaft

Im Anfang war die Europapolitik der rot-grünen Bundesregierung stark von Orientierungs- und Anpassungsprozessen geprägt. Diese rührten zum einen aus der langen Oppositionsphase, die eine konzeptionelle Verengung und politische Instrumentalisierung der europäischen Integration als nationaler Oppositionspolitik, insbesondere in der SPD, mit sich brachte (Groß-Hüttemann/Roth 1998). Zum anderen resultierten offensichtliche Akzentverschiebungen aus den Vorgaben der deutschen EU-Präsidentschaft Anfang 1999. Diese drängte die deutschen Entscheidungsträger in die unbequeme Rolle des Moderators unterschiedlicher nationaler Interessen und erschwerten damit eine prononciert deutsche Interessenpolitik. Hinzu kam, dass die Eskalation des Kosovokonfliktes und der unfreiwillige Rücktritt der EU-Kommission unter Jacques Santer die deutsche Präsidentschaft zusätzlich belasteten. Zieht man diese erschwerenden Rahmenbedingungen und die lange Oppositionszeit der Regierungsparteien in Betracht, so fällt das Urteil über die Anfänge rot-grüner Europapolitik trotz mancher Defizite durchaus positiv aus (Maurer 2000).

Die „Belastungsprobe Ratspräsidentschaft" hinterließ aber auch deutliche Spuren, die sich in zwei Lern- bzw. Anpassungsprozessen niederschlugen: Erstens gab die SPD ihre ablehnende Haltung gegenüber dem Konzept der differenzierten Integration auf. Nach langem Zögern war das Konzept, wahlweise auch als Kerneuropakonzept bezeichnet, seit dem Papier von Wolfgang Schäuble und Karl Lamers (1994) als Antwort auf das Spannungsverhältnis zwischen stetiger Erweiterung und nachlassender Funktionsfähigkeit der Union zu einem inoffiziellen Leitbild der Integrationspolitik der Kohl-Regierung geworden (Tewes 2002). Mit der Akzeptanz der differenzierten Integration blieb auch eine zweite Grundlinie deutscher Europapolitik unter Rot-Grün erhalten: Der Erweiterung der Union ist als historischer Chance im Zweifelsfall Priorität gegenüber der Vertiefung einzuräumen; woraus sich die Notwendigkeit einer vorherigen oder parallel verlaufenden Vertiefung der Union ergibt. Ebenso energisch wie ihre Vorgängerin setzte sich die rot-grüne Koalition anfänglich gegen Bestrebungen zur Wehr, die den Ausgleich zwischen Vertiefung und Erweiterung durch eine Ausweitung des EU-Etats zu Lasten des deutschen Steuerzahlers zu erwirken suchten. Doch obwohl Schröder bereits als Landespolitiker und Kanzlerkandidat den Aufstand gegen eine „deutsche Zahlmeisterrolle in Europa" geprobt hatte, zeigt eine Analyse seines Verhandlungsgeschicks als Bundeskanzler bei der Ko-Finanzierung der Gemeinsamen Europäischen Agrarpolitik (GAP), dass seine Bemühungen (mehr oder minder) fehlgeschlagen sind. Weder zu Beginn der ersten Amtszeit auf dem Berliner Gipfel im März 1999 noch zu Beginn der zweiten Amtszeit auf dem Brüsseler Gipfel im Oktober 2002 konnte eine Verbesserung der deutschen Beitragszahlerposition erzielt werden, weil sich der innenpolitische Reflex des Kanzlers jeweils an der europäischpolitischen Räson der „deutsch-französischen Freundschaft" brach.

Zweitens geriet das europapolitische Leitbild einer Sozial- und Umweltunion als Ergänzung zur Wirtschafts- und Währungsunion unter starken Anpassungsdruck. Das Konzept, welches der oppositionellen SPD als Vehikel gedient hatte, ihre generell proeuropäische Haltung mit beschäftigungspolitischer Initiative zu füllen (die auf nationaler Ebene durch die Kohl-Regierung blockiert wurde), fand zwar im Koalitionsvertrag und in dem Programm zur deutschen Ratspräsidentschaft Beachtung (Verheugen 1999; SPD/ Bündnis90/Die Grünen 1998). Vorstöße des Finanzministers Lafontaine Ende 1998 in diese Richtung, die auf eine Einschränkung der Bewegungsfreiheit der Europäischen Zentralbank, die Schaffung einer Wirtschaftsregierung sowie die Vereinbarung von Devisenzielzonen unter Beteiligung des Euros abzielten, wurden aber im Zuge der Beendigung des innerparteilichen Machtkampfes um die programmatische Ausrichtung der Koalition schnell beerdigt (Stahl 1999).

Den eigentlichen ersten europapolitischen Test stellten die Verhandlungen zur Agenda 2000 in Berlin dar, bei denen für den Zeitraum 2000-2006 der Finanzierungsrahmen der EU an die bevorstehende Osterweiterung der Union angepasst werden musste. Die Verhandlungen gestalteten sich schwierig und die Bundesregierung scheiterte mit ihrem Versuch, eine nationale Ko-Finanzierung zur Entlastung des EU-Budgets zu etablieren (Janning 1999:325f.). Hinzu kam, dass Großbritannien an dem „Briten-Rabatt" beharrlich festhalten konnte, so dass es am Ende nur zu geringfügigen Veränderungen an der Einnahmeseite des EU-Finanzsystems kam. Es gelang der rot-grünen Koalition lediglich die deutschen Ausgaben perspektivisch zu plafondieren. Harte Anpassungsprozesse wurden auf den Zeitraum nach 2005 verschoben. Die Verabschiedung der Agenda 2000 wurde somit zur „ersten Frontbegradigung in der rot-grünen Europapolitik" (Maull 2001:164).

Insgesamt betrachtet bestand die neue rot-grüne Bundesregierung jedoch den Belastungstest Ratspräsidentschaft. Als „ehrlicher Makler" hielt sie mit ihrer Politik des „Ja, aber" vor allem dem innenpolitischen Problemdruck und den von binnenstaatlichen Akteuren getragenen ökonomischen Partikularinteressen stand, um die Osterweiterung nicht zu gefährden (Bulmer 2000:111). In der ausländischen Presse rechnete man Bundeskanzler Schröder seine Konzessionsbereitschaft hoch an, so dass er sich durch die kluge Ausschöpfung begrenzter Handlungsmacht seine ersten „Meriten als Europäer und Staatsmann erwarb" (Vernet 1999:12).

Deutsche europapolitische Initiativen

Die Ausdehnung und Ausweitung von Kompetenzen der EU in den 1990er Jahren und die damit verbundene Verschmelzung europäischer und nationaler Handlungsinstrumente haben vor allem in der Bundesrepublik Deutschland eine intensive Debatte über eine europäischen Verfassung ausgelöst. Geprägt wurde sie durch die explizit föderationsfreundliche Europaphilosophie der außenpolitischen Eliten und ein traditionell starkes Verfassungsbewusstsein, das durch die aktive Beteiligung des Bundesverfassungsgerichts an der Debatte noch gestärkt wurde.

Es war Außenminister Fischer, der in seiner frühen programmatischen Rede vor dem Europäischen Parlament am 12. Januar 1999 in Straßburg grundsätzliche Fragen nach der Zukunft bzw. Finalität Europas stellte (Fischer 1999). Damit knüpfte er an das traditionelle europapolitische Engagement der Bundesrepublik Deutschland an, das zunächst im Kontrast zu dem von Bundeskanzler Schröder gepflegten interessenorientierten europapolitischen Stil stand. Die Initiative rief jedoch in weiten Teilen der europäischen Öffentlichkeit Skepsis hervor, sodass sich die Bundesregierung zunächst auf das (vom Europäischen Parlament schon seit längerem geforderte) Projekt einer europäischen Grundrechtscharta konzentrierte. Zum einen konnte so durch den nichtoffiziellen, aber hochrangigen Konvent zur Grundrechtscharta unter dem Vorsitz des ehemaligen Bundespräsidenten Roman Herzog eine öffentliche Diskussion über

Grundsatzfragen zur Verfasstheit der EU in Gang gesetzt werden. Zum anderen ließen sich so auch (legitime) Ansprüche gegenüber der EU in Form einer Grundrechtsdebatte geltend machen. Die Initiative für die Grundrechtscharta, so die Hoffnung, könnte zum Nukleus einer europäischen Verfassungsdebatte werden und damit den weiter gesteckten Zielen Fischers nach einem europäischen Konstitutionalisierungsprozess dienen (Jopp/Schmalz 2000:15f.).

Zur „Haben-Seite" des pro-europäischen „Initiativen-Kontos" Berlins zählt neben der Straßburger Rede und der Grundrechtsinitiative vor allem die Rede von Außenminister Fischer an der Berliner Humboldt-Universität am 12. Mai 2002 (Fischer 2000). Als Reaktion auf die bürokratische Erstarrung intergouvernementaler Regierungskonferenzen und angesichts der außen- und sicherheitspolitischen Schwäche Europas auf dem Balkan erregte Fischer mit seinen Gedanken über eine europäische Föderation der Nationalstaaten großes Aufsehen (Joerges/Mény/Weiler 2000). Fischer hielt diese Rede zwar als „überzeugter Europäer und deutscher Parlamentarier", aber er berief sich in der Abfolge auch als Außenminister immer wieder auf diese Rede, so dass sie zum zentralen Bestandteil der deutschen EU-Reformpolitik bis zur Wahl 2002 wurde. Er schlug einerseits eine europäische Föderation mit einem gewählten Präsidenten und einer europäischen Regierung vor. Das europäische Parlament sollte volle parlamentarische Funktionen übernehmen und als Zwei-Kammern-Parlament organisiert werden. Andererseits gelte es eine neue Methode der flexiblen Integrationsvertiefung zu ersinnen, so Fischer, um die an ihre Grenzen stoßende „Monnet-Methode" zu ersetzen. Fischers Vorschlag eines Gravitationszentrums oder einer Avantgarde knüpfte damit an frühere Vorschläge von Wolfgang Schäuble und Karl Lamers an.

In der Finalitätsdebatte hat die rot-grüne Bundesregierung damit im Vergleich zu anderen Mitgliedsstaaten als auch ihrer unmittelbaren Vorgängerin eine eigene ehrgeizige Zukunftsperspektive für Europa eröffnet. Sie kann sich dabei (mit Ausnahme der PDS) nach wie vor auf einen breiten integrationsfreundlichen Konsens der im Bundestag vertretenen Parteien stützen. Dieser kommt beispielsweise in der Rede von Bundespräsident Johannes Rau vor dem Europäischen Parlament in Straßburg im April 2001 als auch in den „Vorschlägen von CDU und CSU zu einem europäischen Verfassungsvertrag" vom 26. November 2001 zum Ausdruck (Rau 2001, CDU/CSU 2001).

Dieser grundlegende europapolitische Konsens schließt auch Bundeskanzler Schröder mit ein, der sich während seiner ersten Amtszeit in der Europapolitik immer wieder von innenpolitischen Reflexen leiten ließ und Einzelentscheidungen der Europäischen Kommission u.a. bei der Altautoverordnung, Subventionskontrolle und Währungspolitik nutzte, um nationale Stimmen gegen die EU-Kommission zu mobilisieren. Nach einem Lernprozess erlangte Schröder jedoch spätestens 2001 mit seiner Initiative für den SPD-Leitantrag „Verantwortung für Europa" ein eigenständiges europapolitisches Profil in der Finalitätsdebatte, das sich nun inhaltlich nicht mehr wesentlich von dem seines Außenministers unterschied (SPD 2001).

Europäischer Rat in Nizza und Verfassungskonvent

Die Stellung des Bundeskanzlers in der Europapolitik wurde zudem durch die zahlreichen Gipfel- und Sondergipfeltreffen der EU zur europäischen Krisenbewältigung gestärkt. So hat das Bundeskanzleramt den europapolitischen Handlungsspielraum und Führungsanspruch in schwierigen Abstimmungsprozessen mit Frankreich streckenweise monopolisiert und damit auch institutionell jene Arbeitsteilung zwischen

Kanzler und Außenminister übernommen, die mehr oder weniger noch die EU-Politik jeder Bundesregierung geprägt hat (Fröhlich 2002). Die Pläne zur Schaffung einer dem Kanzleramt unterstellten Europaabteilung spiegelten diesen Trend wider, wenngleich diese nach dem Wahlerfolg der Grünen und der Aufwertung des Vizekanzlers zum Vertreter der Bundesregierung im EU-Konvent schnell wieder ad acta gelegt wurden.

Im Vorfeld des Gipfels von Nizza im Dezember 2000 wurde die europapolitische Rolle des Außenministers zusätzlich kompromittiert, als der französische Außenminister Hubert Védrine – nach enger Konsultation über den Inhalt der Rede – Fischers Humboldt-Rede mit den Worten kommentierte, Fischer ähnele einem „Rattenfänger". Gleichwohl konnte das Auswärtige Amt nach Konsultationen zwischen Europaminister Pierre Moscovici und Christoph Zöpel in Mainz im Juni 2000 einen deutsch-französischen Kompromissvorschlag präsentieren. Dieser sah vor, dass jeder Mitgliedstaat künftig nur einen Kommissar nach Brüssel entsendet, ergänzt um die Rotation als Strukturprinzip der Kommission. Ebenso schloss sich die Bundesregierung der Forderung Frankreichs nach einer Stimmenneugewichtung an, da durch die Osterweiterung mit Ausnahme von Polen und Rumänien nur kleine Staaten der Union beitreten und es somit zu einer signifikanten Verschiebung der Stimmgewichtung im Rat zu Gunsten der kleineren Mitgliedstaaten komme (Müller-Brandeck-Bocquet 2002:178ff).[1] Zugleich ließ aber auch die Bundesregierung bereits erkennen, dass dem deutschen Bevölkerungsvorsprung gegenüber den anderen großen EU-Mitgliedstaaten bei der Stimmenneugewichtung im Rat Rechnung getragen werden müsse (Janning 2000:312). Eine weitgehende Lösung fand der Mainzer Kompromiss auch bei der verstärkten Zusammenarbeit und bei der Ausdehnung des qualifizierten Mehrheitsentscheids, indem Kriterien für die Einstimmigkeit vereinbart wurden.

Inhaltlich verfolgte die deutsche Delegation in Nizza dann eine entschiedene „Sowohl-Als-Auch-Politik", welche die traditionell deutschen Positionen, wie die weitere Kommunitarisierung durch die Stärkung des Europäischen Parlaments sowie die Ausweitung der Mehrheitsentscheidungen mit traditionell französischen Forderungen nach der Stärkung intergouvernementaler Elemente verband (Regierungskonferenz 2000). Das übergeordnete Ziel der deutschen Verhandlungsagenda war es, die Union fit für die Erweiterung zu machen. Zu diesem Zweck war Berlin auch bereit, Positionen aufzuweichen oder gar zu räumen. Konkret forderte Deutschland die Arbeit des Rates effektiver und legitimer zu machen, die Möglichkeiten für eine „verstärkte Zusammenarbeit" von einzelnen Mitgliedsstaaten auszuweiten, die Zahl der Kommissare signifikant zu verringern und schließlich einen Post-Nizza-Prozess zu etablieren, der das Thema der Subsidiarität und der Kompetenzabgrenzung zwischen der EU und den Mitgliedsstaaten behandeln sollte (Müller-Brandeck-Bocquet 2002:180-183).

In den Verhandlungen konnte die rot-grüne Bundesregierung letztlich nur die Etablierung des Post-Nizza-Prozesses vollständig durchsetzen. Dieser war auf starken Druck der Bundesländer in die Verhandlungsagenda aufgenommen worden. In einem Gespräch am 16.12.1999 kündigten die Ministerpräsidenten mit Kanzler Schröder an, dem Ergebnis der Reformkonferenz nicht zu zustimmen, wenn dort kein Einstieg in die Kompetenzabgrenzung erfolge. Hintergrund dieser verschärften Gangart war die

---

1   Obwohl die vier großen Staaten Frankreich, Großbritannien, Deutschland und Italien nach der Osterweitung noch rund 59 Prozent der EU-Bevölkerung vertreten, würde ihr Gewicht im Ministerrat von knapp 50 Prozent der Stimmen auf nunmehr 35 Prozent der Stimmen dezimiert werden.

damalige Auseinandersetzung zwischen der WestLB, der Düsseldorfer Landesregierung und den Brüsseler Wettbewerbshütern, die ihre Kontroll- und Gestaltungsansprüche auf die Daseinsversorgung ausdehnten (Janning 2001:322)[2] Um derartige „Übergriffe" und die Tendenz zur Brüsselisierung von nationalen Kompetenzen in Zukunft zu unterbinden, hielten die Bundesländer eine „Sicherungsklausel" für nötig, welche die Handlungsspielräume der Länder in diesem Bereich möglichst umfassend wahren sollte. Auch die partielle Rückübertragung bzw. „Renationalisierung" von Kompetenzen, etwa im Bereich der europäischen Agrarpolitik, der Struktur- und Regionalpolitik sowie der Beihilfekontrolle, wurde in der Diskussion erwogen. Diese Strategie einer „europaföderalen Umgestaltungspolitik" wurde nachdrücklich von Bayern und der CSU als Ausdruck konservativer Landespolitik betrieben (Knodt 2000:239), nicht zuletzt als Wahlstrategie der CDU und CSU in Baden-Württemberg, Hessen und Bayern, gegen ein fernes Europa anzutreten (FAZ 27.3.2000). Sie wurde – wenngleich im Stil etwas moderater – auch von SPD-Ministerpräsidenten gestützt (Clement 2001). Die Forderung der Länder wurde in der Schlusserklärung 23 „Zur Zukunft der Europäischen Union" aufgenommen.

Durch eine deutsch-italienische Initiative gelang es der rot-grünen Bundesregierung gegen den Widerstand Frankreichs zusätzlich, die EU auf die unmittelbare Fortsetzung des Reformprozesses zu verpflichten (Janning 2001:318). Kernbestandteil dieses Prozesses sollte neben der Vereinfachung der Verträge und der Integration der in Nizza feierlich deklarierten Grundrechtscharta in den EU-Vertrag auch die Abgrenzung der Kompetenzen von EU und Mitgliedstaaten sowie die Klärung der Rolle der nationalen Parlamente im europäischen Entscheidungssystem sein. Damit hat die rot-grüne Bundesregierung ein von Außenminister Fischer seit Beginn seines Amtsantrittes lanciertes europäisches Verfassungsprojekt vorangetrieben, geht es doch bei allen vier Themen des Post-Nizza-Prozesses um „europäische Verfassungsfragen" (Schröder 2001).

Die deutsche Verhandlungsdelegation konnte ebenfalls eine Verbesserung des Verfahrens der „verstärkten Zusammenarbeit" erwirken (FTD 4.12.2000). Schwierig gestalteten sich hingegen die Verhandlungen in der Frage der Ausweitung von qualifizierten Mehrheitsentscheidungen und bei der Stimmengewichtung. Hatte Helmut Kohl 1996 in Amsterdam dem französischen Präsidenten noch empfohlen, keine Debatte über eine Stimmenneugewichtung zu beginnen, da sie aufgrund der demographischen Unterschiede auf eine Entkoppelung der französischen und deutschen Stimmen hinauslaufe, wurden von der rot-grünen Delegation nun selbst zwei Modelle zur Diskussion gestellt: Eine komplette Neugewichtung bei konsequenter Berücksichtigung demographischer Faktoren oder die Einführung des Systems der „doppelten Mehrheit", wonach die alte Stimmengewichtung beibehalten, aber eine zweite Abstimmung eingeführt würde, in der die Mehrheit der Unionsbürger gegeben sein muss, damit ein Abstimmungsergebnis angenommen wird.

Trotz erheblicher Anstrengungen konnte in dieser Frage keine Einigkeit mit der französischen Delegation erzielt werden, die auf einer Stimmenparität im Ministerrat beharrte. Zwar wurde dies von Kommentatoren auch als Ausdruck des nahenden französischen Präsidentschaftswahlkampfs gewertet, doch das französische Eintreten für

---

2   Erst im Juli 2001 gelang es der Bundesregierung, der EU-Kommission eine 5-jährige Übergangsfrist bis zur Beschaffung der sogenannten Gewährträgerhaftung bei den Sparkassen und Landesbanken abzuringen.

eine Besserstellung Spaniens gegenüber dem etwa gleichgroßen Polen rief auch viele Stimmen auf den Plan, die eine unverhohlene Interessenpolitik des Ratsvorsitzes am Werke sahen. Das Einlenken der Bundesregierung, insbesondere das Eintreten für die Interessen kleinerer Mitgliedsstaaten (Economist 16.12.2000), welches schließlich zu einem immens komplexen Abstimmungsmodus führte, rettete schließlich die Verhandlungen.[3] Doch blieb auf nahezu allen Seiten ein fader Beigeschmack, denn das Versagen des deutsch-französischen Motors hatte die gesamte Union an den Rand der politischen Handlungsunfähigkeit geführt (Harnisch/Stahl 2000). In der anschließenden Debatte um die Schaffung einer Europäischen Verfassung bemühte sich Berlin zwar vermehrt um eine enge Abstimmung mit Paris, allerdings zunächst ohne nennenswerten Erfolg, denn beide Partner verfolgten unterschiedliche institutionelle Entwicklungsoptionen – hier das föderalistisch-parlamentarische Modell, das tendenziell den Traditionslinien deutscher Europapolitik entspricht, dort das intergouvernementalistische Modell mit präsidentiellen Zügen, wie es insbesondere von französischen Seite in der Diskussion favorisiert wird (Schild 2002; Jachtenfuchs 2002). Erst nach der gewonnenen Bundestagswahl 2002 bemühte sich Berlin, im europäischen Integrationsprojekt über die deutsch-französische Schiene neue Akzente zu setzen, die letztlich in gemeinsamen Initiativen für den Konvent mündeten.

In der Konventsdebatte wird von allen deutschen Parteien gemeinsam die Auffassung vertreten, dass es einer europäischen Verfassung bedürfe und dass diese einen starken Grundrechtsschutz gewährleisten müsse, wie er sich bereits in der 1999 erarbeiteten Grundrechtscharta wiederfindet (Nettesheim 2002:45ff.). Mit Ausnahme der Vorschläge des ehemaligen sächsischen Ministerpräsidenten Kurt Biedenkopf, der den Umbau der bestehenden Institutionen hin zu einem Europa der (grenzübergreifenden) Regionen fordert (Biedenkopf 2000:44), zielen alle deutschen Verfassungskonzepte auf die stärkere Demokratisierung der Union durch die Vollparlamentarisierung ab. Deutschland als „demandeur" von institutionellen Reformen und wichtigen Gemeinschaftspolitiken hat ein Interesse an der Stärkung der Europäischen Kommission als Exekutive, an einer starken Legislative, bestehend aus einem Europäischem (Voll-) Parlament, dem eine (zweite) Kammer gegenüber gestellt werden soll. Dem gegenüber betonen die Vertreter der CDU/CSU Fraktion in ihrem Verfassungsentwurf stärker das Thema der Kompetenzabgrenzung, was vor allem auf die Initiative der Länder Bayern, Hessen und Baden-Württemberg zurückzuführen ist. Die Besorgnis um die Aushöhlung der Eigenstaatlichkeit der deutschen Bundesländer kommt vor allem in dem Entwurf von Ministerpräsident Erwin Teufel zum Tragen, der eine Kategorisierung von Kompetenzen sowie Klagemöglichkeiten in Subsidiaritätsfragen – etwa für den Ausschuss der Regionen – gefordert hat (Teufel 2002). Eine vermittelnde Position, welche die wesentlichen Forderungen zum Institutionengefüge und Grundrechtsschutz als auch zu einer deutlicheren Kompetenzabgrenzung zwischen europäischen und bundesstaatlicher Ebene miteinander verbindet, hat der deutsche Europaabgeordnete und EVP-Sprecher im Konvent, Elmar Brok, vorgelegt (Brok 2002).

Nach der Bundestagswahl und nach dem Beginn der zweiten Arbeitsphase des Konvents haben sich die Positionen der einzelnen Akteure erwartungsgemäß fortent-

---

3   Eine interessante Bewertung des Abstimmungsmodus findet sich in La Repubblica vom 11.12.2000: „Ohne Arroganz, mit größter Feinfühligkeit für die Partner-Gegner hat Berlin faktisch die Ketten der historischen Parität mit Frankreich durchschlagen"(FAZ 12.12.2000).

wickelt und ausdifferenziert. In der Koalitionsvereinbarung und in der Regierungserklärung vom 29. Oktober 2002 von Bundeskanzler Schröder hat Rot-Grün angekündigt, das europäische Integrationsprojekt über den Konvent mit allen Kräften zu
unterstützen (SPD/ Bündnis90/Die Grünen 2002:78). Notwendig sei eine klarere
Kompetenzabgrenzung zwischen der Europäischen Union und ihren Mitgliedstaaten
und eine klarere Gewalteilung auf europäischer Ebene. Bei der Weiterentwicklung
der EU dürfe jedoch der bereits erreichte Integrationsstand bei den Institutionen, beim
Binnenmarkt, bei der Wirtschafts- und Währungsunion und bei der Rechtsangleichung
nicht in Frage gestellt werden. Die Entsendung des Außenministers in den Konvent
unterstreicht die Bereitschaft der Regierung, der EU neuen Schwung zu verleihen. Der
sich nach der Bundestagswahl intensivierende Austausch mit Frankreich über zentrale
Zukunftsfragen der Europäischen Union und die Entschärfung der Differenzen im Konvent etwa in der Kompetenzdebatte könnte zum 40. Jahrestag des Elysée-Vertrages als
Wiederbelebung des deutsch-französischen Motors dienen.

Schlussfolgerungen und Ausblick

Auch in der Europapolitik der rot-grünen Koalition überwogen die Kontinuitäts-
elemente. Die über den Regierungswechsel 1998 hinweg fortdauernde Wertschätzung
der deutschen Politik für die Europäische Integration sollte aber nicht über die (banale)
Tatsache hinweg täuschen, dass sich die deutsche Europapolitik verändert, weil sich die
Europäische Union insgesamt verändert. Die Reaktion der politischen und gesellschaftlichen Akteure in Deutschland auf die Europäisierung der deutschen Politik fällt dialek-
tisch aus: Der Wille zu mehr Europa geht mit dem Anspruch auf den Erhalt bewährter
deutscher Institutionen (Föderalismus, Grundrechtsschutz) oder gar deren Übertragung
auf die europäische Ebene (Europäisches Zentralbankmodell, Stabilitätspakt) einher.

Diese Entwicklung wird nicht nur von innen gespeist, sondern zunehmend auch von
außen gefördert. Die Herausforderungen der Kriege auf dem Balkan und in Nahost
sowie die Bedrohung durch internationale Terrorgruppen haben während der rot-grünen
Koalition einen europäischen Reflex in der deutschen Politik ausgelöst. Dieser wird
durch die Veränderung der US-amerikanischen Außenpolitik seit Ende der 1990er
Jahre verstärkt, weil sich die internationalen Ordnungsvorstellungen der USA (insbesondere unter George W. Bush) erheblich von jenen auf eine Zivilisierung der Internationalen Politik im Sinne der Verrechtlichung abzielenden deutschen Vorstellungen
unterscheiden (Rudolf 2002).

Zu Beginn der zweiten Amtszeit von Rot-Grün hat daher das Bemühen um eine
institutionelle Stärkung der EU im Bereich der Außen- und Sicherheitspolitik, aber
auch der Terror- und Kriminalitätsbekämpfung abermals zugenommen. Mit den
deutsch-französischen Initiativen in der Sicherheits- und Verteidigungspolitik sowie der
Innen- und Justizpolitik hat die Koalition den Versuch unternommen, die Sonder-
beziehung mit Paris als Instrument der deutschen Europapolitik nach den Enttäuschun-
gen des Nizza-Gipfels zu reaktivieren.

Möglich wurden die deutsch-französischen Initiativen durch eine Einigung im
Bereich der Finanzierung der Gemeinsamen Agrarpolitik zwischen Bundeskanzler
Schröder und Frankreichs Staatspräsident Chirac im Vorfeld des EU-Gipfels in Kopenhagen. Die Regelung zielt zwar abermals nur auf eine Vertagung der Reform ab, indem
sie eine Kürzung der Subventionen auf das Jahr 2007 verschiebt. Gleichwohl konnte
auf dieser politischen Grundlage nach langwierigen Debatten zwischen den beiden

Außenämtern am 22. November 2002 eine gemeinsame Initiative zur Schaffung einer „Europäischen Sicherheits- und Verteidigungsunion" verabschiedet wurde (De Villepin/Fischer 2002a). Der Vorschlag enthält eine integrierte EU-Verteidigungspolitik auf der Basis gemeinsamer Entwicklung und Beschaffung von Rüstungsgerät und eine „Solidaritätsklausel", die durch die Übernahme bestimmter Aufgaben auch als Verstärkung des europäischen Pfeilers in der NATO fungieren kann. Bereits wenige Tage später (28.11.2002) veröffentlichte das deutsch-französische Duo eine weitere gemeinsame Konventsinitiative im Bereich der Innen- und Justizpolitik (De Villepin/ Fischer 2002b). Ob diese Vorschläge stimulierend auf die Konventsdebatte wirken können, ist jedoch fraglich, weil nach wie vor Differenzen zwischen Berlin und Paris beim Asyl- und Immigrationsrecht bestehen. Allerdings könnte der deutsch-französische Vorschlag einer EU-Doppelspitze vom Januar 2003 den Durchbruch in der EU-Reformdebatte bringen. Neben der Einsetzung eines Ratspräsidenten, der die Union vor allem nach außen vertritt, soll künftig der Kommissionspräsident – so der Vorstoß zur institutionellen Architektur der EU – direkt durch das Europäische Parlament gewählt werden (Bundesregierung 2003). Ob damit jedoch der Rahmen für eine grundlegende Reform abgesteckt ist, durch die das große Europa politisch führbar bleibt, ist jedoch offen. Ablehnend zeigte sich neben einigen kleineren EU-Mitgliedstaaten vor allem die Kommission. Eine Doppelspitze führe des Weiteren zu öffentlicher Verwirrung und einem unnötigen bürokratischen Mehraufwand. Auch außerhalb des Konvents kommt das Tandem in Fahrt, etwa in der Frage des Beitritts der Türkei, in der die deutsche Regierung einen gemeinsamen Zeit- und Perspektivenhorizont mit Paris gefunden hat.

Getrübt wurde die positive Bilanz im Bereich der gemeinsamen europäischen Außenpolitik durch die von Bundeskanzler Schröder propagierte ablehnende Haltung in der Frage einer militärischen Intervention im Irak. Indem der Bundeskanzler frühzeitig eine deutsche Beteiligung am Irak-Krieg auf der Grundlage der UN-Sicherheitsresolution 1441 und dann auch die Zustimmung für eine zweite Resolution nach Kapitel VII der UN-Charta (Zwangsmaßnahmen bei Bedrohung oder Bruch des Weltfriedens) ablehnte, verhinderte er das Zustandekommen einer gemeinsamen europäischen Position in dieser Frage. Das kategorische Festhaltens am „Nein" während des Bundestagswahlkampfes (Herbst 2002) und den Landtagswahlen in Hessen und Niedersachsen (Februar 2003) verfestigt das Bild einer innenpolitischen Instrumentalisierung der Außenpolitik zu Lasten Europas, die einer glaubhaften Etablierung einer Gemeinsamen Europäischen Außen-, Sicherheits- und Verteidigungspolitik entgegensteht. Sollte sich die Bundesrepublik in Fragen von Krieg und Frieden nicht als „lernfähig" oder zumindest diskussionsoffen erweisen, wird es bis auf weiteres keine gemeinsame Stimme Europas geben.

Betrachtet man also vier Jahre rot-grüne Europapolitik rückblickend, so haben sich die eingangs formulierten Thesen bestätigt. In dem Maße, wie im Zuge der weiteren europäischen Integration die Beziehungen Deutschland-EU komplexer und vielschichtiger werden, nimmt auch die Vielstimmigkeit in der deutschen Europapolitik zu. Die institutionelle Verflechtung und die politischen Prozesse innerhalb der EU, aber auch die zunehmende Verschmelzung von europäischer und deutscher Politik haben bei vielen binnenstaatlichen Akteuren zu einer Ausdehnung des Wahrnehmungshorizontes und des politischen Gestaltungsspielraumes um die europäische Ebene geführt. Deutsche Politik ist nicht immer, aber immer öfter europäisiert. Die Komplexität und der Legitimationsbedarf in der Europapolitik nehmen folglich zu.

Neben der (strukturell bedingten) Vielstimmigkeit deutscher Europapolitik war die rot-grüne Europapolitik durch individuelle und kollektive Lernprozess geprägt. Die SPD musste ihr Modell „oppositioneller Europapolitik" teilweise revidieren als sie nach 16 Jahren in die Regierungsverantwortung trat. Hinzu trat vom Juniorpartner Bündnis90/Die Grünen mit Joschka Fischer ein überzeugter Europäer, der den traditionellen europapolitischen Faden der Vorgängerregierung nahtlos aufgriff und ambitionierte Initiativen einbrachte. Obwohl sich die europapolitischen Denkwege von Fischer (der „Integrationist") und Schröder (der „Intergouvernementalist") bei Amtsantritt beträchtlich unterschieden, hat vor allem Schröder einen beachtlichen europapolitischen Lernprozess durchlebt, der jedoch weiterhin nationale Reflexe und innenpolitische Instrumentalisierungsversuche nicht ausschließen lässt. Letztlich hat diese Entwicklung dazu geführt, dass die konzeptionellen Unterschiede und europapolitischen Programmatiken innerhalb der Koalition zu Beginn der zweiten Amtszeit deutlich geringer erscheinen als noch zu Beginn der ersten rot-grünen Legislaturperiode.

Literaturverzeichnis

Biedenkopf, Kurt (2000): Europa vor dem Gipfel in Nizza - Europäische Perspektiven, Aufgaben und Herausforderungen. Vortrag an der Humboldt-Universität zu Berlin. FCE 10/00, unter: http://www.whi-berlin.de/biedenkopf.htm [04.01.2003].

Brok, Elmar (2002): Constitution of the European Union, unter: http://www.cap.uni-muenchen.de/konvent/download/Brok.pdf [12.01.2003].

Bulmer, Simon/ Jeffrey, Charlie/ Patterson, William (2000): Germany's European Policy. Shaping the Regional Milieu, Manchester.

Bulmer, Simon/ Maurer, Andreas/ Patterson, William (2001): Das Entscheidungs- und Koordinationssystem deutscher Europapolitik: Hindernis für eine neue Politik?, in: Schneider, Heinrich et al. (Hrsg.): Eine neue deutsche Europapolitik? Rahmenbedingungen – Problemfelder – Optionen, Bonn, S. 231-266.

Bundesregierung (2000): Bericht der Bundesregierung über die Integration der Bundesrepublik Deutschland in die Europäische Union. Berichtszeitraum: 1. Januar bis 31. Dezember 1999, BR-Drs. 419/00 (Neu).

Bundesregierung (2003): Deutsch-französischer Beitrag zur institutionellen Architektur der Europäischen Union. Presse- und Informationsamt der Bundesregierung, Pressemitteilung Nr. 21, 15.01.2003, unter: http://www.bundesregierung.de/servlet/ init.cms.layout.LayoutServlet?global.naviknoten=413&link=bpa_notiz_druck&global.printview=2&link.docs=459668 [20.01.2003].

Clement, Wolfgang (2001): Europa gestalten - nicht verwalten. Die Kompetenzordnung der EU nach Nizza. Vortrag an der Humboldt-Universität zu Berlin. FCE 3/01, http://www.whi-berlin.de/clement.htm [04.01.2003].

De Villepin, Dominique/ Fischer Joschka (2002b): Gemeinsame deutsch-französische Vorschläge für den Konvent zum Raum der Freiheit, der Sicherheit und des Rechts, 28.11.2002, unter: http://register.consilium.eu.int/pdf/de/02/cv00/00435d2.pdf [07.01. 2003].

De Villepin, Dominique/ Fischer, Joschka (2002a): Gemeinsame deutsch-französische Vorschläge für den Konvent zum Bereich Europäische Sicherheits- und Verteidigungspolitik, 22.11.2002, unter: http://register.consilium.eu.int/pdf/ de/02/cv00/ 00422d2.pdf [07.01. 2003].

Die Zeit (19/2001): Mehr Schröder, weniger Fischer. Schon wieder eine Chefsache: Der Kanzler mutiert vom populistischen Europamuffel zum Avantgardisten.

Economist (16.12.2000): The Nice Summit: So that's all agreed, then, S. 23-26.

Economist (27.07.2002): Rules are made to be bent, aren't they?, S. 27f.

CDU/CSU (2001): Vorschläge von CDU und CSU für einen „Europäischen Verfassungsvertrag", Berlin, 26.11.2001, unter: http://www.cdu.de/presse/archiv-2002/ europa-verfassungsvertrag.pdf [04.01. 2003].

Financial Times Deutschland (04.12.2000): Schröder fordert EU-Gipfel zu Kompetenzfragen, unter: http://www.ftd.de/pw/eu/1062021.html?nv=cpm [04.01.2003].

Fischer, Joschka (1999): Rede des Vorsitzenden des Rates der Europäischen Union am 12. Januar 1999 in Straßburg, unter: http://www.auswaertiges-amt.de/www/de/ infoservice/download/pdf/reden/1999/r990112a.pdf [06.01.2003].

Fischer, Joschka (2000): Vom Staatenverbund zur Föderation - Gedanken über die Finalität der europäischen Integration. Vortrag an der Humboldt-Universität zu Berlin, FCE Spezial, N 2, unter: http://www.whi-berlin.de/fischer.htm [04.01.2003].

Frankfurter Allgemeine Zeitung (27.03.2000): Die Ministerpräsidenten rücken gegen die Europäische Union zusammen.

Fröhlich, Stefan (2002): Auf den Kanzler kommt es an: Helmut Kohl und die deutsche Außenpolitik. Persönliches Regiment und Regierungshandeln vom Amtsantritt bis zur Wiedervereinigung, Paderborn.

Groß-Hüttemann, Martin/ Roth, Christian (1998): Die Europapolitik der SPD vor der deutschen Ratspräsidentschaft. Erste Orientierungen in der Regierungsverantwortung, in: WIP-Schwerpunktheft: Policymaking im Parteienstaat, unter: http://www.uni-tuebingen.de/uni/spi/wip-03.pdf [29.11.2002].

Harnisch, Sebastian/ Bernhard Stahl (2000): The German Perspective in: German Foreign Policy in Dialogue 1/3, unter: http://www.deutsche-aussenpolitik.de/publications/newsletter/issue03.html#german [10.02. 2003].

Hellmann, Gunther (2002): Deutschland in Europa: Eine symbiotische Beziehung, in: Aus Politik und Zeitgeschichte, B 48, S. 24-31.

Höscheidt, Sven/ Schotten, Thomas (1994): Demokratie in Europa nach der Maastricht-Entscheidung des Bundesverfassungsgerichts, in: Verwaltungsrundschau 5/6, S. 183-189.

Hrbek, Rudolf (2001): Deutscher Föderalismus als Hemmschuh für die europäische Integration? Die Länder und die deutsche Europapolitik, in: Schneider, Heinrich et al. (Hrsg.): Eine neue deutsche Europapolitik? Rahmenbedingungen – Problemfelder – Optionen, Bonn, S. 267-298.

Hummer, Waldemar (2001): Der Status der EU-Grundrechtecharta. Politische Erklärung oder Kern einer Europäischen Verfassung? Analysen zur europäischen Verfassungsdebatte, Bd. 2, Bonn.

Jachtenfuchs, Markus (2002): Deutschland, Frankreich und die Zukunft der EU, in: Meimeth, Michael/Schild, Joachim (Hrsg.): Die Zukunft von Nationalstaaten in der europäischen Integration, Opladen, S. 279-294.

Janning, Josef (1999): Bundesrepublik Deutschland, in: Weidenfeld, Werner/ Wessels, Wolfgang (Hrsg.): Jahrbuch der Europäischen Integration 1998/1999, Institut für Europäische Politik, Bonn, S. 325-332.

Janning, Josef (2000): Bundesrepublik Deutschland, in: Weidenfeld, Werner/ Wessels, Wolfgang (Hrsg.): Jahrbuch der Europäischen Integration 1999/2000, Institut für Europäische Politik, Bonn, S. 309-316.

Janning, Josef (2001): Bundesrepublik Deutschland, in: Weidenfeld, Werner/Wessels, Wolfgang (Hrsg.): Jahrbuch der Europäischen Integration 2000/2001, Institut für Europäische Politik, Bonn, S. 317-324.

Joerges, Cristian/ Mény, Yves/ Weiler, Joseph H. H. (Hrsg.) (2000): What kind of Institution for what kind of polity - Responses to Joschka Fischer, unter: http://www.jeanmonnetprogram.org/papers/00/symp.html [12.01.2003].

Jopp, Mathias/ Schmalz, Uwe (2000): Deutsche Europapolitik 2000, in: Aus Politik und Zeitgeschichte, B 6, S. 12-19.

Knodt, Michèle (2000): Europäisierung à la Sinatra. Deutsche Länder im europäischen Mehrebenensystem, in: Knodt/ Kohler-Koch (2000), S. 237-264.

Knodt, Michèle/ Kohler-Koch, Beate (Hrsg.) (2000): Deutschland zwischen Europäisierung und Selbstbehauptung. Mannheimer Jahrbuch für europäische Sozialforschung, Bd. 5, Frankfurt/Main.

Maull, Hanns W. (2001): Die Außenpolitik der rot-grünen Koalition: Kontinuität und Wandel, in: Wagner, Wolfgang et al. (Hrsg.): Die Internationale Politik 1999-2000, München, S. 161-172.

Maurer, Andreas (2000): The German Presidency of the Council: Continuity or Change in Germany's European Policy? in: Journal of Common Market Studies, 38/1, S. 44-47.

Nettesheim, Martin (2002): EU-Recht und nationales Verfassungsrecht. Deutscher Bericht für die XX. FIDE-Tagung. Tübingen, März 2002, http://nettesheim.org [12.01.2003].

Neuss, Beate/ Hilz, Wolfram (1999): Deutsche Personelle Präsenz in der EU-Kommission, Sankt Augustin.

Rau, Johannes (2001): Rede von Bundespräsident Johannes Rau. „Plädoyer für eine europäische Verfassung", vor dem Europäischen Parlament, 04.04.2001, http://www.bundespraesident.de/frameset/index.jsp [03.01.2003].

Regierungskonferenz (2000): Grundsatzpapier der Bundesrepublik zur Regierungskonferenz zu den institutionellen Reformen vom 21.03.2000, unter: http://db.consilium.eu.int/cigdocs/De/04733d.pdf [12.12.2000].

Rudolf, Peter (2002): Deutschland und die USA – eine Beziehungskrise? in: Aus Politik und Zeitgeschichte, B 48, S. 16-23.

Schild, Joachim (2002): Französische Positionen in der ersten Phase des EU-Konvents. Raum für deutsch-französische Gemeinsamkeiten. SWP-Studie, Berlin.

Schneider, Gerald/ Bailer, Stefanie (2002): Mächtig, aber wenig einflussreich, in: Integration 25/1, S. 49-60.

Schröder, Gerhard (2001): Regierungserklärung von Bundeskanzler Gerhard Schröder zu den Ergebnissen des Europäischen Rates in Nizza, unter: http://www.bundesregierung.de/servlet/init.cms.layout.LayoutServlet?global.naviknoten=8674&link=bpa_notiz_druck&global.printview=2&link.docs=29210 [02.02.2003].

SPD (2001): Leitantrag zur Europapolitik des Ordentlichen Parteitages in Nürnberg, 19.11. 2001, unter: http://www.spd.de/servlet/PB/show/1010138/beschlussbuch.pdf [9.2.2003].

SPD/ Bündnis90/Die Grünen (1998): Koalitionsvereinbarung „Aufbruch und Erneuerung - Deutschlands Weg ins 21. Jahrhundert vom 20.10.1998, unter: http://www.spdfraktion.de/download/koalitionsvertrag.pdf [06.01. 2003].

SPD/ Bündnis90/Die Grünen (2002): Koalitionsvereinbarung „Erneuerung-Gerechtigkeit-Nachhaltigkeit" vom 16.10.2002, http://www.bundesregierung.de/index-,413.444117/Koalitionsvertrag-unterzeichne.htm [04.01.2003].

Stahl, Bernhard (1999): Europapolitik I – Umwege oder Abwege?, in: Maull, Hanns W. et al. (Hrsg.): Vier Monate rot-grüne Außenpolitik. Trierer Arbeitspapiere zur Internationalen Politik, Nr. 1, unter: http://www.deutsche-aussenpolitik.de/resources/tazip/tazip1.pdf [03.01. 2003].

Sturm, Roland/ Pehle, Heinrich (2001): Das neue deutsche Regierungssystem, Opladen.

Teufel, Erwin (2002): Eckpunkte für den Konvent, CONV 24/02 Contrib 8, unter: http://www.register.consilium.eu.int/pdf/de/o2/cv00/00024d2.pdf [12.01.2003].

Tewes, Henning (2002): Germany, Civilian Power and the New Europe: Enlarging Nato and the European Union, New York.

Verheugen, Günter (1999): Deutschland und die EU-Ratspräsidentschaft. Erwartungen und Realitäten, in: Integration 22/1, S. 1-8.

Vernet, Daniel (1999): Kluge Ausschöpfung begrenzter Souveränität. Die Europa-Politik der rot-grünen Koalition, in: Internationale Politik 54/11, S. 11-18.

Rot-Grün und die Osterweiterung der Europäischen Union

Henning Tewes

Politik vollzieht sich selten stetig. Sie unterliegt den Schwingungen der öffentlichen Aufmerksamkeit und verläuft damit in Phasen. Nur unregelmäßig verbindet sich das sachlich Gebotene mit dem politisch Gewollten und führt zu Entscheidungen. Die Erweiterungsverhandlungen der Europäischen Union sind dafür ein gutes Beispiel. Sie verlaufen in der Regel in drei Phasen. Nach den EU-internen, zutiefst politischen Auseinandersetzungen, ob und wann die Beitrittsverhandlungen eröffnet werden sollten (Phase 1), erfolgt eine Periode der technisch-administrativen Rechtsangleichung (Phase 2), welche sich erst in ihrer Schlussphase wieder politisch verdichtet und den Abschluss der Beitrittsverhandlungen ermöglicht. Damit ist zugleich vorgezeichnet, wann nationale Politik wirklichen Einfluss auf die Erweiterungspolitik ausübt, nämlich zu Beginn und Abschluss der Verhandlungen.

Auch die Erweiterungspolitik der Regierung Schröder/Fischer war von Schwingungen der politischen Aufmerksamkeit gekennzeichnet. Sie wies aber einen höheren Grad an Politisierung auf, als dies typischerweise bei Beitrittsverhandlungen der Fall ist. Da die Aufnahme der Beitrittsverhandlungen beschlossen war, als die neue Regierung im Oktober 1998 ins Amt kam, hätte man zunächst eine ruhige Zeit technisch-administrativer Rechtsangleichung erwarten können. Eine solche Zeit war der neuen Regierung aber nicht vergönnt, da die Verhandlungen um die Agenda 2000, welche vor allem den finanziellen Rahmen für die Erweiterung abstecken sollte, in vollem Gange waren und unter deutscher Ratspräsidentschaft im März 1999 abgeschlossen werden sollten. Auch für die Erweiterungspolitik der Regierung Schröder/Fischer lassen sich drei Phasen feststellen. Die erste dauerte vom Oktober 1998 bis zum März 1999, die zweite vom April 1999 bis zum Jahresbeginn 2002 und schließlich die dritte von Anfang 2002 bis zum Abschluss der Verhandlungen beim Kopenhagener Gipfel am 12./13. Dezember 2002.

Die Untersuchung der beiden Phasen, in denen die deutsche Außenpolitik wirklichen Einfluss auf die Entscheidungsfindung in Brüssel hatte, eröffnet den Blick auf einen fundamentalen Zielkonflikt. Dieser Zielkonflikt bestand in der gleichzeitigen Verfolgung der EU-Osterweiterung und der Reform der Gemeinsamen Politikbereiche der EU mit dem Ziel einer Senkung des deutschen Beitrages zum EU-Haushalt. Er bestand fast unverändert seit Mitte der neunziger Jahre. Dass es für jede deutsche Bundesregierung erstrebenswert sein musste, die deutschen Beiträge zum EU-Haushalt zu begrenzen oder sogar zurückzuführen, sei dabei zunächst einmal anerkannt. Strittig musste aber sein, wie eine solche Begrenzung ohne eine tiefgreifende Reform der gemeinsamen Politikbereiche möglich und wie sie politisch durchsetzbar sein sollte, wenn die zu verteilenden Mittel gleichzeitig für eine Reihe neuer Mitgliedstaaten reichen sollten, deren Pro-Kopf-Einkommen erheblich unter dem der alten EU-Länder lag.

Die deutsche Position innerhalb dieses Zielkonfliktes war von dem Wunsch getragen, den Kuchen europäischer Wohltaten gleichzeitig zu verkleinern und auf neue Mitgliedstaaten auszudehnen. Dies war die Konstante der Erweiterungspolitik der Regierung Schröder/Fischer; eine Intervention, wie sie im Zusammenhang mit der

Verhandlung des Freizügigkeitskapitels von Seiten der Bundesregierung Ende 2000 stattfand, war, wie im Folgenden zu sehen sein wird, eher eine Ausnahme.

Die Verhandlung der Agenda 2000

Es war in Deutschland im Prinzip seit dem sog. Delors II Paket – also nach 1992 – Konsens geworden, dass die deutschen EU-Beiträge zu hoch und die Rückflüsse aus dem EU-Haushalt zu niedrig seien. Während der Kanzlerschaft Helmut Kohls war diese Kritik vor allem von der CSU und FDP vorgetragen worden. Im Zuge der einsetzenden Verhandlungen der Agenda 2000 während der Jahre 1997/98 war die Position der Regierung Kohl/Kinkel durch eine unkoordinierte Vielstimmigkeit gekennzeichnet. Landwirtschaftsminister Borchert wandte sich entschieden gegen die Reform der gemeinsamen Agrarpolitik und blockierte damit eine Reform im größten EU-Ausgabenfeld. Vor der Bundestagswahl 1998 wäre eine Agrarreform auch kaum vorstellbar gewesen, da CDU/CSU zu sehr auf die Stimmen der Bevölkerung im ländlichen Raum angewiesen waren. Ihre Reformverweigerung hielt die Regierung Kohl/Kinkel aber kaum davon ab, energisch die Senkung der deutschen Nettobeiträge zum EU-Haushalt zu verlangen. Auch der bayerische Ministerpräsident Edmund Stoiber verlangte eine solche Senkung mit erheblicher Verve.

Die durch den Bundestagswahlkampf 1998 verschobene inhaltliche Auseinandersetzung mit dem Zielkonflikt zwischen Politikreform und EU-Osterweiterung musste damit von der Regierung Schröder/Fischer innerhalb von Tagen nach der gewonnenen Bundestagswahl angegangen werden. Dies war eine enorme Herausforderung für die neue Regierung, welche – wohl durch ihren Mangel an internationaler Erfahrung – ihre Verhandlungsbasis zunächst vollkommen falsch einschätzte. Auf dem Europäischen Rat in Pörtschach am 24. Oktober 1998, also noch vor seiner Wahl zum Bundeskanzler, ließ sich Gerhard Schröder mit den Worten zitieren, die EU-Osterweiterung würde „viel schwieriger und langwieriger", als man bis dato geglaubt habe (dpa 24.10.1998). Die Beitrittsverhandlungen müssten mit Augenmaß geführt werden und dürften keine Illusionen bei den Beitrittskandidaten wecken.

Diese im Rückblick harmlosen Worte führten zu einer tiefen Verunsicherung in manchen Beitrittsländern, in denen nun eine Abkehr von der europapolitischen Verlässlichkeit der Regierung Kohl gefürchtet wurde. Anfang Dezember stellte Schröder die „deutliche" Reduzierung des deutschen Beitrags zum EU-Haushalt als wichtige Priorität der deutschen Ratspräsidentschaft vor. Schröder sagte wörtlich, mehr als die Hälfte der Gelder, „die in Europa verbraten werden, zahlen die Deutschen". Es sei Zeit, die Steuerzahler in der Bundesrepublik zu entlasten. Sein Amtsvorgänger Helmut Kohl habe sich bei den EU-Beitragsverhandlungen „über den Tisch ziehen lassen". Dies sei mit der neuen Bundesregierung nicht mehr zu machen (dpa 8.12.1998).

Auch Außenminister Joschka Fischer stellte Anfang Dezember 1998 im Bundestag klar, dass die neue Bundesregierung bereit sei, nur einen begrenzten Preis für die Verabschiedung der Agenda 2000 und damit die Ermöglichung der EU-Osterweiterung im Finanzrahmen 2000-2006 zu zahlen (FAZ 3.12.1998). Dass ein Junktim zwischen der Lösung der Agenda 2000 und der EU-Osterweiterung herrschte, war dabei klar. Verwunderlich war vielmehr, dass Fischer mit dem Platzen der Agenda 2000 drohte, falls Bonns Partner sich nicht zu einer Einigung über die Agenda 2000 würden durchringen können.

Jeffrey Anderson hat in einem wichtigen Beitrag zwischen konstitutiven und regulativen Elementen der europäischen Politik unterschieden (Anderson 1997). Vertragsveränderungen, neue Projekte wie die Europäische Währungsunion und die Erweiterungen seien von fundamentaler, konstitutiver Natur, so Anderson, während die gemeinsamen Politikbereiche der EU und ihre finanziellen Spielräume als regulative Elemente zu verstehen seien. Für die deutsche Europapolitik identifizierte Anderson eine klare Prioritisierung: Um auf der konstitutiven Ebene Fortschritte zu ermöglichen, sei (West) Deutschland wiederholt dazu bereit gewesen, auf der regulativen Ebene Nachteile hinzunehmen. Als Beispiele mag man die Bedeutung der gemeinsamen Agrarpolitik für die französisch-deutsche Partnerschaft anführen. Aber auch die Finanzpakete Delors I und II, die Ländern wie Spanien, Portugal, Griechenland und Irland über die Regional- und Strukturfonds die Zustimmung zu Binnenmarkt und Währungsunion erleichterten, veranschaulichen die Prioritätensetzung der deutschen Europapolitik.

Das Junktim Fischers kehrte diese typisch deutsche Prioritätensetzung um: Die Senkung des deutschen Finanzbeitrages war wichtiger als das Gelingen der Agenda 2000 und damit das Gelingen der EU-Osterweiterung. Deutschland gab so zu erkennen, dass es die EU-Osterweiterung nicht, wie der Außenminister formulierte „zu jedem Preis" bis 2006 umsetzen wollte.

Diese Prioritätensetzung war für keine deutsche Bundesregierung haltbar, und es war daher auch wenig verwunderlich, dass sie innerhalb weniger Wochen aufgegeben wurde. Denn kein Land in der Europäischen Union konnte so von der EU-Osterweiterung profitieren wie Deutschland – politisch wie wirtschaftlich. Keinem EU-Mitglied war daher so sehr an der Osterweiterung gelegen wie Deutschland, und daher war auch kein EU-Mitgliedsland bereit, den Preis für die Osterweiterung zu bezahlen. Dies traf vor allem für die „Schlüsselländer" bei der Lösung der Agenda 2000 zu: Frankreich, Großbritannien sowie Spanien, Portugal, Griechenland. Dass Frankreich die EU-Osterweiterung in der ersten Hälfte der neunziger Jahre fürchtete wie der Teufel das Weihwasser, war kein Geheimnis. Die französische Unterstützung für das Erweiterungsprojekt nach 1996/97 war der Einsicht in das Notwenige geschuldet, nicht einer ostmitteleuropäischen Herzenswärme. Deutschland wurde in Frankreich als der Nutznießer der Erweiterung gesehen, und es wurde daher auch wie selbstverständlich verlangt, dass Deutschland die Rechnung für die neuen Mitglieder begleiche. In Großbritannien war das Interesse an der Osterweiterung der EU zwar deutlich größer als in Frankreich, aber es war deswegen noch lange kein Thema in Westminster, wegen der historischen Bedeutung des Projektes am britischen Beitragsrabatt rütteln zu lassen. Aus britischer Sicht lag die Begründung für diese Haltung auf der Hand: Keine Reform des Finanzschlüssels ohne eine Reform der gemeinsamen Agrarpolitik. Wenn Deutschland sich mit Frankreich gegen die deutliche Verschlankung der gemeinsamen Agrarpolitik sperrte, dann müsse Deutschland auch in der Lage sein, die Kosten der Übertragung dieser Politik auf die neuen Mitgliedsländer zu tragen. Die Mittelmeerländer schließlich betrachteten die EU-Osterweiterung schon allein aus geographischen Gründen als ein fernes Projekt. In der Sorge, der Beitritt der neuen Mitgliedsländer könnte für sie zu einer niedrigeren Zuwendung an Strukturfonds führen, vermieden sie jegliches Engagement für die Reform der Agrar- und Strukturpolitik.

Die Voraussetzungen für eine harte Verhandlungsstrategie der rot-grünen Bundesregierung waren damit denkbar schlecht. Natürlich konnte man „bluffen" und mit dem

Scheitern der Verhandlungen um die Agenda 2000 drohen. Was aber, wenn die Partner in der EU diesen Bluff durchschauten? Die einzige Konsequenz wäre in einem solchen Fall gewesen, den Mut zu einer Durchsetzung der eigenen Drohungen zu besitzen und die EU-Osterweiterung zu verschieben. Damit wäre eines der drei zentralen Projekte der deutschen Außenpolitik nach der Wiedervereinigung – neben der NATO-Osterweiterung und der Wirtschafts- und Währungsunion – gefährdet worden. Das Vertrauen in die Verlässlichkeit deutscher Außenpolitik und damit die Interessen Deutschlands in Europa hätten unschätzbar gelitten.

Es spricht für die Einsicht der Regierung Schröder/Fischer, dass sie den Pfad des Bluffs schnell verließ. Es mag dabei hilfreich gewesen sein, dass die EU-Ratspräsidentschaft nach dem 1. Januar 1999 für die beteiligten Akteure einen „Crashkurs" in europäischer Verhandlungskunst bedeutete und sie sich dabei des Zielkonflikts, in dem sie sich befanden, schnell bewusst wurden. Und es spricht auch für die Einsicht der Regierung, dass sie in den sauren Apfel biss und die Agenda 2000 trotz einer nur minimalen Verbesserung der deutschen Finanzsituation zu einem guten Ende brachte. Da ein Scheitern der Agenda 2000 eine Osterweiterung bis 2006 verhindert hätte, war der erfolgreiche Verlauf des Europäischen Rats von Berlin die conditio sine qua non der deutschen Erweiterungspolitik.

Die Kompromissfähigkeit, die der Berliner EU-Gipfel der Regierung Schröder/ Fischer abverlangt haben muss, sollte nicht unterschätzt werden. Aus Platzmangel können die einzelnen Verhandlungsergebnisse hier nicht näher untersucht werden. Erinnert werden soll daher nur stichwortartig an die Abkehr von einer Reihe deutscher Vorschläge: Die „Kofinanzierung" der Agrarausgaben (durch nationale Quellen und den EU-Haushalt) wurde verworfen, eine Reform auf dem Milchmarkt wurde bis 2006 verschoben, die Kohäsionsfonds und Strukturfonds wurden über den Finanzierungszeitraum auf insgesamt 210 Mrd. Euro fixiert. Ministerpräsident Aznar hatte sich in Berlin bis fünf Uhr morgens geweigert, den Vorschlag der Präsidentschaft anzunehmen. Präsident Chirac hatte sogar gedroht, ohne ein Ergebnis aus Berlin abzureisen. Dass der EU-Haushalt nach dem Berliner Gipfel das erste Mal seit 12 Jahren nicht weiter anstieg und Haushaltsdisziplin zwischen den Mitgliedsstaaten vereinbart wurde, ist vor diesem Hintergrund ein nennenswerter Erfolg.

Brigid Laffan führt die Konsensfähigkeit der Regierung Schröder/Fischer in Berlin darauf zurück, dass Deutschland in der ersten Hälfte 1999 die EU-Ratspräsidentschaft innegehabt habe: „Die ‚Präsidentschaft kostet', denn wenn man den Verhandlungsvorsitz hat, ist es schwieriger, eigene nationale Präferenzen zu verfolgen, welche von anderen Mitgliedsstaaten nicht anerkannt werden" (Laffan 2000:20). Dies ist zweifelsohne richtig und gilt mit Sicherheit auch für andere Präsidentschaften. Es bleibt aber zu bezweifeln, ob Deutschland ein besseres Verhandlungsergebnis hätte erreichen können, wenn es die Präsidentschaft nicht innegehabt hätte. Die oben erläuterte Logik deutscher Interessen im Beziehungsgeflecht der Interessen anderer Mitgliedstaaten weist eindeutig darauf hin, dass die Bundesregierung keine andere Wahl hatte, als sich den Wünschen der Partnerländer zu fügen. Ein vollkommen übernächtigter Joschka Fischer sagte in der Aussprache des Bundestages am Tag nach dem Berliner Gipfel, ihm sei in der Nacht zum ersten Mal wirklich klar geworden, „[...] dass dieses Europa mit Horrido auseinanderfliegt, wenn unser Land die europäische Führungsaufgabe nicht wahrnimmt" (Deutscher Bundestag 26.3.1999).

Die Entscheidung von Berlin war eine Grundsatzentscheidung. Wann die EU-Erweiterung stattfinden sollte, wie viele Staaten die erste Erweiterungsrunde umfassen sollte und welche Länder in den Genuss welcher Ausgaben kommen sollten, war im Frühjahr 2000 jedoch noch vollkommen unklar.

Die Freizügigkeit auf dem Arbeitsmarkt

Die Sorge, der EU-Beitritt einer Reihe von Ländern mit niedrigem Pro-Kopf-Einkommen könnte zu einer Arbeitskraftmigration nach Deutschland führen, war in der deutschen Öffentlichkeit im Vorfeld der EU-Osterweiterung groß. Schon vor der Bundestagswahl 1998 hatten die beiden Volksparteien lange Übergangsregelungen auf dem Arbeitsmarkt gefordert, um den deutschen Arbeitsmarkt vor Überlastungen zu schützen. Die hierbei aufgegriffenen Ängste verdichteten sich nach der Bundestagswahl und während des Jahres 2000. Weitgehend unberücksichtigt blieben die Zweifel von Wirtschaftswissenschaftlern, ob die Sogwirkung des deutschen Arbeitsmarktes allein über die Unterschiede im Pro-Kopf-Einkommen und die Stärke der Deutschen Mark nach Kaufkraftparitäten zu beurteilen sei. Vielmehr hoben die meisten Experten hervor, dass Migration nicht allein ein wirtschaftliches, sondern vor allem auch ein kulturelles Phänomen sei (Brücker/Trübswetter/Weise 2000). Die Zuwanderung aus Mittel- und Osteuropa könne daher nicht allein nach ökonometrischen Methoden berechnet werden, sondern hänge von der Entwicklung in den Beitrittsländern ab. Andere Beobachter unterstrichen auch das Interesse, dass Deutschland aufgrund seiner demographischen Situation und den Verkrustungen seines Arbeitsmarktes an der Zuwanderung qualifizierter Arbeitnehmer aus den Beitrittsländern habe (Freudenstein/Tewes 2001).
Vor allem die deutschen Gewerkschaften forderten lange Übergangsfristen bei der Freizügigkeit. Ein hoher Gewerkschaftsfunktionär im DGB kleidete den Standpunkt des DGB im Sommer 2000 in die Worte, die grundsätzlich positive Haltung der deutschen Gewerkschaften zur EU-Osterweiterung sei „kaum das Ergebnis einer Urabstimmung gewesen" (im Gespräch mit dem Autor). Daher müsse man ein Entgegenkommen der Bundesregierung erwarten dürfen. Die von Bundeskanzler Schröder im Dezember 2000 erhobene Forderung nach einer Übergangsfrist von bis zu sieben Jahren hatte daher wohl auch hauptsächlich eine innenpolitische Bedeutung (Bundesregierung 2000). So schrieb Daniel Brössler in der Süddeutschen Zeitung denn auch zutreffend, die Übergangsfristen seien wohl nicht dazu da, die deutschen Arbeitnehmer vor der EU-Osterweiterung zu schützen, sondern die EU-Osterweiterung vor den deutschen Arbeitnehmern (Süddeutsche Zeitung 20.1.2001).
Die Regelung der Freizügigkeit ist ein anschauliches Beispiel für zwei Grundmerkmale der Erweiterungspolitik der Regierung Schröder/Fischer: Zum einen weist sie darauf hin, dass Europapolitik keine Außenpolitik im traditionellen Sinne ist, sondern einen hohen Abhängigkeitsgrad von innenpolitischen Interessen aufweist. Es wäre nach einer übergeordneten Definition der europapolitischen Interessen natürlich sinnvoll gewesen, den Binnenmarkt mit seinen vier Freiheiten nicht einzuschränken. Eine solche Haltung hätte aber gleichzeitig aus der EU-Osterweiterung ein wirkliches Politikum gemacht, mit allen negativen Konsequenzen parteipolitischer Polemik und medialer Verzerrung. Durch die strikte Haltung Gerhard Schröders wurde die EU-Osterweiterung in der öffentlichen Debatte in Deutschland nie zu einem Politikum. Zum anderen erlaubt die Regelung der Freizügigkeit dem Beobachter Rückschlüsse auf den Zusammenhang zwischen deutschen Wünschen und der Verhandlungsposition der EU. Grund-

sätzlich war die Europäische Kommission mit der Verhandlungsführung der Europäischen Union beauftragt. Sie brauchte für jedes Kapitel allerdings ein Mandat des Ministerrats. Hier lag der Entscheidungsspielraum für die nationale Politik. Wiederholt war Deutschland als Nachbarland zweier Beitrittsländer besonders betroffen und vertrat daher bei der Festlegung der EU-Position besonders pointierte Positionen. Dies war neben der Freizügigkeit zum Beispiel beim Kapitel „Steuern" der Fall. Dass deutsche Interessen sowohl während und auch nach den Verhandlungen mit einer neuen Deutlichkeit vorgetragen wurden, war dabei sicherlich ein besonderes Merkmal der Regierung Schröder/Fischer. In der Bundestagsdebatte zum Europäischen Rat in Kopenhagen bekannte sich Gerhard Schröder dazu eindeutig: „Es war diese Bundesregierung, die eine siebenjährige Übergangsfrist bei der Arbeitnehmerfreizügigkeit durchgesetzt hat" (Deutscher Bundestag 19.12.2002).

Der Abschluss der Verhandlungen

Nach langen technischen Verhandlungen kehrte die EU-Osterweiterung erst zu Beginn des Jahres 2002 auf die Tagesordnung der deutschen Politik zurück. Anlass war die Veröffentlichung der Vorstellungen der EU-Kommission zur Finanzierung der Erweiterung Ende Januar. Schon im Vorfeld wurden die Meinungsunterschiede zwischen Brüssel und Berlin sehr deutlich. Der Aufhänger des Streits war die Interpretation der Agenda 2000, welche von den ersten Beitritten für das Jahr 2002 ausgegangen war. Da die Beitritte nun erst für 2004 geplant wurden, stellte sich den Haushältern zum einen die Frage, was mit den in der Agenda 2000 gekennzeichneten Geldern für die Jahre 2002 und 2003 geschehen würde, und zum zweiten, wie hoch die Einstiegssumme im Jahr 2004 zu liegen habe. Das Finanzministerium in Berlin forderte wegen der knappen Kassen in Deutschland, die für 2002 und 2003 geplanten Summen in den nationalen Haushalten zu belassen und gleichzeitig für 2004 die ursprünglich für 2002 vorgesehene Einstiegssumme anzusetzen. Die EU-Kommission stimmte dem Bundesfinanzministerium zwar in der ersten Forderung zu, entschied sich aber in den eigenen Planungen, die der Agenda 2000 den Jahren 2004-2006 entsprechende Summe von 42,5 Milliarden Euro anzusetzen. Insgesamt betrug der Unterschied zwischen den Kalkulationen der Bundesregierung und der Europäischen Kommission zu diesem Zeitpunkt etwa 15,5 Milliarden Euro.

Neben dieser Forderung des Bundesfinanzministeriums betraf eine zweite Forderung der Bundesregierung die Direktbeihilfen an die Landwirte der Beitrittsländer. Diese, so die Position Berlins, seien nicht in der Agenda 2000 berücksichtigt gewesen und könnten daher auch nicht ohne weiteres auf die neuen Länder ausgedehnt werden. Dies sei auch deswegen gerechtfertigt, weil die Direktzahlungen 1992 eingeführt worden seien, um die Senkung der Stützpreise in der EU für die betroffenen Landwirte auszugleichen. Die Landwirte in den EU-Beitrittsländern seien von diesen Senkungen nicht betroffen gewesen und hätten daher auf die Ausgleichszahlungen keinen Anspruch. Im Übrigen, so die in Berlin verbreitete Meinung, läge das Preisniveau für alle landwirtschaftlichen Produkte in der EU höher als in den Beitrittsländern. Daher kämen die Landwirte in den Beitrittsländern ohnehin in den Genuss höherer Einkommen, ohne auf die Direktbeihilfen aus Brüssel angewiesen zu sein. Schließlich wurde angeführt, dass großzügige Direktbeihilfen den dringend notwendigen Strukturwandel in der landwirtschaftlichen Struktur der Beitrittsländer, vor allem Polens, behinderten.

Es ist bemerkenswert, dass es sich bei dieser Position der Bundesregierung offenbar um das Ergebnis einer Ressortabstimmung zwischen Kanzleramtsminister Steinmeier, Außenminister Fischer, Verbraucherschutzministerin Künast und Finanzminister Eichel gehandelt hat (Handelsblatt 5.2.2002). Im Gegensatz zu früheren Finanzierungsfragen lagen damit das Bundesministerium der Finanzen und das Bundesministerium für Wirtschaft nicht im Konflikt mit dem Auswärtigen Amt, welches traditionell dazu neigt, den Konsens mit den europäischen Partnern höher zu bewerten als Einsparungen bei den deutschen Beitragszahlungen. Dieser interministerielle Konsens belegt, wie schwierig die finanzielle Situation der öffentlichen Hand in Deutschland schon zu Beginn des Jahres 2002 eingeschätzt wurde. Die wirtschaftlichen Schwierigkeiten in Deutschland mit anhaltend hoher Arbeitslosigkeit, niedrigen Steuereinnahmen und der zunehmenden Verwendung von Steuergeldern zur Sicherung der Sozialsysteme waren zu einer bestimmenden Größe deutscher Europapolitik geworden.

Es waren vor allem diese finanziellen Sorgen, die die Regierung Schröder/Fischer schließlich bewogen, eine Reform der gemeinsamen EU-Agrarpolitik schon vor 2006, zu fordern. Man kann die Frage stellen, ob dies einer Revision der Bestimmungen der Agenda 2000 gleichkam. Die Bundesregierung konnte zwar anführen, dass die Berliner Bestimmungen auch die Verpflichtung beinhalteten, die Agrarpolitik im Sommer 2002 einer Halbzeitbewertung zu unterziehen. Dies schien umso wichtiger, als die Kommission mit dem Gedanken zu spielen schien, die in der Agenda 2000 nicht vorgesehenen Direktbeihilfen für die Landwirte schon im Finanzierungszeitraum bis 2006 zumindest zum Teil auf die neuen Mitgliedsländer auszuweiten. Auf der anderen Seite jedoch griff die Argumentation der Bundesregierung zu kurz. Eine „Verpflichtung zur Bewertung" beinhaltete nicht die „Verpflichtung zur Reform". Außerdem gab es keinen Beschluss in der Agenda 2000, der explizit bestimmte, dass die Direktbeihilfen nicht auf die neuen Mitgliedsländer übertragen werden sollten.

Die Regierung Schröder/Fischer fürchtete offensichtlich, nach der Erweiterung in einem Kreis von dann 25 Staaten mit hohen finanziellen Forderungen belastet zu werden. Eine schnelle Agrarreform hätte den Vorteil, dass die neuen EU-Mitglieder nach ihrem EU-Beitritt vor vollendete Tatsachen gestellt würden. Natürlich wurde in Berlin auch die bevorstehende Liberalisierung der Agrarmärkte durch die 2003 anstehenden WTO-Verhandlungen als Argument für die Dringlichkeit einer Agrarreform angeführt. Deutschland wurde in seinem Bestreben von Schweden, Großbritannien und Dänemark unterstützt, von der EU-Kommission aber mit Kritik bedacht, denn die erneute Verknüpfung der Themenfelder „Politikreform" und „Osterweiterung" ließ für den eng gefassten Zeitplan der von der Kommission geführten Verhandlungen nichts Gutes erwarten.

Es ist im Nachhinein erstaunlich, wie unbeeindruckt die Europäische Kommission gegenüber den deutschen Wünschen blieb (Europäische Kommission 2002). Der Anfang Februar verabschiedete Vorschlag der Kommission sah – entgegen dem expliziten deutschen Wunsch – den Einstieg in die Direktbeihilfen für die Landwirte in den neuen Mitgliedsländern für 2004 vor, wenn auch auf einem Niveau von 25%, welches 2005 auf 30% und 2006 auf 35% angehoben werden sollte. Erst im Jahre 2013 sollten dann die Beitrittsländer die gleiche Höhe der Direktzahlungen erhalten wie die alten EU-Mitgliedsländer. Für die Beitrittskandidaten, vor allem für Polen mit seinem großen landwirtschaftlichen Sektor, waren diese Bedingungen zwar immer noch eine „Diskriminierung", welche auf eine „Mitgliedschaft zweiter Klasse hindeutete". Wichtig scheint aber festzuhalten, dass das Angebot der Kommission weit über das hinausging, was die Regierung Schröder/Fischer angeboten hätte. Die Kommission hatte zu diesem Zeitpunkt längst ihre klassische Rolle als Vermittler nationalstaatlicher Interessen eingenommen. Sie unterstützte durch ihren Vorschlag in einem politischen Sinne die Anliegen der Beitrittsländer, obschon sie diese rein rechtlich gesehen noch nicht vertrat.

Nach dem Rat der Außenminister in Carceres am 8. Februar 2002 lautete die deutsche Haltung daher wie folgt: Die Finanzplanung der Kommission weiche von der Agenda 2000 ab und sei mithin unannehmbar, die sachlichen Argumente gegen die Ausweitung der Direktbeihilfen im Finanzierungszeitraum 2000-2006 seien eindeutig, eine Agrarreform für die Zeit nach 2006 müsse noch 2003 auf den Weg gebracht werden. An dieser Haltung der Bundesregierung änderte sich bis Ende Juni nichts.

Im Vorfeld des Europäischen Rates von Sevilla war die Strategie der Bundesregierung dann darauf ausgerichtet, eine gemeinsame Verhandlungsposition der EU zu verhindern, wenn sich die Mitgliedsstaaten nicht zuvor verbindlich auf eine Agrarreform verständigt hätten. Die Argumente, die hierbei vorgetragen wurden, waren seit Februar jedoch unverändert geblieben. Besonders eine faktische Festlegung der Agrarausgaben bis 2013 stieß in Berlin auf Bedenken. Für den Zeitraum 2007 bis 2013, so Staatssekretär Pleuger, „gibt es Szenarien, die für die großen Nettozahler nicht akzeptabel sind" (FAZ 11.6.2002).

Obschon sich die Bundesregierung immer wieder bemühte, ihre Reformanstrengungen innerhalb der EU nicht als zusätzliche Beitrittshürde verstanden zu wissen, bestanden im Juni doch erhebliche Zweifel, ob die Verhandlungen angesichts des Streits innerhalb der EU bis Ende 2002 abgeschlossen werden könnten. Das Handelsblatt konstatierte daraufhin kritisch: „Berlin verlangt eine langfristige Zusage, dass die Subventionen heruntergefahren werden, was im Prinzip verständlich ist. Die Bundesregierung verhält sich aber derart stur, dass der gesamte Zeitplan der EU-Erweiterung durcheinander geraten könnte. Damit brüskiert Berlin alle Beteiligten – die Beitrittskandidaten, die Brüsseler EU-Kommission und ganz besonders die spanische Ratspräsidentschaft" (Handelsblatt 13.6.2002).

Es war Bundeskanzler Schröder selbst, der die Rolle des Fuchses im Hühnerstall übernahm und die deutsche Verhandlungsposition vor dem Europäischen Rat in Sevilla noch einmal zuspitzte. In einem Namensartikel mit dem Titel „Neue Direktbeihilfen sind für Deutschland zu teuer!" bekräftige Schröder zwar ausdrücklich seinen Willen, bis zum Jahresende 2002 den Abschluss der Verhandlungen herbeizuführen. Das Verhandlungsergebnis dürfe aber eigentlich keine Direktbeihilfen enthalten, da diese in der Agenda 2000 von Berlin nicht enthalten seien. Schröder rechnete vor, die Übertragung einer nicht-reformierten Agrarpolitik auf die EU von 25 Mitgliedsländern würde zu jährlichen Mehrausgaben von acht Milliarden Euro führen, von denen zwei Mrd. Euro nach dem gegenwärtigen Finanzierungsschlüssel von Deutschland zu tragen seien. „Dem", so Schröder, „können wir nicht zustimmen, selbst wenn wir es wollten. Hans Eichel steht bei seinen Kollegen im Wort, bis zum Jahr 2004 einen ausgeglichenen Haushalt zu erreichen. Gleichzeitig drängt Brüssel, wir sollen unsere Ausgaben für Entwicklungshilfe, Forschung und Verteidigung weiter erhöhen. Auch wenn viele es noch nicht glauben mögen: Die Grenze der finanziellen Belastbarkeit Deutschlands ist erreicht" (FAZ 16.6.2002).

Das Kompromissangebot, auf das die Bundesregierung damit zusteuerte, lautet „kein phasing-in ohne phasing-out". Der Einstieg in die Direktbeihilfen für die Beitrittsländer sollte also mit einer Senkung der Direktbeihilfen in den alten EU-Mitglieds-ländern einhergehen. Dies war das deutsche Junktim.

Wiederum war die EU-Kommission gegenüber den Wünschen Schröders resistent. Sowohl der Meinung Schröders, die Direktbeihilfen seien kein Teil des acquis communautaire, wie auch der Lesart der Bundesregierung, eine Übertragung der Direktbeihilfen sei schon deswegen fragwürdig, weil sie in den Berliner Beschlüssen vom März 1999 nicht enthalten gewesen sein, wurde widersprochen. In der Kommission befürchtete man eine weitere Verzögerung der Beitrittsverhandlungen. In der Vorlage für den Europäischen Rat von Sevilla wurden deshalb die Direktbeihilfen als Teil des acquis communautaire ausgewiesen, auch wenn ihre Übertragung auf die Beitrittsländer in den Berliner Beschlüssen nicht vorgesehen worden war. In Sevilla war eine Lösung des Streits um die Agrarpolitik schon deshalb unwahrscheinlich, da die anderen Mitgliedsstaaten zunächst die Reformüberlegungen der EU-Kommission zur Agrarpolitik, den „Mid-term Review", abwarten wollten. Auch die Tatsache, dass in Deutschland Bundestagswahlen ins Haus standen, trug nicht zu einer Beschleunigung des Reformtempos bei. Denn der Kanzlerkandidat von CDU/CSU, Edmund Stoiber, hatte sich für eine Verschiebung der Reformdebatte bis 2005/2006 ausgesprochen. Sevilla wurde daher für den weiteren Verlauf der EU-Erweiterung ein „non-event". Wie verhärtet die Fronten in der Auseinandersetzung – vor allem zwischen Deutschland und Frankreich – waren, wird auch dadurch belegt, dass man bereits vor Sevilla mit der Einberufung eines Sondergipfels für Anfang November rechnete. Dieser sollte in der kurzen Zeit zwischen den Bundestagswahlen in Deutschland am 22. September 2002 und dem Abschluss der Verhandlungen zum Kopenhagener Gipfel am 12./13. Dezember 2002 den Handlungsdruck auf alle Beteiligten erhöhen.

Zu einem Sondergipfel Anfang November 2002 kam es schließlich nicht, auch wenn sich die Fronten im Streit um die Agrarpolitik im Juli noch einmal verhärteten. Der neue französische Landwirtschaftsminister Gaymard lehnte eine Agrarreform strikt ab und meldete gleichzeitig Kontinuitätsansprüche für die Gestaltung der Agrarpolitik nach 2006 an. Die Regierung Schröder/Fischer hingegen ließ in einem Positionspapier keinen Zweifel daran, dass sie das „phasing-out" in den Direktbeihilfen noch für den Finanzierungszeitraum 2000-2006 erwartete (FAZ 27.6.2002, FAZ 11.7.2002). Dies waren auch die Positionen der beiden Regierungen zu den Vorschlägen der EU-Kommission zur Zukunft der Agrarpolitik, obschon in Berlin zumindest Verbraucher-schutzministerin Künast den Vorschlägen viel Gutes abgewinnen konnte. Die Verhand-lungsposition der Bundesregierung bestimmte sie aber nicht, sie wurde vom Bundes-kanzler selbst festgelegt (Die Welt 11.7.2002).

Nach der Bundestagswahl war es sicherlich auch der eingespielten Maschinerie der deutsch-französischen Beziehungen zu verdanken, dass die unterschiedlichen Positio-nen noch vor dem Gipfel in Brüssel am 25./26. Oktober 2002 beigelegt werden konnten. Dazu waren am 14. und 24. Oktober zwei persönliche Gespräche zwischen Bundeskanzler Schröder und Präsident Chirac nötig. Der Kompromiss, den sie dabei erarbeiteten, scheint im Nachhinein erstaunlich einfach: Die Agrarausgaben werden auf dem Niveau von 40 Milliarden Euro jährlich stabilisiert, gleichzeitig aber um einen Inflationsausgleich von 1,5% pro Jahr angehoben. Der sich hieraus ergebende jährliche „Zuwachs" von 600 Millionen Euro pro Jahr wird den Landwirten in den neuen Mit-gliedsländer zugute kommen. Die Agrarsubventionen in den alten Mitgliedsländern müssten damit zurückgefahren werden, allerdings in einem viel geringeren Ausmaß, als die Regierung Schröder/Fischer gefordert hatte.

Der Kompromiss zwischen Schröder und Chirac machte den Weg für die EU-Osterweiterung frei. Die Verhandlungen auf dem Kopenhagener Gipfel im Dezember 2002, in denen vor allem Polen eine Reihe von Verhandlungserfolgen zu erzielen schien, waren für die Beitrittsländer zwar erfreulich, waren aber auch dazu gedacht, den Regierungen der Beitrittsländer, die zu Hause allesamt Referenden vor sich hatten, einige Erfolgserlebnisse zu gönnen. Die eine Milliarde Euro, die Bundeskanzler Schröder am Nachmittag des 12. Dezember „in letzter Minute" für Polen fand, war schließlich keine Mehrbelastung für den deutschen Bundeshaushalt, sondern lediglich eine Umschichtung aus dem EU-Haushalt von 2007-2013. Dies soll nicht in Abrede stellen, dass das Ergebnis von Kopenhagen, von Deutschland mitgestaltet, auch ein deutscher Erfolg war.

Schlussbetrachtung

Die Erweiterungspolitik der Regierung Schröder/Fischer war von einem Zielkonflikt zwischen der Osterweiterung und der Reform einiger EU-Aufgabenfelder, insbesondere der Gemeinsamen Agrarpolitik, geprägt. Es war ein großer Verdienst der Regierung, dass sie innerhalb dieses Zielkonfliktes die Osterweiterung in letzter Konsequenz höher bewertete als die Senkung der deutschen Nettozahlungen an den EU-Haushalt. Sie bewies damit historisches Gespür und stellte die Weichen für ein Projekt, welches dem Europa der Zukunft mehr Sicherheit und Wohlstand bringen wird.

Hat die Regierung Schröder/Fischer ihre Forderungen zur Finanzierung der Osterweiterung durchsetzen können? Diese waren im Februar 2002 wie folgt: Erstens, die Höhe für den Einstieg in die Finanzierung der Erweiterung wird an dem Schlüssel für 2002 ausgerichtet, welches in der Agenda 2000 als erstes Beitrittsjahr festgelegt worden war. Zweitens, die Direktbeihilfen sind kein Bestandteil des acquis communautaire und werden damit auf die Beitrittsländer nicht vor 2006 übertragen. Drittens, die Höhe des Gesamtpakets für den Finanzierungszeitraum 2004-2006 beträgt etwa 27 Milliarden Euro. Viertens, nachdem diese Forderungen von der EU-Kommission, sowie Frankreich und den „Südländern" noch im Februar abgelehnt worden waren, erhob Deutschland im Juni die Forderung, kein „phasing-in ohne phasing-out" zuzulassen. Diese Forderung war explizit auf den Finanzierungszeitraum bis 2006 bezogen. Neben den anderen Forderungen wurde auch diese Verhandlungsposition im Herbst 2002 aufgegeben.

Was schließlich von den deutschen Forderungen übrig blieb, war die Begrenzung – nicht die Senkung – der Agrarausgaben für die Zeit nach 2006. Dies war gewiss nicht wenig und man sollte daher nicht zu dem Schluss kommen, die Bundesregierung sei in der Finanzierungsfrage vollends gescheitert. Gemessen an ihren eigenen Forderungen aber – Forderungen, die mit erheblicher Verve und beträchtlichen europapolitischen Reibungseffekten über einen langen Zeitraum vorgetragen worden waren – war das Ergebnis für Deutschland ausgesprochen bescheiden.

Zwei Beobachtungen bezüglich der Verhandlungsposition und -strategie können wir zusammenfassen. Erstens: Die Beitrittsländer waren sowohl während der Agenda 2000 als auch in der Schlussphase der Beitrittsverhandlungen eher Objekt als Subjekt der deutschen Erweiterungspolitik. Die Berliner Erweiterungspolitik fand in Brüssel statt, nicht in Warschau, Prag oder Tallinn. Dabei soll nicht in Abrede gestellt werden, dass der Bundeskanzler ebenso wie sein Außenminister bemüht waren, die Bedeutung der Beitrittsländer für Deutschland zu unterstreichen. Gerhard Schröder zum Beispiel reiste unmittelbar vor dem Europäischen Rat in Nizza und unmittelbar nach dem Europäischen Rat in Kopenhagen nach Warschau. Der Regierung Schröder/Fischer daher pauschal ein „geringes Engagement nach Osten" zu unterstellen, wie Christian Hacke es tat, ist ungerechtfertigt. Auch die Feststellung, dass „der Außenminister Mittel- und Osteuropa zu vernachlässigen scheint", ist so nicht haltbar (Hacke 2002:9). Joschka Fischer gilt in Teilen Ostmitteleuropas als der Garant deutscher Glaubwürdigkeit in Europa. Die Gesten Fischers und Schröders gegenüber den Beitrittsstaaten waren wichtig. Sie halfen, dem Gefühl der Unsicherheit über den Verlauf der Erweiterungsverhandlungen zumindest zum Teil entgegenzutreten. An der Verhandlungsposition der Bundesregierung änderten diese Treffen aber nichts.

Zweitens: Die Bundesregierung positionierte sich in ihrem Zielkonflikt in letzter Konsequenz auf der Seite der Osterweiterung, ließ aber nichts unversucht, um ihr Ziel der Reform einzelner EU-Politiken ebenfalls zu erreichen. Warum lehnte die Regierung Schröder/Fischer sich immer wieder mit Forderungen weit aus dem Fenster und war in letzter Konsequenz doch kompromissbereit? Eine Antwort auf diese Frage ist in der angespannten Lage des bundesdeutschen Haushalts zu suchen, welche zunehmend zu einer Bestimmungsgröße der deutschen Europapolitik zu werden scheint. Finanzinteressen werden von allen EU-Partnern mit härtesten Bandagen vertreten; vielleicht spiegelte die Bundesregierung mit ihren Forderungen eine Haltung wider, die in der EU insgesamt Überhand nimmt.

Letztendlich führt aber nichts an der Feststellung vorbei, dass die deutsche Politik auch von einer Fehlkalkulation geprägt war. Deutschland hatte nie den Mut, seine eigenen Drohungen wahr zu machen; dies wurde von den Partnern erkannt. Die anderen EU-Mitgliedsländer schienen die deutschen Interessen an der EU-Osterweiterung ebenso genau bewerten zu können wie die deutschen Bluffs während der Verhandlungen. Unter dem Strich blieb also wenig für Berlin. Diese Bewertung ist keine Kritik an der Prioritätensetzung der Bundesregierung, denn sie entschied sich eindeutig zugunsten der EU-Osterweiterung. Ob es aber nötig war, die Abschlussphase der Erweiterungsverhandlungen mit einem solchen Streit zu belasten, bleibe dahingestellt.

Literaturverzeichnis

Anderson, Jeffrey J. (1997): Hard interests, soft power, and Germany's changing role in Europe, in: Katzenstein, Peter (Hrsg.): Tamed Power. Germany in Europe, Ithaca/NY/London, S. 49-79.

Brücker, Herbert/ Trübswetter, Parvati/ Weise, Christian (2000): EU-Osterweiterung. Keine massive Zuwanderung zu erwarten, DIW-Wochenbericht 21, Berlin.

Die Welt (11.7.2002): EU-Agrarpläne spalten die Berliner Koalition.

Deutscher Bundestag (26.3.1999): Plenarprotokoll.

Deutscher Bundestag (19.12.2002): Plenarprotokoll.

dpa (24.10.1998): EU-Gipfel: Schröder mahnt europäische Koordinierung der Wirtschaftspolitik an.

dpa (8.12.1998): Schröder: Niedriger EU-Beitrag soll deutsche Steuerzahler entlasten.

Europäische Kommission (2002): Mitteilung der Kommission. Informationsvermerk, Gemeinsamer Finanzrahmen 2004-2006 für die Beitrittsverhandlungen, Brüssel.

Frankfurter Allgemeine Sonntagszeitung (16.6.2002): Neue Direktbeihilfen sind für Deutschland zu teuer.

Frankfurter Allgemeine Zeitung (3.12.1998): Bundesregierung: Keine EU-Erweiterung ohne Finanzreform.

Frankfurter Allgemeine Zeitung (11.6.2002): Zeitplan für EU-Erweiterung in Gefahr.

Frankfurter Allgemeine Zeitung (27.6.2002): Frankreich lehnt Agrarreform strikt ab.

Frankfurter Allgemeine Zeitung (11.7.2002): Berlin beharrt im EU-Agrarstreit auf Spielräumen für die Erweiterung.

Freudenstein, Roland/ Tewes, Henning (2001): Die EU-Osterweiterung und der deutsche Arbeitsmarkt, Arbeitspapier der Konrad-Adenauer-Stiftung, H. 22, unter: http://www.kas.de/db_files/dokumente/arbeitspapiere/7_dokument_dok_pdf_36.pdf [25.1.2003].

Hacke, Christian (2002): Die Außenpolitik der Regierung Schröder/Fischer. Zwischenbilanz und Perspektiven, in: Aus Politik und Zeitgeschichte, B 48, S. 7-15.

Handelsblatt (5.2.2002): Berlin gegen schnelle Agrar-Hilfen für Beitrittsländer.

Handelsblatt (6.2.2002): Berlin will EU-Agrarreform rasch festzurren.

Handelsblatt (13.6.2002): Schröders Eskapaden irritieren Europa.

Laffan, Brigid (2000): The Agenda 2000 Negotiations. La Presidence coute cher?, in: German Politics, 9/3, S. 1-22.

Schröder, Gerhard (2000): Rede auf der Regionalkonferenz Oberpfalz am 18.12.2000 in Weiden, unter: http://www.bundesregierung.de/Nachrichten/Reden-,436.26831/Rede-von-Bundeskanzler-Gerhard.htm [20.1.2003].

Süddeutsche Zeitung (20.1.2001): Europa im Übergang.

Deutsch-französische Beziehungen. Vier lange Jahre Lernen

Christoph Neßhöver[1]

Die Beziehungen zu Frankreich gehören zu denjenigen Feldern der Außenpolitik, auf denen sich die rot-grüne Koalition in ihrer ersten Legislaturperiode besonders schwer tat, auf dem sie aber zum Ende ihres ersten und zu Beginn ihres zweiten Mandats auch eine beachtliche Lernfähigkeit bewies. Im Kern bestand dieses Lernen in einer Rückbesinnung auf zwei der Grundkonstanten der bundesdeutschen Außenpolitik: Ohne enge Abstimmung mit Frankreich droht der europäischen Integration als zentralem Interesse Deutschlands der Stillstand. Und ohne den notwendigen Gleichschritt mit Paris bleibt der außenpolitische Gestaltungsspielraum der „Berliner Republik" so gering wie der ihrer Bonner Vorgängerin. Diese Lerneffekte bescherten den ersten Monaten der zweiten Regierungsperiode von Bundeskanzler Gerhard Schröder und Außenminister Joschka Fischer einen Aufschwung in den deutsch-französischen Beziehungen, den mancher kaum noch für möglich gehalten hatte.[2] Ob die neue Dynamik von Dauer ist und ihr auch in einer EU mit 25 Mitgliedern so viel Gefolgschaft zu Teil wird wie in der Sechser- oder Fünfzehner-Gemeinschaft, ist eine zentrale Herausforderung für die Außenpolitik von Rot-Grün in den kommenden Jahren.

Für ihren Weg bis hin zu einer neuen bilateralen Dynamik haben Deutsche – und auch Franzosen – einen langen Anlauf gebraucht. Welchen weiten Weg das deutsch-französische „Tandem für Europa" zwischen Oktober 1998 und Januar 2003 zurück gelegt hat, zeigt ein kurzer Blick zurück auf drei Etappen der deutsch-französischen Beziehungen in diesen vier Jahren und vier Monaten.

Im März 1999 lud die frisch installierte rot-grüne Bundesregierung als EU-Präsidentin zum europäischen Gipfel nach Berlin. Auf der Tagesordnung stand der Finanzrahmen der EU bis 2006, besonders die Landwirtschafts- und Strukturpolitik. Provoziert durch Wahlkampfäußerungen Bundeskanzler Schröders und entsprechende Passagen im ersten rot-grünen Koalitionsvertrag, nach denen die neue Bundesregierung die Nettozahlerposition Deutschlands in der EU zu reduzieren wünschte (Janning 1999: 326f), rang Frankreichs Präsident Jacques Chirac den auf EU-Parkett unerfahrenen Gipfelvorsitzenden Schröder beim Streit um Agrarsubventionen und Milchquoten nieder. Erstmals seit Jahrzehnten gab es im deutsch-französischen Verhältnis wieder „Sieger" und „Besiegte".

Auf dem EU-Gipfel von Nizza im Dezember 2000 nahm der Verlierer von Berlin Revanche. Schröder, der zu seinem Amtsantritt eine von den Belastungen der deutschen Geschichte unbelastetere, selbstbewusstere Außenpolitik angekündigt hatte, trotzte Chirac ab, dass Deutschland – durch die Einbeziehung eines demographischen Faktors in das Abstimmungsverfahren im Ministerrat – erstmals in der Geschichte der europäischen Integration de facto ein höheres Stimmengewicht in der EU zufällt als Frank-

---

1   Ich danke Crister S. Garrett und Henrik Uterwedde für ihre wertvollen Verbesserungsvorschläge.
2   So erklärte ein französischer Spitzendiplomat das deutsch-französische Paar in einem vertraulichen Gespräch mit einer Pariser Tageszeitung im Februar 2001 schlicht für „tot" (Le Figaro 21.2.2002). Dem Vernehmen nach handelte es sich um Außenminister Hubert Védrine selbst.

reich. Für ihren Hahnenkampf nahmen Schröder und Chirac sogar das Risiko in Kauf, den ganzen Gipfel scheitern zu lassen. Nizza wurde zum absoluten Tiefpunkt der deutsch-französischen Beziehungen – und das nicht nur in den vier ersten Amtsjahren Schröders. Auch zwischen Bundeskanzler Ludwig Erhard und Präsident Charles de Gaulle Mitte der sechziger Jahre und zwischen Bundeskanzler Willy Brandt und Präsident Georges Pompidou in den frühen siebziger Jahren gab es zahlreiche Momente bilateraler Spannungen. Aber in den 40 Jahren, seit Bundeskanzler Konrad Adenauer und de Gaulle am 22. Januar 1963 mit der Unterzeichnung des Elysée-Vertrages die beispielhafte Versöhnung zweier ehemaliger Erzfeinde begründeten, gab es keinen Moment von so tiefer deutsch-französischer Verstimmung und Entfremdung. Anders als ihre Vorgänger schienen Schröder und Chirac nicht mehr willens oder fähig, das bis dato so erfolgreiche deutsch-französische Paar am Leben zu erhalten, das über alle inhaltlichen Differenzen hinweg immer wieder aufs Neue zusammenfand, um die europäische Integration kreativ voranzutreiben.

Doch Bundeskanzler und Staatspräsident erinnerten sich ihrer politischen Ahnen. Knapp zwei Jahre nach dem missratenen Gipfel von Nizza und nur Wochen nach dem zweiten Wahlsieg von Rot-Grün fanden Schröder und Chirac zur traditionellen deutsch-französischen Motorenrolle für Europa zurück. Nur Stunden vor dem Brüsseler EU-Gipfel am 25. Oktober 2002 einigten sie sich auf einen Finanzrahmen für die Gemeinsame Agrarpolitik (GAP) bis zum Jahre 2013. Zuvor hatten sie Monate lang den Anschein erweckt, stur auf ihren Positionen zu beharren: Deutschland drängte auf ein Abschmelzen der Agrarsubventionen von mehr als 40 Milliarden Euro pro Jahr, um die Kosten der EU-Osterweiterung für die Bundeskasse zu begrenzen; dem widersetzte sich Frankreich entschieden. Bei einem Mini-Gipfel in einem Brüsseler Hotel verständigten sich Schröder und Chirac darauf, die Direktbeihilfen für Europas Bauern zwischen 2007 und 2013 zu deckeln. So konnten beide daheim einen Erfolg melden: Schröder, weil er die Ausgabenexplosion der EU-Agrarpolitik gestoppt hatte; Chirac, weil er die Beihilfen für die französischen Bauern verteidigt hatte. Da die Direktbeihilfen für die neuen EU-Mitglieder bis 2013 sukzessive auf 100 Prozent des aktuellen Niveaus innerhalb der Union steigen werden, nehmen beide damit in Kauf (ohne dass sie das allzu laut sagen würden), dass die Beihilfen für „ihre" Landwirte ab 2007 sinken werden.[3]

Die deutsch-französische Übereinkunft machte den Weg frei für die Aufnahme von zehn mittel- und osteuropäischen Staaten, die auf dem EU-Gipfel in Kopenhagen am 12. und 13. Dezember 2002 besiegelt wurde. Zwei der Streitpunkte, die Deutschland und Frankreich Jahre lang entzweit hatten – die EU-Osterweiterung und die GAP – brachten Berlin und Paris schließlich wieder zusammen. Das weckte auf beiden Seiten des Rheins die Hoffnung, dass Deutschland und Frankreich auch in einer EU, die ab dem 1. Mai 2004 auf 25 Mitglieder anwächst, wieder einen dynamischen Kern bilden können, der andere einbinden und mitzuziehen vermag. Innenpolitisch sind die Rahmenbedingungen dafür so günstig wie lange nicht mehr: Bis zur Bundestagswahl Ende 2006 bleiben Schröder und Chirac von Wahlkämpfen verschont.

---

3 Frankreichs Landwirte erhalten mit neun Milliarden Euro pro Jahr knapp ein Viertel der EU-Subventionen für die Landwirtschaft. Mit einem „Überschuss" von 2,5 Milliarden Euro ist Frankreich damit größter Nettoprofiteur der Gemeinsamen Agrarpolitik. Deutschland hingegen zahlt 4 Milliarden Euro mehr in die landwirtschaftliche Gemeinschaftskasse ein als es an Beihilfen zurück bekommt (Guérot et al. 2003:17).

Trotz dieses Wiederaufflammens der partnerschaftlichen Zusammenarbeit haben sich die Grundkonstanten der deutsch-französischen Beziehungen geändert. Was sich bereits während der internationalen Umwälzungen in Europa zu Beginn der 90er Jahre abzeichnete, zwang Deutschland und Frankreich zwischen Ende 1998 und Anfang 2003 in eine zuweilen schmerzhafte Neudefinition ihrer Beziehungen. Ausgangspunkt der Krise des deutsch-französischen Paares während der ersten Amtszeit der rot-grünen Koalition war die Suche nach einer neuen internationalen Rolle, die sowohl Deutschland als auch Frankreich in eine außenpolitische Sinnkrise stürzte. Gemeinsam mit einer zunehmenden Innenpolitisierung der außenpolitischen Debatten führte dies dazu, dass der politische Bewegungsspielraum des Partners immer weniger berücksichtigt wurde. So kam es zu taktischen Missgriffen, welche die bilateralen Interessengegensätze in Sachfragen noch verschärften. Lange Zeit vermochten Bundeskanzler und Präsident nicht, eine so enge persönliche Beziehung wie viele ihrer Vorgänger zu knüpfen, die als Korrektiv für die stets latenten zentrifugalen Tendenzen im deutsch-französischen Verhältnis dienen konnte.

Ausgangslage: Doppelte Rollensuche

Die deutsche Einheit und das Ende des Kalten Krieges zwischen 1989 und 1991 beraubten die deutsch-französischen Beziehungen ihrer traditionellen Geschäftsgrundlage. Aus dem „politischen Zwerg" Bundesrepublik wurde das wieder voll souveräne, größer gewordene Deutschland. Seine wirtschaftliche Dynamik aber fiel zurück hinter der Frankreichs, weil die deutsche Volkswirtschaft zunehmend unter den strukturellen und finanziellen Belastungen der Vereinigung litt. Frankreich hingegen verlor das schützende Raster der Ost-West-Konfrontation, welches es seinen Präsidenten so lange ermöglicht hatte, eine begrenzt unabhängige Rolle auf der internationalen Bühne zu spielen und Frankreich so die Illusion gestattete, an seine vergangene Rolle als Groß- und Kolonialmacht mit weltweiter Bedeutung anzuknüpfen. Die französische Atomstreitmacht als zusätzliches Mittel, um sich eine politische Führungsrolle gegenüber der Bundesrepublik zu sichern, verlor zudem an strategischer Bedeutung. Während Deutschland mit seiner neuen Statur rang, suchte Frankreich nach Wegen, seine Degradierung von einer immer öfter „verhinderten Großmacht" (Maull/Meimeth/ Neßhöver 1997) zu einer mittleren Macht zu kaschieren und zu verwinden.

Der erklärte Wille von Bundeskanzler Schröder, Deutschland außenpolitisch zu emanzipieren, weckte die französische Sorge neu, von einem selbstsicheren europäischen Riesen mit 80 Millionen Einwohnern marginalisiert zu werden. Anstatt diese vorhersehbaren Besorgnisse in Paris zu besänftigen, schien die rot-grüne Außenpolitik sie in ihrer Frühphase jedoch noch zu bestätigen – so jedenfalls wirkten etwa das Pochen auf einer Reduzierung der deutschen EU-Beiträge oder symbolische Akte wie die Abwesenheit des frisch gewählten Bundeskanzlers Schröder bei den französischen Feierlichkeiten zum 70. Jahrestages des Endes des Ersten Weltkrieges am 11. November 1998 in Paris. Die neue Bundesregierung machte es Frankreich alles andere als einfach, eine neue Definition für die bilaterale Zusammenarbeit zu finden (Martens 2002).

Aber das mitten in der außenpolitischen Selbstfindung steckende Frankreich erschwerte Berlin auch seinerseits das Aufeinanderzugehen. Denn der traditionelle Zielkonflikt in der französischen Deutschlandpolitik hatte nach 1990 immer stärker zugenommen. Einerseits sahen Frankreichs Präsidenten die europäische Integration stets als Mittel, die potenzielle europäische Großmacht Deutschland einzubinden, somit zu kontrollieren und von Abenteuern abzuhalten – etwa von einem „Abdriften" heraus aus den westeuropäischen Strukturen gen Osten.[4] Doch die gaullistische Doktrin der „nationalen Unabhängigkeit" verbat andererseits, dass Frankreich zu viele Souveränitätsrechte zugunsten der Einbindung Deutschlands aufgab. Ausfluss dieser Schizophrenie war etwa Frankreichs versuchte Annäherung an Großbritannien beim Streben nach einer von der NATO unabhängigen europäischen Verteidigung, wie sie Chirac und Premierminister Tony Blair auf dem französisch-britischen Gipfel in St. Malo im Dezember 1998 zelebrierten. In einen Moment, als der vormalige niedersächsische Ministerpräsident und neue Bundeskanzler Schröder ob seiner neuen Rolle als Außenpolitiker noch irritiert um sich blickte, wandte sich Chirac von Deutschland ab und Blair zu.

Allerdings, das sei zu ihrer Verteidigung nicht verschwiegen, erbten Schröder und Chirac bereits eine erhebliche Hypothek. Die Irritationen, die die doppelte – und zu einem gewissen Grad auch konkurrierende – Rollensuche Deutschlands und Frankreichs nach Amtsantritt der rot-grünen Koalition im Herbst 1998 provozierte, waren auch Fortsetzung einer seit der deutschen Vereinigung immer angestrengteren deutsch-französischen Partnerschaft. Zwar fand sich Frankreich nach anfänglichem Widerstand mit der deutschen Einheit ab (Neßhöver 1996). Aber zahlreiche Episoden vergifteten die deutsch-französischen Beziehungen fortwährend und zunehmend: Deutschlands Alleingang bei der Anerkennung Kroatiens und Sloweniens im Dezember 1991; Frankreichs Versuche, die Osterweiterung der EU zu verhindern oder zu verzögern; die Hochzinspolitik der Bundesbank 1991 bis 1993, die französische Politiker für die hohe Arbeitslosigkeit verantwortlich machten; Chiracs Atomtests 1995 und seine Armeereform samt Abschaffung der Wehrpflicht 1996; der Streit über die Umsetzung des in Maastricht 1991 als (aus französischer Sicht) „Preis" Deutschlands für seine Einigung entrichtete Verzicht auf die D-Mark für die gemeinsame europäische Währung (Aeschimann/Riché 1996). Symbolischer Tiefpunkt dieser „schleichenden Entfremdung" (Guérot 2003:19) war nur Monate vor dem ersten Wahlsieg von Rot-Grün der verbissene Streit zwischen Bundeskanzler Helmut Kohl und Präsident Chirac auf dem EU-Sondergipfel im Mai 1998 in Brüssel um die Präsidentschaft der neuen Europäischen Zentralbank (EZB), die Kohl eine „der in meiner Erfahrung in der europäischen Arbeit [...] schwierigsten Stunden" (zit. nach Welter 1998) nannte. Um den „Rang" Frankreichs zu untermauern, trotzte Chirac den anderen EU-Partnern ab, dass Deutschlands Wunschkandidat für den EZB-Chefposten, der Niederländer Wim Duisenberg, vor Ablauf seiner achtjährigen Amtszeit Platz macht für einen Franzosen.

Der nationale Tellerrand begrenzt den Horizont

Erschwert wurde der deutsch-französische Dialog zwischen 1998 und 2002 durch eine wachsende „Innenpolitisierung" der Außenpolitik in Deutschland und Frankreich. Zum Teil war dies objektiven Zwängen geschuldet. In Deutschland veranschaulichten dies etwa die Debatten innerhalb der rot-grünen Koalition um Auslandseinsätze der Bundeswehr. In Frankreich dagegen lähmte seit 1997 die Zwangsehe (*Cohabitation*) des bürgerlichen Präsidenten Chirac mit dem sozialistischen Premierminister Lionel

---

4   Diese Sorge kam etwa im langjährigen Widerstand von Präsident Mitterrand gegen eine Osterweiterung der EU zum Ausdruck. Erst sein Nachfolger Chirac fand sich mit der Osterweiterung ab, indem er sie ummünzte in die Umsetzung de Gaulles Vision von einem „Europa vom Atlantik bis zum Ural".

Jospin und seiner Linkskoalition die französische Außenpolitik. Dass sich Chirac und Jospin zudem spätestens ab 1999 in innenpolitischen Scharmützeln im Aufgalopp zur Präsidentschaftswahl im April und Mai 2002 und der im Juni 2002 folgenden Parlamentswahl verhakten, reduzierte ihre Manövrierfähig- und Manövrierwilligkeit noch weiter (Schrameck 2001; Malouines 2001).

Und kaum war das französische Superwahljahr am 16. Juni 2002 mit dem Triumph der neuen bürgerlich-liberalen Großpartei „Union pour un Mouvement Populaire" (UMP) des wieder gewählten Chirac bei der zweiten Runde der Parlamentswahl beendet, bremste der Wahlkampf Schröders gegen seinen CDU/CSU-Herausforderer Edmund Stoiber auch den europapolitischen Elan der Bundesregierung. Zuvor tat sich der Bundeskanzler oft hervor als verbissener Besitzstandswahrer im Ringen mit der EU-Kommission – mal ging es um die Übernahmerichtlinie, mal um neue Umweltstandards –, um daheim Punkte zu sammeln. Diese Faktoren verstärkten noch den seit längerem zu beobachtenden Trend eines „identitären Rückzugs auf den Nationalstaat in Zeiten eines raschen politischen und sozialen Wandels", den Joachim Schild für Deutschland und Frankreich festgestellt hat und der besonders die europapolitische Debatte noch stärker national ausrichtet (Schild 2001:349).

Ablesen ließ sich diese zunehmende Binnenorientierung der deutschen Außenpolitik daran, dass Berlin mehrfach Initiativen in einem Moment startete, in dem Paris wegen innenpolitischer Zwänge darauf nur schwer enthusiastisch reagieren konnte. Prominentestes Beispiel ist die – als „Privatmann und Europäer" gehaltene – Rede von Bundesaußenminister Fischer zur Zukunft der Europäischen Union an der Humboldt-Universität in Berlin im Mai 2000: Sie brachte Frankreich in arge Nöte. Zum einen stand das Land unmittelbar davor, die EU-Präsidentschaft zu übernehmen. Paris hätte gerne vermieden, das ohnehin schon komplizierte und umstrittene Arbeitsprogramm für den Nizza-Gipfel – vor allem die so genannten „leftovers" des Amsterdamer Gipfels über die Reform der EU-Institutionen – mit einer Grundsatzdebatte über die „Finalität", das langfristige Ziel der europäischen Integration, zu überladen. Zum anderen zwang der heraufziehende Wahlkampf in Frankreich die Protagonisten Chirac und Jospin zu europapolitischer Zurückhaltung, weil sich beide in ihren politischen Lagern mit einem Machtzuwachs der Europaskeptiker konfrontiert sahen (Stark 2001:298; Deloche-Gaudez/Lequesne 2000:335). Chiracs Rede vor dem Bundestag im Juni 2000, gedacht als Antwort auf die Fischer'schen Vorschläge, fiel deshalb äußerst vorsichtig aus, was in Berlin prompt zu Enttäuschung führte. Als Fischer nur Wochen vor dem Nizza-Gipfel in einer Rede vor dem belgischen Parlament seine Europa-Vision auch noch wiederholte und zu „föderalisieren" schien, fiel die Reaktion in Paris „offen ablehnend" aus (Jäger/Middendorf 2001:276).

Es gibt zahlreiche weitere Beispiele solcher ungeschickten Fehltritte der rot-grünen Bundesregierung, welche die deutsch-französischen Beziehungen unnötigerweise belasteten, vom Dialog über tiefer gehende Interessendifferenzen ablenkten und die bilaterale Krise immer wieder auflodern ließ. Dass Premierminister Jospin im Juni 1999 vom Schröder-Blair-Papier überrascht wurde, erschwerte in der Folge den Dialog über Fragen der europäischen Wirtschaftspolitik erheblich. Der innenpolitische Streit im Jahr 2002 im Bundestag über die Finanzierung des militärischen Transportflugzeuges Airbus A 400 M – ein Projekt, das Deutsche und Franzosen auf dem Gipfel in Mainz im Juni 2000 beschlossen hatten – drohte das aus französischer Sicht strategisch eminent bedeutende Sieben-Nationen-Vorhaben zwischenzeitlich komplett in Frage zu stellen und nährte das französische Misstrauen gegenüber rüstungspolitischer Zusammenarbeit mit Deutschland (Handelsblatt 25.4.2002, 6.11.2002; FAZ 13.9.2002).

Europapolitische Interessengegensätze halten sich hartnäckig

Rollensuche und Binnenorientierung verschärften real existierende Interessengegensätze, die für sich genommen die deutsch-französischen Beziehungen bereits erheblich auf die Probe stellten. Umstritten war und ist vor allem der Kern des Verhältnisses, die Europapolitik, und hier besonders die Wirtschafts- und Landwirtschaftspolitik sowie die Reform der EU-Institutionen.

Nach verbissenem Zerren konnten Bundeskanzler Schröder und Präsident Chirac den Verteilungskonflikt über die Subventionen für Deutschlands und vor allem Frankreichs Bauern lösen. Die Bundesregierung forderte lange eine grundsätzliche Reform der Gemeinsamen Agrarpolitik, um deren Kosten nach einem EU-Beitritt solch agrarisch dominierter Volkswirtschaften wie Polens zu begrenzen. Auch hier spielte das innenpolitische Motiv der „Nettozahlerdebatte" für die aus französischer Sicht nicht ganz kohärente Position Deutschlands eine große Rolle. Diese forderte die Osterweiterung energisch und setzte sie zum Teil gegen den Widerstand Frankreichs durch, ohne jedoch die resultierenden Mehrkosten schultern zu wollen.

Frankreichs Regierungen verhüllten den Streit ums Geld in einer Grundsatzdebatte: Für sie besteht der deutsch-französische Grundkompromiss der europäischen Integration in einem Tausch zwischen der Öffnung des französischen Marktes für die deutsche Industrie gegen eine von Deutschland finanzierte Unterstützung der französischen Landwirtschaft. In der Forderung der Bundesregierung, Teile der Agrarsubventionen wieder aus den nationalen Haushalten zu bezahlen („Kofinanzierung"), sieht Frankreich daher die Aufkündigung dieser zentralen historischen Übereinkunft deutsch-französischer Solidarität.

Prinzipieller war der Konflikt über die Koordinierung der Wirtschaftspolitik in der Eurozone. Die Forderung von Premierminister Jospin nach einer europäischen „Wirtschaftsregierung" weckte in der Regierung Schröder die Sorge vor einer dirigistischen und potenziell inflationären Wirtschaftspolitik nach französischer „Tradition" auf EU-Ebene, um die Unabhängigkeit der EZB zu unterminieren (Guérot 2001:35; Uterwedde 2001:66). Dieses Misstrauen empfanden französische Politiker angesichts des tiefen Wandels in Frankreichs wirtschaftspolitischem Denken seit dem Kurswechsel von Präsident François Mitterrand 1983 als unverständlich und auch ungerecht (Trouille/ Uterwedde 2001:343; Gordon/Meunier 2001). Kurz: Die Hoffnung der französischen Linksregierung aus Sozialisten, Kommunisten und Grünen, in Rot-Grün einen neuen Alliierten für eine voluntaristischere, in keynesianischer Manier stärker an Beschäftigung als an Inflationsbekämpfung orientierte europäische Wirtschaftspolitik in Konkurrenz zur Europäischen Zentralbank zu finden, erfüllte sich nicht (Dyson 2001). Die wechselseitige Perzeption gegensätzlicher, weitgehend unversöhnlicher wirtschaftspolitischer Traditionen überwog und überdeckte sogar, dass mit der Einführung der Euro-Scheine und -Münzen zum 1. Januar 2001 das größte deutsch-französische, europäische Gemeinschaftsprojekt, die EU-Währungsunion, geboren wurde.

Endgültig enttarnt wurde in französischen Augen die wirtschaftspolitische Überheblichkeit Deutschlands beim Streit über den Abbau der öffentlichen Defizite im Rahmen der mit der EU-Kommission vereinbarten Stabilitätsprogramme. Zwar war es Präsident Chirac, der auf dem EU-Gipfel in Barcelona Mitte März 2002 als erster verkündete, in einer konjltureller Schwächephase sehe sich Frankreich nicht an seine Zusage gebunden, bis 2004 die öffentlichen Kassen auszugleichen – 2007 wäre früh genug. Aber es war die Bundesregierung, die unmittelbar nach ihrer Wiederwahl im Herbst 2002 einräumen musste, dass Deutschlands Defizit deutlich über dem im (von Frankreich lange als deutschem „Diktat" empfundenen) Stabilitätspakt festgelegten Kriterium von drei Prozent des Bruttoinlandprodukts liegen werde. Der „Musterschüler" patzte – was in Frankreich nicht ohne schadenfrohe Kommentare blieb (Le Monde 16.10.2002).

Als noch tiefer erwiesen sich die deutsch-französischen Differenzen über die Architektur der EU und damit die „Finalität" der europäischen Integration. Denn hier traf das föderalistisch-dezentrale bundesdeutsche Staatsverständnis immer wieder auf das nationalstaatlich-zentralistische Modell Frankreichs (Sauder 1995). Erschwerend kam hinzu, dass besonders unter Frankreichs Regierenden kein Konsens über die Zukunft der EU existierte.

Dabei kam Joschka Fischer in seiner Humboldt-Rede vom Mai 2000 französischen Europavorstellungen ein deutliches Stück entgegen. Zwar formulierte er das Ziel seiner Rede als Suche nach dem „Übergang vom Staatenbund der Union hin zur vollen Parlamentarisierung in einer Europäischen Föderation" – wohl wissend, dass die beiden Begriffe „Parlamentarisierung" und „Föderation" der französischen politischen Tradition diametral zuwider laufen (Fischer 2000:150). Aber indem Fischer die Nationalstaaten als konstituierende Elemente einer Europäischen Union aufwertete und den Begriff einer „Föderation der Nationalstaaten" des ehemaligen EU-Kommissionspräsidenten Jacques Delors aufgriff, machte er einen großen Schritt auf Frankreich zu. Dennoch führte seine Rede auf französischer Seite zu einigen hitzigen Entgegnungen.[5]

In seiner Antwort vor dem Bundestag stellte Staatspräsident Chirac Ende Juni 2000 Fischers Vorschlag eines „Gravitationszentrums" für Europa einen eher lockeren Verbund mehrerer „Pioniere" entgegen (Chirac 2000). Dem „intergouvernementalen Paradigma" blieb Chirac dennoch verhaftet (Jäger/Middendorf 2001:279). Auch zieht sich ein defensiver Ton durch seine Rede, weil der Präsident Festlegungen unmittelbar vor Beginn der schwierigen EU-Präsidentschaft Frankreichs in der zweiten Jahreshälfte 2000 vermeiden wollte. Als Fischer im November 2000, nur Wochen vor dem EU-Gipfel von Nizza, vor dem belgischen Parlament die EU-Kommission als Kern einer zukünftigen EU-Regierung bezeichnete und damit die föderalistische Version seiner Europaentwürfe vom Mai betonte, schien der deutsch-französische Europadialog erneut in seine traditionellen Gräben zurückgekehrt zu sein.

Der SPD-Leitantrag vom April 2001, in dem Bundeskanzler Schröder seine Europavorstellungen darlegte, und die (mehrfach verschobene) Europarede von Premierminister Jospin im Mai 2001 bestätigten dies: Schröder betonte einmal mehr ein föderalistisches Credo, Jospin hob die Rolle der Nationalstaaten hervor und wünschte sich erneut eine „Wirtschaftsregierung" für Europa (Kreile 2001; Jäger/Middendorf 2001). Wie schon Chirac lehnte auch Jospin Schröders Anregung einer Rückführung bestimmter Gemeinschaftspolitiken in nationale Verantwortung (und damit Budgets) ab (Deloche-Gaudez/Lequesne 2001:343). Die Schaffung des Europäischen Konvents auf

---

5   Innenminister Jean-Pierre Chevènement warf Deutschland vor, „immer noch [...] vom Heiligen Römischen Reich deutscher Nation [zu träumen]. Es ist noch nicht von der Entgleisung geheilt, die der Nationalsozialismus in der deutschen Geschichte darstellt" (Jäger/Middendorf 2001:276). Später relativierte Chevènement allerdings seine Aussagen.

dem EU-Gipfel in Laeken Mitte Dezember 2001 auch dank deutsch-französischer Initiative war zwar eine kreative Lösung, um einen Ausweg aus der Einbahnstraße in Sachen EU-Reform zu finden – ihr Ergebnis ist aber noch nicht abzusehen.

In der Sicherheitspolitik wachsen die Gemeinsamkeiten

Doch diese Konflikte übertünchten, dass die deutsch-französischen Beziehungen in der Sicherheitspolitik unter Rot-Grün durchaus voran kamen. Nach dem französisch-britischen Techtelmechtel von St. Malo Ende 1998 fanden Paris und Berlin rasch wieder zusammen. Die Erfahrung des geringen Einflusses der Europäer in den Balkankrisen gegenüber den USA hatte beide darin bestärkt, den Aufbau einer Europäischen Sicherheits- und Verteidigungsidentität zu forcieren (Maull/Stahl 2002). Schon im Frühjahr 1999 schloss sich die Bundesregierung unter dem Eindruck der eskalierenden Krise im Kosovo der französisch-britischen Verteidigungsinitiative an. Auf dem EU-Gipfel in Köln im Juni 1999 wurde die Integration der Westeuropäischen Union (WEU) in die EU beschlossen. Auf dem deutsch-französischen Gipfel in Mainz im Juni 2000 unterstrichen Schröder und Chirac ihre sicherheitspolitischen Ambitionen für die EU durch den Startschuss für ein gemeinsames Lufttransportkommando, die Entwicklung des Militärtransportflugzeugs A 400 M und eines gemeinsamen Satellitenaufklärungssystems. Dass der deutsch-französische Vorschlag für die Weiterentwicklung der Europäischen Sicherheits- und Verteidigungspolitik zu einer EU-Verteidigungsunion, den Berlin und Paris dem EU-Konvent am 22. November 2002 unterbreiteten, die weitgehendste gemeinsame sicherheitspolitische Initiative seit Jahren ist, bestätigt gewachsene Nähe in der Sicherheitspolitik (Thorel 2002).

Begünstigt wurde diese deutsch-französische Annäherung durch den Kurswechsel Präsident Chiracs zurück zur NATO in den ersten drei Jahren seiner ersten Amtszeit (1995 bis 1997). Am 5. November 1995 kündigte Außenminister Hervé de Charette die Rückkehr französischer Offiziere nach jahrzehntelanger Abwesenheit in den NATO-Militärausschuss an, dem höchsten militärischen Planungsgremium der Atlantischen Allianz. Chirac hatte eingesehen, dass „Frankreich [...] seinen sicherheitspolitischen Handlungsspielraum nur in europäisch-atlantischer und deutsch-französischer Arbeitsteilung wahren [kann]. [...] Damit war das langfristig angelegte Bemühen deutscher Politik, Frankreich näher an die NATO heranzuführen, letztlich von Erfolg gekrönt. Allerdings wird die deutsche Sicherheitspolitik im Gegenzug auch ‚europäischer‘" (Schild 1997:8).

Letzteres unterstrich Bundeskanzler Schröder, als er sich in einer Rede vor der Nationalversammlung am 30. November 1999 zur Freude seiner Gastgeber den französischen Begriff der „Europe-puissance", eines in der Weltpolitik selbstbewussten und handlungsfähigen Europas, zu eigen machte (Schröder 1999; Colard 2000:86f). Das war eine Form „neuer" deutscher Außenpolitik, die Frankreichs langjährigem Streben, mittels der EU die eigene internationale Rolle zu vergrößern, verbal weit entgegen kam. Daher wurden auch die verschiedenen Entscheidungen der Bundesregierung, Bundeswehrkräfte für internationale Missionen – etwa im Kosovo oder in Afghanistan – bereit zu stellen, in Frankreich stets begrüßt. In der Sicherheits- und Verteidigungspolitik kam es unter der rot-grünen Koalition zu einer bemerkenswerten

deutsch-französischen Annäherung, die allerdings oft im Getöse der bilateralen Dauer-
krise in der Europapolitik unterging.[6]

Kanzler und Präsident finden nur langsam zueinander

Ein Grund dafür, dass die ersten vier Jahre rot-grün in den deutsch-französischen
Beziehungen wegen ihrer permanenten Krisen besonders lang erschienen, war auch das
lange schwierige persönliche Verhältnis zwischen Bundeskanzler Schröder und Präsident Chirac. Viele grundsätzliche Interessengegensätze zwischen Deutschen und Franzosen haben das Verhältnis seit Jahrzehnten geprägt und immer wieder belastet. Doch
das oft enge persönliche Verhältnis von Kanzler und Präsident half mehr als einmal,
Gräben im (vor-) letzten Moment zu überbrücken – ob bei Adenauer und de Gaulle, bei
Helmut Schmidt und Valéry Giscard d'Estaing oder bei Kohl und Mitterrand (Guérot et
al 2003:9).

Die Unterschiedlichkeit ihrer Lebenserfahrungen machten es Schröder und Chirac
lange schwer, an die Tradition vertrauensvoller Kanzler-Präsidenten-Paare anzuknüpfen. Als erster Bundeskanzler hat Schröder (Jahrgang 1944) den Zweiten Weltkrieg
nicht bewusst erlebt. Auch biographische Berührungen des Wahl-Hannoveraners
Schröder mit Frankreich gibt es kaum (Urschel 2002) – ganz im Gegensatz etwa zu
seinem Vorgänger, dem Rheinland-Pfälzer Kohl. Zwar schuf Schröder nach seinem
ersten Wahlsieg, um seine fehlende Erfahrung mit Frankreich wettzumachen, den
Posten eines persönlichen Beraters für die deutsch-französischen Beziehungen. Aber
indem er ihn mit der langjährigen Dolmetscherin von Präsident Mitterrand, Brigitte
Sauzay, besetzte, verkannte Schröder die Bedeutung des in Frankreich noch immer
dominierenden „Lagerdenkens" in der Politik: Die „linke" Sauzay war für den Neo-
gaullisten Chirac und seine Mitarbeiter keine geeignete Gesprächspartnerin.

Schröder gegenüber steht ein Präsident, der trotz seines Alters – Chirac wurde 1932
geboren – von Kriegserfahrungen verschont blieb. Der junge Chirac lernte Englisch
statt (wie de Gaulle, Giscard oder Mitterrand) Deutsch, er verbrachte in seiner Jugend
einige Zeit in den USA, und seine Kriegserfahrungen machte Chirac Mitte der fünfziger
Jahre in Algerien. Statt deutscher Literatur gilt Chiracs Begeisterung ostasiatischer
Kunst und Kultur, besonders dem Sumo-Ringen. Dem Präsidenten war daher die Aussöhnung zwischen den einstigen „Erzfeinden", die seine Vorgänger beseelt hatte, kein
persönliches Anliegen mehr (Madelin 2002; Bourlanges 2001:100).

Der Weg zurück zu gemeinsamer Interessendefinition

Wie schwer Schröder und Chirac zueinander fanden, demonstrierte auf dramatische
Weise der EU-Gipfel von Nizza Ende des Jahres 2000. Damit ähnliche deutsch-
französische „Kriegsszenen" und ein ähnlicher „Triumph nationaler Besitzstandswah-

---

6 Einen regelrechten Boom erlebten die deutsch-französischen Beziehungen unter Rot-Grün in der
   Unternehmenswelt. Allein zwischen Dezember 1998 und Januar 2000 kam es mit den Gründungen
   der European Aeronautic Defence and Space Company (EADS; aus Dasa und Aérospatiale-Matra)
   und Aventis (aus Hoechst und Rhône-Poulenc), dem Zusammengehen von Siemens und Frama-
   tome im Nukleargeschäft sowie dem Einstieg von Electricité de France bei Energie Baden-
   Württemberg zu vier neuen großen deutsch-französischen Industriekooperationen. 2500 deutsche
   Firmen haben Niederlassungen in Frankreich, 1500 französische sind in Deutschland ansässig
   (Trouille/Uterwedde 2001:346-353).

rung" (Vogel 2002:3) sich nicht wiederholten, vereinbarten Kanzler und Präsident bei einem Treffen im elsässischen Örtchen Blaesheim am 31. Januar 2001, die Frequenz ihrer Konsultationen deutlich zu erhöhen: Mindestens alle sechs Wochen wollten sie sich von nun an informell treffen, begleitet nur von ihren Außenministern. Der „Blaesheim-Prozess" erinnert fast an Vertrauen bildende Maßnahmen, die im Kalten Krieg das deutsch-deutsche oder amerikanisch-sowjetische Verhältnis entkrampfen sollten.

Ein Blick auf den politischen Kalender Anfang 2001 verdeutlichte, wie sehr eine neue Lockerheit im Deutsch-französischen Not tat. Die Erweiterungsverhandlungen der EU mit den Beitrittskandidaten aus Mittel- und Osteuropa bogen auf die Zielgerade ein und sollten 2002 abgeschlossen werden. Dazu stand die nächste Etappe der in Nizza allenfalls halb gelungenen EU-Reform an. Bei beiden Themen waren es vor allem deutsch-französische Differenzen, die Kompromisse in zentralen Fragen wie der GAP oder der Reform der EU-Architektur bislang verhinderten. Und auch der 40. Jahrestag des Elysée-Vertrages, den Schröder und Chirac am 22. Januar 2003 gemeinsam feiern wollten, vergrößerte das beidseitige Interesse an mehr Einigkeit erheblich.

„Blaesheim" wirkte, auch wenn seine Ergebnisse erst nach den fast zeitgleichen Wahlkämpfen in Frankreich 2001/02 und in Deutschland 2002 sichtbar wurden. Auf dem 79. deutsch-französischen Gipfel in Schwerin Ende Juli 2002 setzten Kanzler und Präsident hochrangige Arbeitsgruppen zu den strittigsten bilateralen Themen Erweiterung, Landwirtschaft und Reform der EU-Institutionen ein und vereinbarten, sich ab sofort alle vier Wochen persönlich zu treffen – die deutsch-französische Schlagzahl wurde nochmals erhöht (Handelsblatt 31.7.2002). Nach der Bundestagswahl vom 22. September ging es dann wirklich Schlag auf Schlag: Am 24. Oktober einigten sich Schröder und Chirac über die Gemeinsame Agrarpolitik und die Osterweiterung. Zwischen dem 22. November und dem 20. Dezember unterbreiteten Deutsche und Franzosen dem EU-Konvent drei gemeinsame Positionspapiere zur Verteidigung, Innerer Sicherheit und Wirtschaftspolitik.

Das Verteidigungspapier kann als vorläufiger Höhepunkt der sicherheitspolitischen Annäherung Deutschlands und Frankreich gelten (Meimeth 2003; Fischer/Villepin 2002a). Bei der Inneren Sicherheit fiel beiden das Einverständnis leicht, weil ihre Positionen zum Ausbau der dritten Säule der EU – etwa durch eine europäische Staatsanwaltschaft und eine europäische Grenzpolizei – seit längerem nah beieinander lagen (Fischer/Villepin 2002b). Bei der Organisation der EU-Wirtschaftspolitik lassen sich hingegen neue Konvergenzen feststellen: So plädieren beide dafür, die Eurogruppe durch die Wahl eines Präsidenten aufzuwerten und bei Steuerfragen künftig Entschlüsse mit qualifizierter Mehrheit zuzulassen (Fischer/Villepin 2002c). Damit bewegt sich vor allem Deutschland auf französische Wünsche einer stärker koordinierten Wirtschaftspolitik für die Eurozone zu. Wie weit diese Annäherung trägt, ist allerdings noch schwer abzuschätzen. Denn für Jean-Marc Trouille und Henrik Uterwedde bleiben die wirtschaftspolitischen Differenzen zwischen Deutschland und Frankreich grundsätzlicher Natur: „Es gibt keine deutsch-französische Übereinkunft über die Zukunft eines gemeinsamen europäischen Wirtschafts- und Sozialmodells" (Trouille/Uterwedde 2001:344).

Krönen wollten der Kanzler und der Präsident ihren neuen gemeinsamen Geist mit dem Vorschlag einer doppelten Präsidentschaft für die EU, den sie am 14. Januar 2003, acht Tage vor der gemeinsamen Feier des Jahrestags des Elysée-Vertrages, in Paris vorstellten (Fischer/Villepin 2003). Ein von den Staats- und Regierungschefs der EU gewählter Präsident soll der Arbeit des Rates mehr Kontinuität verleihen und an die Stelle der alle sechs Monate rotierenden EU-Präsidentschaft treten. Damit kam Schröder Chiracs Wunsch nach einer Aufwertung der Rolle der Nationalstaaten erheblich entgegen. Dafür erklärte sich Frankreichs Präsident einverstanden, den Präsidenten der EU-Kommission künftig vom Europäischen Parlament (EP) direkt wählen zu lassen. Das hatte Berlin gewünscht, um die Stellung der Kommission im EU-Institutionengefüge zu stärken. Weil Frankreich eine „Politisierung" der Kommission befürchtete, hatte sich Chirac lange gegen eine Direktwahl des Kommissionschefs gesträubt. Ein EU-Außenminister und ein europäischer diplomatischer Dienst sollen der Außenvertretung der Union mehr Kohärenz verleihen.

Allen vier Papieren gemeinsam ist, dass sie erst im Laufe der Verhandlungen im EU-Konvent beweisen können, ob deutsch-französische Kompromisse noch immer einen so starken Sog auf die anderem EU-Partner ausüben können, dass sie die Entscheidungen der Union entscheidend prägen. Berlin und Paris zeigten sich jedenfalls entschlossen, ihr bestes Personal mit dieser Aufgabe zu betrauen: Nachdem die Bundesregierung im Herbst 2002 Außenminister Fischer persönlich in den Konvent entsandte, zog Frankreich nach und wechselte den sozialistischen Ex-Europaminister Pierre Moscovici durch Außenminister Dominique de Villepin aus, einen der engsten Vertrauten von Staatschef Chirac.

Die Wünsche der Koalitionäre werden wahr

Mit ihren gemeinsamen Initiativen hatten Schröder und Chirac Fakten geschaffen, ehe die Tinte des neuen rot-grünen Koalitionsvertrages ganz trocken war. Allerdings steht der zweite Koalitionsvertrag von Rot-Grün in Sachen deutsch-französische Beziehungen ohnehin im Zeichen der Kontinuität. Einen eigenen Abschnitt über Beziehungen zu Frankreich enthält das Abkommen nicht. Dafür betonen die Koalitionäre im zweiten Satz des Kapitels IX.2 zum Europäischen Einigungsprozess, dass „der deutsch-französischen Zusammenarbeit eine zentrale Rolle [für Europa] zukomm[t], da beide Länder aus einer gemeinsamen Verantwortung heraus immer wieder wichtige Impulse für die europäische Einigung gegeben haben" (SPD/ Bündnis90/Die Grünen 2002).

Die Positionen der Bundesregierung zur Reform der EU-Institutionen sind im Schröder-Chirac-Vorschlag der EU-Doppelpräsidentschaft berücksichtigt. Unter Kapitel IX.2.1 wünscht Rot-Grün den Ausbau der EU-Kommission „zu einer starken, politisch verantwortlichen Exekutive", möchte den Präsidenten der Kommission vom Europäischen Parlament wählen lassen und das EP „durch die Ausweitung des Mitentscheidungsverfahrens und seiner Budgetrechte" stärken. Auch die Passagen zur Europäischen Justiz- und Innenpolitik (Kapitel IX.2.4) finden sich fast deckungsgleich im gemeinsamen Positionspapier für den EU-Konvent wieder. Gleiches gilt für die einzige Neuerung im Koalitionsvertrag in Bezug auf Frankreich: Das Eingeständnis von Rot-Grün in Kapitel IX.2.5, dass „durch die Einführung der Wirtschafts- und Währungsunion [...] die Notwendigkeit [wächst], die wirtschafts- und finanzpolitische Koordination in der Europäischen Union zu verbessern". Diese Absicht, die eine markante Annäherung an das bedeutet, was Frankreich seit Jahren fordert, prägt das gemeinsame Positionspapier zur EU-Wirtschaftspolitik.

Zu heftigen deutsch-französischen Differenzen dürften hingegen die agrarpolitischen Aussagen im Koalitionsvertrag führen. Im Kapitel IX.2.6 über die Reform der GAP erneuert die Bundesregierung ihre traditionellen Forderungen nach einer möglichst umfassenden GAP-Reform, beispielsweise nach einer Entkoppelung der Agrarsubventionen von der Höhe der Produktion. Vom Tisch ist zwar seit dem Brüsseler Kompromiss zwischen Schröder und Chirac vom Oktober 2002 der Streit über den Finanzrahmen der GAP. Die im Koalitionsvertrag angestrebte „Absenkung des Anteils der Agrarausgaben am EU-Haushalt" dürfte der Brüsseler Kompromiss aber höchstens mittelfristig und sehr langsam erbringen. Dafür könnte die vereinbarte Deckelung der Agrarausgaben mittelfristig eine Reduzierung der Agrarsubventionen in den alten EU-Mitgliedstaaten bringen, wie sie Rot-Grün im Koalitionsvertrag wünscht.

Auf der Suche nach einer Modernisierung des „Motors"

Ihre Gegensätze sind es, die das deutsch-französische Paar stark machen. Gerade weil Deutschland und Frankreich mit ihren konkurrierenden Positionen oft zwei Flügel innerhalb der EU repräsentieren, waren ihre Kompromisse vielfach Voraussetzung für eine Einigung der Sechs oder Fünfzehn. Dass diese „Kohäsionsfunktion" (Leimbacher 1997:201) Deutschlands Interessen nach einer Vertiefung der europäischen Integration und einer partnerschaftlichen Außenpolitik am besten dient, verstanden die rot-grünen Außenpolitiker in ihrer ersten Legislaturperiode nach anfänglicher Rumpelei immer besser. In der Agrar- und Sicherheitspolitik brachten deutsch-französische Kompromisse die EU in Richtung einer eigenständigen Verteidigungsidentität voran. Der gemeinsame Vorschlag für die Reform der EU-Institutionen dürfte die Debatte im EU-Verfassungskonvent prägen. In der Wirtschaftspolitik hat sich Deutschland unter Rot-Grün nach anfänglichem Zögern erheblich an Frankreichs Wunsch nach einer intensiveren Koordinierung in der Eurozone angenähert.

In der Sicherheits- und Wirtschaftspolitik deuteten sich damit unter Rot-Grün Verschiebungen von traditionellen Werten an, welche die deutsch-französische Zusammenarbeit inhaltlich spannungsfreier machen könnten. Dass sich diese Werte allerdings nur sehr langsam ändern, zeigt der Kompromissvorschlag über die Reform der EU-Instutionen: Weil weder Schröder noch Chirac der traditionellen Position seiner Außenpolitik untreu werden wollte, zimmerten Kanzler und Präsident aus zwei konkurrierenden Positionen eine gemeinsame, ohne sich in der Sache deutlich aneinander anzunähern. Dabei waren auch die deutschen und französischen Europadiskurse seit 1998 zumindest in Ansätzen aufeinander zugegangen.

Aber das deutsch-französische Duo musste zu Beginn der zweiten Amtszeit von Rot-Grün auch die Erfahrung machen, dass sein Führungsanspruch in einer größeren Union immer weniger selbstverständlich ist und sogar zunehmend offen in Frage gestellt wird. Der Schulterschluss von Bundeskanzler Schröder mit Präsident Chirac in der Frage, mit welchen Mitteln Iraks Präsidenten Saddam Hussein der Zugang zu Massenvernichtungswaffen verwehrt werden soll, provozierte Ende Januar 2003 offenen Protest von fünf aktuellen und drei zukünftigen EU-Mitgliedstaaten, dem sich zehn weitere europäische Staaten anschlossen. Während Schröder in fast „gaullistischer" Manier kategorisch eine deutsche Beteiligung an einem von den USA geführten Krieg gegen den Irak ablehnte und Chirac auf verschärfte Inspektionen der Vereinten Nationen im Irak drängte, erklärten acht europäische Staats- und Regierungschefs ihre Solidarität mit US-Präsident George W. Bush (Handelsblatt 30.1.2003). Dass der „Brief der Acht" nur Tage nach den deutsch-französischen Feierlichkeiten zum 40. Jahrestag des Elysée-Vertrages, die Berlin und Paris zudem mit ihren vier gemeinsamen Positionspapieren für den Konvent demonstrativ aufgewertet hatten, veröffentlicht wurde, unterstreicht das wachsende Unwohlsein anderer europäischer Staaten gegenüber einem exklusiven deutsch-französischen Führungsanspruch.

Für eine EU mit 25 Mitgliedern, wie sie am 1. Mai 2004 entstehen wird, muss das lange erprobte Zweierteam seine Rolle neu definieren. Deutschland und Frankreich werden ihre Erwartungen an die eigene Gestaltungsmacht zurückschrauben müssen. Denn bereits vor dem Beitritt der zehn mittel- und osteuropäischen Staaten wird deutlich, dass sich Länder wie die Tschechische Republik oder Slowenien in deutsch-französischen Kompromissen nicht mehr so leicht wiederfinden können wie einst vielleicht (und so manches Mal auch faute de mieux) Italien oder Belgien. Die Ost-West-Spaltung Europas, die mit der Osterweiterung endgültig zu ihrem Ende kommen soll, kann die EU wegen ihrer enormen internen (Entwicklungs-) Unterschiede noch immer von innen blockieren.

Muss das Duo selbst also erweitert werden? Kann das „Weimarer Dreieck", das Bundesaußenminister Hans-Dietrich Genscher und sein französischer Kollege Roland Dumas 1991 mit ihrem polnischen Kollegen Krzysztof Skubiszewski kreierten, eine Lösung sein, mit Polen in der Rolle des „Fürsprechers" der mittel- und osteuropäischen Neumitglieder, wie Hans Dietrich Genscher dies jüngst anregte?[7] Zu vieles spricht dagegen. Einem Motor mit drei Zylindern würde schnell der Kolbenfresser drohen, denn Zwei-gegen-Einen-Situationen würden zum Dauerzustand. Bei der Reform der EU-Agrarpolitik etwa würde sich Deutschland rasch französischem und polnischem Widerstand gegenüber sehen, während sich Frankreich heftig an der pro-atlantischen Sicherheits- und Verteidigungspolitik Warschaus und Berlins reiben dürfte. Zudem ließ sich die „Beförderung" Polens gegenüber den anderen EU-Partnern kaum rechtfertigen und der Widerstand gegen ein Dreier-Direktorium wäre vorprogrammiert.

Das Duo Berlin/Paris bleibt für die EU unverzichtbar. Denn ihre Gegensätze sind es auch, die das deutsch-französische Paar schwach machen. Liegen Deutschland und Frankreich überkreuz, blockieren sie Europa – und damit auch ihren eigenen außenpolitischen Handlungsspielraum. Das haben die rot-grünen Außenpolitiker nach ihrem Sieg über Kanzler Kohl und seine CDU/FDP-Koalition erst wieder neu lernen müssen. Nur mit einer noch intensiveren bilateralen Abstimmung (so schwierig diese in Einzelfragen auch immer wieder aufs Neue sein mag) können Deutschland und Frankreich auch weiterhin die Initiativ- und Führungsrolle in der EU für sich reklamieren. Die Beschlüsse von Bundeskanzler Schröder und Präsident Chirac vom 22. Januar 2003, die bilaterale Kooperation durch gemeinsame Kabinettssitzungen, zwei Generalsekretäre für die deutsch-französische Regierungszusammenarbeit und intensiveren Beamtenaustausch weiter zu vertiefen, deuten daher in die richtige Richtung, sofern sie zur Sacharbeit genutzt und nicht nur für Funktionsträgertourismus an Spree und Seine verschwendet werden.

Sollen deutsch-französische Vorschläge in der größeren EU mehrheitsfähig bleiben, müssen Deutschland und Frankreich allerdings auch „größer denken": Sie müssen mehr Empathie zeigen für die diversen Interessen der EU-Partner und diese in ihren Politikvorschlägen berücksichtigen. Nur dann scheint es Deutschland und Frankreich mittelfristig möglich zu sein, auch im neuen Europa zu der „force d'entraînement" zu werden, einer Kraft, die andere mitzureißen vermag, wie sie sich Präsident Chirac wünscht.

---

7   In einem Vortrag vor der Sorbonne-Universität in Paris am 19.1.2003 (Notizen des Autors).

Literaturverzeichnis

Aeschimann, Eric/ Riché, Pascal (1996): La guerre des sept ans. Histoire secrète du Franc fort, 1989-1996, Paris.

Bourlanges, Jean-Louis (2001): France-Allemagne: divorce à l'européenne, in: Politique Internationale 90/4, S. 99-112.

Chirac, Jacques (2000): „Notre Europe" – Discours prononcé devant le Bundestag, 27. Juni 2000, unter: http://www.elysee.fr/cgi-bin/auracom/aurweb/ search/file? aur_file=discours/2000/RFA0006D.html [12.1.2003].

Colard, Daniel (2000): Le partenariat Paris-Londres-Berlin, „groupe pionnier" de la défense européenne (IESD), in: Défense Nationale, H. 10, S. 80-91.

Deloche-Gaudez, Florence/ Lequesne, Christian (2001): Frankreich, in: Weidenfeld, Werner/ Wessels, Wolfgang (Hrsg.): Jahrbuch der Europäischen Integration 2000/2001, Institut für Europäische Politik, Bonn, S. 337-344.

Deloche-Gaudez, Florence/ Lequesne, Christian (2000): Frankreich, in: Weidenfeld, Werner/ Wessels, Wolfgang (Hrsg.): Jahrbuch der Europäischen Integration 1999/2000, Institut für Europäische Politik, Bonn, S. 329-336.

Dyson, Kenneth (2001): France, Germany and the Eurozone: from ‚Motor' of EMU to Living in an ECB-Centric Eurozone, in: Maclean, Mairi u.a. (Hrsg.): France, Germany and Britain. Partners in a Changing World, Basingstoke, 21-36.

Fischer, Joschka (2000): Vom Staatenbund zur Föderation – Gedanken über die Finalität der europäischen Integration, in: Integration: 23/3, S. 149-156.

Fischer, Joschka/ Villepin, Dominique de (2002a): Gemeinsame deutsch-französische Vorschläge für den Europäischen Konvent zum Bereich Europäische Sicherheits und Verteidigungspolitik (22.11.2002), unter: http://register.consilium.eu.int/pdf/de/ 02/cv00/00422d2.pdf [9.2.2003].

Fischer, Joschka/ Villepin, Dominique de (2002b): Deutsch-französische Vorschläge für den Europäischen Konvent zum Raum der Freiheit, der Sicherheit und des Rechts (28.11.2002), unter: http://register.consilium.eu.int/pdf/de/02/cv00/00435d2. pdf [9.2.2003].

Fischer, Joschka/ Villepin, Dominique de (2002c): Gemeinsamer Beitrag Frankreichs und Deutschlands zur Ordnungspolitik (22.12.2002), unter: http://register.consi-lium.eu.int/pdf/de/02/cv00/cv0470de02.pdf [9.2.2003].

Fischer, Joschka/ Villepin, Dominique de (2003): Deutsch-französischer Beitrag für den Europäischen Konvent zum institutionellen Aufbau der Union (16.1.2003), unter: http://register.consilium.eu.int/pdf/de/03/cv00/cv00489de03.pdf [9.2.2003].

Frankfurter Allgemeine Zeitung (13.9.2002): Projekt A 400 M wieder gefährdet.

Gordon, Philip H./ Meunier, Sophie (2001): The French Challenge – Adjusting to Globalization, Washington, D.C.

Guérot, Ulrike (2001): Nach der Krise die ‚relance'? Anmerkungen zum Stand der deutsch-französischen Beziehungen, in: Politische Studien 52/376, S. 31-48.

Guérot, Ulrike (2003): Die Bedeutung der deutsch-französischen Kooperation für den europäischen Integrationsprozess, in: Aus Politik und Zeitgeschichte, B 3-4, S. 14-20.

Guérot, Ulrike et al. (2003): Deutschland, Frankreich und Europa. Perspektiven, in : DGAP-Analysen, H. 21, unter: http://www.dgap.org/texte/DGAP_IFRI.pdf [2.2.2003].

Handelsblatt (25.4.2002): Erneuter Eklat um Militärairbus im Haushaltsausschuss.

Handelsblatt (6.11.2002): Berlin favorisiert Flugzeug-Pool für NATO.

Handelsblatt (31.7.2002): Schröder und Chirac wollen den Agrarstreit vor EU-Gipfel beilegen.

Handelsblatt (30.1.2003): Europa und Amerika müssen zusammenstehen.

Jäger, Thomas/ Middendorf, Tim (2001): Ordnungskonzepte für Europa. Die deutsch-französische Kerneuropa-Debatte und ihre Auswirkungen auf die Regierungskonferenz von Nizza, in: Zeitschrift für Politik 48/3, S. 268-301.

Janning, Josef (1999): Bundesrepublik Deutschland, in: Weidenfeld, Werner/ Wessels, Wolfgang (Hrsg.): Jahrbuch der Europäischen Integration 1998/1999, Institut für Europäische Politik, Bonn, S. 325-332.

Janning, Josef (2000): Bundesrepublik Deutschland, in: Weidenfeld, Werner/ Wessels, Wolfgang (Hrsg.): Jahrbuch der Europäischen Integration 1999/2000, Institut für Europäische Politik, Bonn, S. 309-316.

Kreile, Michael (2001): Zur nationalen Gebundenheit europapolitischer Visionen: Das Schröder-Papier und die Jospin-Rede, in: Integration 23/3, S. 250-257.

Leimbacher, Urs (1997): Deutsch-französische Zusammenarbeit und nationale Interessen seit Anfang der achtziger Jahre, in: (Neidhart, Gottfried/ Junker, Detlef/ Richter, Michael W. (Hrsg.): Deutschland in Europa, Mannheim: S. 180-201.

Le Figaro (21.2.2002): Europe: la mort annoncée du 'moteur' franco allemand.

Le Monde (16.10.2002): L'Allemagne se rallie à une lecture 'flexible' du pacte de stabilité.

Madelin, Philippe (2002): Jacques Chirac. Une biographie, Paris.

Malouines, Marie Eve (2001): Deux hommes pour un fateuil. Chronique de la Cohabitation 1997-2001, Paris.

Martens, Stephan (2002): Le nouveau rôle international de l'Allemagne, in: Allemagne d'Aujourd'hui, H. 161, S. 185-199.

Maull, Hanns W./ Meimeth, Michael/ Neßhöver, Christoph (Hrsg.) (1997): Die verhinderte Großmacht. Frankreichs Sicherheitspolitik nach dem Ende des Ost-West-Konflikts, Opladen.

Maull, Hanns W./ Stahl, Bernhard (2002): Krisenmanagement im Jugoslawienkonflikt. Deutschland und Frankreich im Vergleich, in: Meimeth, Michael/ Schild, Joachim (Hrsg.): Die Zukunft von Nationalstaaten in der europäischen Integration. Deutsche und französische Perspektiven, Opladen, S. 249-275.

Meimeth, Michael (2003): Deutsche und französische Perspektiven einer Gemeinsamen Europäischen Sicherheits- und Verteidigungspolitik, in: Aus Politik und Zeitgeschichte, B 3-4, S. 21-30.

Neßhöver, Christoph (1996): Eine Politik der „reaktiven Anpassung". Frankreichs Weg zum „Zwei-plus-Vier"-Vertrag, in: Bruck, Elke/ Wagner, Peter M. (Hrsg.): Wege zum „2+4"-Vertrag. Die äußeren Aspekte der deutschen Einheit, Centrum für angewandte Politikforschung, München, S. 106-125.

OECD (2002): Economic Outlook, 72/2, Paris.

Sauder, Axel (1995): Souveränität und Integration. Französische und deutsche Konzeptionen europäischer Sicherheit nach dem Ende des Kalten Krieges (1990-1993), Baden-Baden.

Schild, Joachim (1997): Durchbruch in der deutsch-französischen Sicherheits-kooperation? Das gemeinsame Sicherheits- und Verteidigungskonzept, Deutsch-Französisches Institut, unter: http://www.dfi.de/PDF-Dateien/afa6.pdf [25.2.2003].

Schild, Joachim (2001): National vs. European Identities? French and Germans in the European Multi-Level System, in: Journal of Common Market Studies 39/2, S. 331-351.

Schrameck, Olivier (2001): Matignon rive gauche, 1997-2001, Paris.

Schröder, Gerhard (1999): Rede vor der Französischen Nationalversammlung, unter: http://www.bundeskanzler.de/Reden-.7715.8208/Rede-von-Bundeskanzler-Gerhard-Schroeder-vor-der...htm [12.1.2003].

SPD/ Bündnis90/Die Grünen (2002): Koalitionsvereinbarung „Erneuerung-Gerech-tigkeit-Nachhaltigkeit" vom 16.10.2002, unter: http://www.spdfraktion.de/archiv/koalitionsvertrag/Koalitionsvertrag161002.pdf [13.02. 2003].

Stark, Hans (2001): France-Allemagne: quel après-Nice?, in: Politique Etrangère, H. 2, S. 289-299.

Thorel, Julien (2002): La France, l'Allemagne et les institutions européennes de sécurité et de défense, in: Allemagne d'Aujourd'hui, H. 161, S. 213-227.

Trouille, Jean-Marc/ Uterwedde, Henrik (2001): Franco-German relations, Europe and globalisation, in: Modern & Contemporary France, 9/3, S. 339-353.

Urschel, Reinhard (2002): Gerhard Schröder. Eine Biographie, Stuttgart.

Uterwedde, Henrik: (2001): Wirtschafts- und Sozialpolitik. Potenzial deutsch-franzö-sischer Gemeinsamkeiten, in: Politische Studien, 52/376, S. 64-72.

Vogel, Wolfram (2002): Frankreichs Europapolitik nach der Wahl. Perspektiven für Deutschland und Europa, Deutsch-Französisches Institut, unter: http://www.dfi.de/PDF-Dateien /AFA18.pdf [1.1.2003].

Welter, Ursula: Die Entstehungsgeschichte des Euro, Deutschlandradio vom 28.10.1998, Manuskript, unter: http://www.dradio.de/cgi-bin/es/neu-hintergrundw/156.html [4.1.2003].

Mannschaftsdienlich gespielt. Rot-grüne Südosteuropapolitik

Constantin Grund

Die politischen Entwicklungen in Südosteuropa sind seit dem 11. September 2001 in den Hintergrund des tagespolitischen Interesses gerückt. Berichte über die aktuelle Lage dort heben entweder die große Aufbauleistung des Westens nach Jahren der Zerstörung hervor oder klagen über den durch den westlichen Balkan kanalisierten Zigaretten-, Frauen- und Drogenhandel Richtung Westeuropa (Die Zeit 46/02). Hinzu kommt die politische Apathie der vergangenen Monate mit zwei an mangelnder Wahlbeteiligung gescheiterten Präsidentschaftswahlen in Jugoslawien und Montenegro, welche die labile Verfassung der Demokratisierungsbestrebungen in Südosteuropa unterstreicht.

Dieser Artikel zeichnet in drei Phasen die wesentlichen Wegsteine der deutschen Stabilisierungspolitik auf dem Balkan während der vergangenen viereinhalb Jahre nach: 1.) Zunächst den intensiven Beginn für die rot-grüne Bundesregierung mit der Eskalation des Kosovo-Konflikts und der erstmaligen Beteiligung deutscher Soldaten an einer unmandatierten militärischen Intervention; 2.) Die Phase politischer Initiativen ab April 1999, die ihren Höhepunkt mit der Gründung des Stabilitätspakts für Südosteuropa erreichte; sowie 3.) Die Phase ab Sommer 2001, als Deutschland internationale Verantwortung mit der Übernahme der Task Force Fox-Mission in Mazedonien sichtbarer übernahm.

Anschließend werden neue Entwicklungen der ersten Monate der zweiten Amtszeit der Regierung Schröder identifiziert, um dann in einem letzten Abschnitt anhand der Einbindung Deutschlands in internationale Institutionen die deutsche Balkanpolitik von 1998 bis 2002 abschließend zu qualifizieren. Hier wird der Frage nachgegangen, wie sich der augenscheinliche Zuwachs an internationaler Verantwortung erklärt, die Deutschland in den vergangenen Jahren in Südosteuropa übernommen hat.

Ein Sprung ins kalte Wasser. Deutschland und der Kosovo-Konflikt

Die Außenpolitik stand nach der gewonnenen Bundestagswahl im September 1998 nicht unter dem Zwang der Aufhebung eines innenpolitischen Reformstaus: „Der Wille zum Wandel streifte die deutsche Außenpolitik nur am Rande" (Janning 2002). Zu den außenpolitischen Vorhaben der Vorgängerregierung ergaben sich kaum Unterschiede. Im Koalitionsvertrag wurde die besondere Verantwortung Deutschlands für Demokratie und Stabilität auf dem Balkan ebenso hervorgehoben wie das Eintreten für Gewaltverzicht und weltweite Einhaltung der Menschenrechte. Friedenssichernde und -erhaltende Auslandseinsätze der Bundeswehr wurden im Grundsatz bejaht, aber strikt an die Maßgabe eines UN-Mandats als Rechtsgrundlage gebunden. Nach Amtsantritt erteilte Bundesaußenminister Fischer den Hoffnungen einiger seiner Anhänger auf eine dezidiert „grüne Außenpolitik" mit Verweis auf den historisch gewachsenen außenpolitischen Grundkonsens der großen Fraktionen des Bundestags eine Absage.

Noch vor der Vereidigung wurde die neue Koalition außenpolitisch auf eine harte Probe gestellt. Die systematische Vertreibung der Kosovo-Albaner aus ihrer Heimat hatte im Spätsommer 1998 einen ersten vorläufigen Höhepunkt erreicht. Presse- und

Geheimdienstberichte über Gräueltaten der serbischen Polizei an der kosovarischen Bevölkerung nahmen zu und manifestierten sich in den drei Massakern von Gornji Obrinje Anfang September 1998. Der NATO-Militärstab arbeitete bereits seit Juni 1998 verschiedene Einsatzoptionen aus, um „einer systematischen Kampagne der gewaltsamen Repression und Ausweisung im Kosovo auf einer relevanten rechtlichen Grundlage Einhalt zu gebieten" (Joetze 2001:33). Da der UN-Sicherheitsrat wegen fehlender Einstimmigkeit keine Kapitel VII-Resolution verabschieden konnte, beschloß die NATO Anfang Oktober eine eigenmandatierte Mission, der die noch amtierende schwarz-gelben Bundesregierung nach Absprache mit der bereits gewählten neuen Bundesregierung Schröder/Fischer im NATO-Rat zustimmte. Klaus Kinkel forderte die NATO-Option bereits im Juli 1998 (FAZ 23.7.98), dem sich schließlich auch der französische Staatspräsident Jaques Chirac Anfang Oktober anschloß. Am 16. Oktober 1998 stimmte der Bundestag mit breiter Mehrheit einer Beteiligung der Bundeswehr an einer begrenzten und in Phasen durchzuführenden Bombardierung serbischer Streitkräfte und deren Infrastruktur zu (BT-Drs. 13/11469), ein Krieg konnte jedoch vorerst durch die von Richard Holbrooke vermittelte Kosovo-Verification-Mission der OSZE (KVM) verhindert werden.

Deutschland beteiligte sich an der KVM mit 200 Verifikateuren und an deren Extraction-Force der NATO in Mazedonien mit 250 Soldaten (BT-Drs. 14/47). Obwohl Mitte Januar die Leichen des Massakers von Racak gefunden wurden und das Drängen der USA nach einer schnellen Intervention zur Beendigung der humanitären Katastrophe immer stärker wurde, setzten die deutschen Unterhändler in der Balkan-Kontaktgruppe erneute Gespräche durch, blieben aber selbst bei den Verhandlungen von Rambouillet im Februar 1999 augenscheinlich marginalisiert (Die Zeit 20/99; Daalder/O'Hanlon 2000:147ff.).

Nach der gescheiterten Nachfolgekonferenz von Paris wurde die KVM am 20. März 1999 abgezogen. An den am 24. März begonnenen Bombardierungen beteiligte sich die Bundesluftwaffe mit 14 ECR-Tornados, die ca. 450 Einsätze (1,4% aller Missionen) flogen und dabei 244 HARM-Raketen (ein Promille aller Geschosse) vor allem auf Flugabwehrstellungen abfeuerten (Spindler 2000:736). Trotz des kleinen Kontingents war der deutsche Beitrag aufgrund der guten Aufklärungskapazitäten der ECR-Tornados sowie deren Radarabwehrsystemen bei den Bündnispartnern angesehen. Dies verstärkte sich dadurch, daß sich die deutsche Aufklärungsdrohne CL 289 als einziges unbemanntes System im Bündnis erwies, das in niedriger Höhe bei allen Witterungsbedingungen problemlos seine Arbeit verrichtete. Ebenso schätzten die Bündnispartner den Beitrag der Marine in den Notabwurfgebieten in der Adria bei der Sprengung nicht gebrauchter Munition. Die Operation Allied Force war eine vorrangig amerikanische Operation, bei der Deutschland einen seinen europäischen Partnern vergleichbaren Beitrag leistete, aber im Gegensatz zu Großbritannien oder Frankreich kaum Einfluß auf den Zielauswahl-Prozeß hatte (Daalder/O'Hanlon 2000:123). Deutsche Einflußmöglichkeiten ergaben sich vielmehr bei dem Versuch, eine ausreichende Opposition im Bündnis gegen die Ausweitung der Luftschläge auf zivile Ziele zu mobilisieren.

Prinzipien sind eines, Verantwortung jedoch etwas anderes" (Joetze). Von verschiedener Seite wird die Beteiligung Deutschlands an Allied Force als Bruch der außenpolitischen Zurückhaltung der Bundesrepublik der vergangenen Jahrzehnte gedeutet. Deutschland begründete seine Nichtbeteiligung an den UNPROFOR I- und II-Einsätzen 1992 bzw. 1994 in Bosnien-Herzegowina mit der unklaren verfassungsrechtlichen

Grundlage. Erst seit dem Grundsatzurteil des Bundesverfassungsgerichts zu Auslands-einsätzen der Bundeswehr vom 12. Juli 1994 beteiligt sich Deutschland innerhalb von Systemen kollektiver Sicherheit an Missionen außerhalb des Bündnisgebietes. Deutsch-land hatte schon 1995 seine internationale Verantwortung bei Aufklärungstätigkeiten während der Bombardierung des serbischen Belagerungsrings um Sarajevo wahrge-nommen. Die entscheidende Veränderung in der Auswahl außenpolitischer Instrumente hatte sich still und leise 1995 ereignet und erklärt somit nicht die wertorientierte Debatte in der deutschen Öffentlichkeit über die Beteiligung Deutschlands an einem vermeintlich völkerrechtswidrigen Angriffskrieg gegen das ehemalige Jugoslawien 1999. Dennoch muß man zugestehen, daß der Unterschied zum Sarajevo-Einsatz in dem fehlenden UN-Mandat für die Kosovo-Intervention lag. Dies verstieß in mehr-facher Hinsicht gegen den die Beschlüsse des Ordentlichen Parteitags der SPD vom 3. Dezember 1997 zur Außen- und Sicherheitspolitik, in denen militärischen Zwangsmaß-nahmen zwingend an ein UN-Sicherheitsratsmandat gebunden wurden. Ferner wurde betont, daß sich die NATO nicht selbst ein eigenes Mandat ausstellen dürfe. Dem stand in der konkreten Situation im Kosovo Anfang 1999 das Ziel entgegen, in Fällen von Menschenrechtsverletzungen „Instrumente anzuwenden, die die besten Erfolgschancen bieten" (SPD 1997). Im März 1999 hatte man friedliche Instrumente ausgeschöpft und die Bundesregierung hob das programmatische Dilemma mit der Konstruktion des NATO-Nothilfeeinsatzes auf.

Die Entscheidung vom Oktober 1999, sich an Allied Force in kleinem Rahmen zu beteiligen, hat ihre Hauptursache im außenpolitischen Erwartungsdruck durch die NATO-Bündnispartner. Nach dem Regierungswechsel war die Rot-Grün selbst darauf bedacht, den Partnern Kontinuität und Stabilität in der deutschen Bündnispolitik zu vermitteln und eine deutsche Sonderrolle zu vermeiden. Dennoch wurde sie mehrfach darauf hingewiesen, sie möge nun endlich im Rahmen ihrer Möglichkeiten der Verant-wortung bei internationalen Missionen gerecht werden. Man solle sich nicht länger „wie eine Bananenrepublik benehmen, sondern endlich seiner Verantwortung gerecht werden" (Joetze 2001:38). Die Erwartungen in den USA, in Großbritannien und auch in Frankreich hätten sich verändert: Daß Deutschland keine internationale Verantwortung übernehmen könne, nehme Deutschland heute keiner mehr ab (Der Spiegel 15/99).

Dennoch beteiligte sich Deutschland nicht allein um der Beteiligung selbst willen. Die Entscheidungsträger von 1999 hatten durch die diplomatische und humanitäre Katastrophe von Srebrenica 1995 und durch den erzwungenen Rückzug von Hans Koschnik aus Mostar 1996 eines gelernt: Wenn man politische Ziele wie die Einhaltung von Menschenrechten oder die Schaffung administrativer und öffentlicher Ordnung nur allein mit Waffengewalt durchsetzen kann, ist es notwendig, die Mission auch mit einem robusten Mandat auszustatten. Dies bedeutet, daß in friedensschaffenden Inter-ventionen zumindest das Leben der eigenen Soldaten geschützt werden muß, wollte man eine erneute Instrumentalisierung unzureichend bewaffneter Soldaten durch die Gegenseite unter allen Umständen vermeiden. Unabhängig von der völkerrechtlichen Auslegung der Kosovo-Intervention wurden militärische Optionen zu Beginn der rot-grünen Regierungszeit den zivilen Instrumenten zwar nachgestellt, aber als ultima ratio gerechtfertigt und nicht kategorisch ausgeschlossen.

Der Bevölkerung war dies nicht von vornherein zu vermitteln. Die veröffentlichte Meinung zur deutschen Beteiligung an den Bombardierungen zum Zeitpunkt der Bun-destagsabstimmung im Oktober 1998 war gespalten, was sich jedoch bis zum eigentlichen Beginn der Angriffe im März 1999 in eine tendenzielle Zustimmung verschob, die sich bis zum Ende der Bombardierungen nicht mehr veränderte (AICGS 2000:51ff.). Die allabendlich ausgestrahlten Nachrichtenbilder von Flüchtlingstrecks und weinenden Kindern sowie die Sonderberichte in Fernsehen und Printmedien zu Folterungen, Vergewaltigungen, Erschießungen und materieller Not in klirrender Winterskälte in Kosovo schreckten die Bevölkerung derart auf, daß sie zunehmend die Forderung erhob, dem Leid „irgend etwas" entgegen zu setzen. Deutschland hatte zudem einen Großteil von Flüchtlingen aufgenommen (rund 400.000), was den Betroffenheitsgrad der Bevölkerung durch persönlichen Kontakt zusätzlich verstärkte (Behrens 2002:129).

Die Bundesregierung konnte zwar Anstöße zu einem erneuten Vermittlungsversuch zwischen den Konfliktparteien geben, „lungerte aber in Rambouillet auf den Gängen herum" (Die Zeit 20/1999), da die Verhandlungen ohne deutsche Unterhändler stattfanden. Der vor allem von deutschen Quellen hervorgehobene Einfluß Deutschlands auf die russische Delegation, der erst einen gemeinsamen Vorschlag der Kontaktgruppe möglich gemacht hätte, muß aber relativiert werden. Die hidden agenda von Madeline Albright sah vor, unabhängig von einem Verhandlungserfolg zwischen Kosovo-Albanern und Serben eine gemeinsame Position in der Allianz sowie mit Rußland zu erreichen: „There was only one purpose in Rambouillet: To get the war started and the Europeans locked in" (Daalder/O`Hanlon 2000:25, 89).

Ob nun speziell durch deutschen Einfluß, oder ob die russische Führung selbst durch das Einschwenken auf die NATO-Linie ein gutes Auskommen mit den Amerikanern erzeugen wollte, ist nicht eindeutig nachzuweisen. Der russische Präsident Boris Jelzin wollte zum Ende seiner Amtszeit einen Erfolg in der Westorientierung seines Landes und entschied sich Mitte April 1999, sein Land aus der internationalen Isolation herauszuholen und ernannte Victor Tschernomyrdin zum Sonderbeauftragten für die Kosovo-Krise. Bei einem Treffen der Troika in Moskau am 27. Mai 1999 stimmte die russische Führung zum ersten Mal einer neutralen, d.h. einer VN-Friedenstruppe, zu. Die entscheidende Fehleinschätzung Belgrads dabei war, daß sie nicht davon ausgingen, Rußland würde den „slawischen Bruderbund" weniger wichtig bewerten als die Annäherung Rußlands an die NATO. So stand Milosevic letztlich ohne internationale Partner da.

Deutsche Doppelinitiative

Die Doppelpräsidentschaft Deutschlands im Rat der EU und in der G8 ermöglichte der Bundesregierung im Frühjahr 1999 breiten Spielraum für zwei parallel laufende politische Initiativen: Eine zur Beilegung des militärischen Konflikts und jene für eine langfristig angelegte Strategie zur Stabilisierung des Balkans.

Bundesaußenminister Fischer stellte am 7. April 1999 den EU-Gremien erstmals einen Vorschlag für die Implementierung eines Friedensplans vor, der am 14. April im NATO-Ministerrat in Brüssel diskutiert wurde. Dieser Plan, der später als „Fischer-Plan" firmierte, war nicht neu und lehnte sich stark an den Vorschlag der Balkan-Kontaktgruppe vom 8. Oktober des Vorjahres an (Daalder/O´Hanlon 2000:46), enthielt aber schon wesentliche Elemente, die sich später in der Sicherheitsratsresolution 1244 wiederfanden (Volle/Weidenfeld 2002):

1. die Regelungen zum Abzug der Serbischen Truppen, Paramilitärs und Polizei aus dem Kosovo;
2. die Verpflichtung der UCK, die Feindseligkeiten einzustellen;
3. die Einrichtung einer internationalen Friedenstruppe, die zeitnah nach dem Abzug der Serben nachrücken sollte, um kein Sicherheitsvakuum entstehen zu lassen;
4. die Rückkehr der Vertriebenen und Flüchtlinge nach Kosovo sowie
5. den Aufbau einer United Nations Interim Administration Mission in Kosovo.

Die Initiative unterschied sich von den NATO-Forderungen in vier wesentlichen Punkten: erstens benutzte sie die G-8 als Ansatzpunkt; zweitens sollte ein Friedensabkommen mittels einer UN-Sicherheitsratsresolution implementiert werden; drittens war der Vorschlag einer zivilen UN-Übergangsverwaltung hinzugefügt worden; und viertens sollte nach der Zustimmung Belgrads zu dem Friedensplan eine 24-stündige Bombardierungspause einsetzen. Letzteres war schließlich der Grund für die ablehnende Haltung der Amerikaner zu der Initiative Fischers (Daalder/O´Hanlon 2000:166). Dennoch diente sie als Grundlage für das Strategiepapier der Außenminister der G-8, welches am 6. Mai 1999 in Bonn verfaßt wurde und auf dessen Grundlage Milosevic am 10. Mai Friedensgespräche unter der Bedingung anbot, daß an der internationalen Friedenstruppe keine Staaten beteiligt sein sollten, die Teil von Allied Force gewesen wären. Dieser Vorstoß Milosevics wurde von der NATO zurückgewiesen.

Mitte Mai 1999 häuften sich sog. „Kollateralschäden", und die innenpolitischen Stimmen nach Einstellung der Bombardements wurden lauter. Milosevics Strategie, die Angriffe auszusitzen und auf eine Spaltung des Westens zu warten, schien aufzugehen. Die Bundesregierung gab dem steigenden öffentlichen Druck aber nicht nach und arbeitete weiterhin an einer Verhandlungslösung, die alle relevanten politischen Mächte bei der Stange hielt. Bundeskanzler Schröder als EU-Ratspräsident ernannte am 7. Mai 1999 den finnischen Ministerpräsidenten Martti Ahtissaari zum EU-Vermittler für die Krise, der als Staatschef eines neutralen Staates unverdächtig war, lediglich die Interessen der NATO zu vertreten. Athissaari war jedoch nicht von Schröder selbst, sondern bei einem informellen Frühstück am 4. Mai 1999 maßgeblich von Madeline Albright und Victor Tschernomyrdin vorgeschlagen worden (Daalder/O´Hanlon 2000:169). Finnland sollte nach der Bundesrepublik die EU-Ratspräsidentschaft übernehmen, was seinen Friedensbemühungen den nötigen Nachdruck verlieh. So wurde erreicht, daß die EU nun mit einer Stimme sprach und auch eine sichtbar aktivere Rolle in den Bemühungen um eine friedliche Lösung spielte. Nach dem Beschuß der chinesischen Botschaft in Belgrad am 8. Mai 1999 reiste Schröder am 12. Mai nach Peking, um gegenüber seinen Amtskollegen sein Bedauern zum Ausdruck zu bringen. Dies ermöglichte es dem Kanzler, die gereizten Chinesen zu besänftigen, um damit deren Zustimmung oder zumindest Enthaltung für eine Sicherheitsratsresolution nach Ende der Kampfhandlungen zu gewinnen.

Am 31. Mai 1999 wurden erstmals ernsthafte Bemühungen Belgrads erkennbar, den Konflikt beenden zu wollen. Die Troika, bestehend aus Martti Ahtissaari, Victor Tschernomyrdin und Strobe Talbott, handelte schnell. Am Morgen des 3. Juni stimmte Milosevic dem Friedensangebot zu, die Modalitäten des Abzugs wurden im Militärisch-Technischen-Abkommen (MTA) zwischen Vertretern der NATO und serbischen Generälen ab dem 5. Juni ausgehandelt. Der verifizierbare Rückzug serbischer Truppen, Paramilitärs und Polizei begann am Morgen des 10. Juni. Nach Beendigung der

Kampfhandlungen verabschiedete der UN-Sicherheitsrat die Resolution 1244, die auf der Vorlage eines Gemeinsamen Standpunkts des EU-Ministerrats vom 17. Mai basierte. Die Bundesregierung in ihrer Rolle als Ratspräsidentschaft hatte an der Ausarbeitung der Resolution einen entscheidenden Anteil. Am 11. Juni 1999 stimmte der Deutsche Bundestag der Teilnahme 8.500 deutscher Soldaten zu (BT-Drs. 14/1133), die erstmals in einer friedenserhaltenden Maßnahme der UN einen Sektor unter eigener Verantwortung hatten.

Die neue Bundesregierung stellte von Anfang an ihre Überlegungen zum Krisenmanagement im Kosovo in einen regionalen und langfristigen Kooperationsrahmen (Joetze 2001:171), dessen Konturen in wesentlichen Zügen bereits vor Amtsübernahme im Auswärtigen Amt in ausgearbeiteter Form vorlagen. Zwar hatte die deutsche Delegation in Dayton den Friedensplan für Bosnien-Herzegowina mitverhandelt, aber es wurde keine Gesamtlösung für den westlichen Balkan erreicht. Dieser Kunstfehler sollte sich unter deutscher Ratspräsidentschaft nicht wiederholen.

Bereits die Erklärung der Außenminister der G-8 vom 8. Mai 1999 enthielt die Forderung nach einem umfassenden Ansatz für den Stabilitätspakt, der dort auch schon so firmierte. Obwohl es bereits einige Kooperationsmechanismen, Pakte und Stabilisierungsinstrumente für den Balkan gab (Altmann 2002), wurde der Stabilitätspakt für Südosteuropa in einer feierlichen Erklärung vom 10. Juni 1999 auf dem von überschwänglicher Friedensrhetorik geprägten Kölner Gipfel verabschiedet. Der Gründungskonferenz am 30. Juni 1999 wohnten die Staats- und Regierungschefs der Region sowie Vertreter der internationalen Geberorganisationen bei. Der entscheidende Impuls für die mediengerechte Aufbereitung des Initiierungsgipfels von Sarajevo ging dabei nicht auf Deutschland, sondern auf die amerikanische Außenministerin Madeleine Albright zurück.

Der Stabilitätspakt ist ein regional orientierter Koordinationsmechanismus für die langfristige Stabilisierung des Balkans, der die südosteuropäischen Länder mit Aussicht auf eine volle Integration in die euro-atlantischen Strukturen zur Zusammenarbeit verpflichtet. Auf zwei Finanzierungskonferenzen in Brüssel 2000 und Bukarest 2001 konnten 6,4 Milliarden Euro zur Finanzierung von meist grenzübergreifenden Stabilitätspaktsprojekten aufgebracht werden. Der deutsche Beitrag beträgt 615 Millionen Euro für den Zeitraum von 2000-2003 (7% des Gesamtkostenanteils), der zu 70% durch das Bundesministerium für wirtschaftliche Zusammenarbeit (BMZ) und zu 30% durch das Auswärtige Amt implementiert wird. Das BMZ hat in Belgrad ein gemeinsames Koordinierungsbüro von GTZ und KfW – „German Office for Reconstruction and Development (GORED)" – eingerichtet, welches in Abstimmung mit der UNMIK die von Deutschland geförderten Projekte betreut, wobei ein inhaltlicher Schwerpunkt auf Infrastrukturprojekten (v.a. zur Schaffung eines gemeinsamen südosteuropäischen Energiemarktes) liegt. Das Auswärtige Amt hingegen fördert durch Zusammenarbeit mit den Goetheinstituten, politischen Stiftungen und Medienanstalten vor allem Projekte des ersten Arbeitstisches (Demokratisierung, Zivilgesellschaft, Medienvielfalt und -freiheit). Weitere finanzielle Unterstützung leistet Deutschland zum einen bilateral (ca. 300 Millionen Euro) sowie zum anderen über das insgesamt mit 4,65 Mrd. Euro dotierte CARDS-Programm der EU mit einem Anteil von ca. 1,15 Mrd. Euro für den Zeitraum 2001 bis 2006. Mit der Einrichtung der High Level Steering Group for South Eastern Europe (HLSG) auf dem Kölner Gipfel im Juni 1999 wurde ein institutioneller Rahmen für die CARDS-Koordinierung errichtet; Die durch CARDS finanzierten

Stabilisierungs- und Assoziierungsabkommen konnten in 2001 mit Mazedonien und Kroatien initiiert werden.

In Anerkennung der Tatsache, dass es sich beim Stabilitätspakt um eine deutsche Initiative handelt, wurden einige Schlüsselpositionen in den politischen Management-strukturen mit Deutschen besetzt: Bodo Hombach wurde 1999 zum ersten Sonder-koordinator für den Stabilitätspakt ernannt und schied turnusgemäß Ende 2001 wieder aus, nachdem er die Anschubfinanzierungen und den organisatorischen Aufbau des Stabilitätspakts auf den Weg gebracht hatte. Michael Steiner löste 2001 als Leiter der UNMIK den bei der Durchsetzung öffentlicher Ordnung im Kosovo zurückhaltenden Franzosen Bernhard Kouchner ab. Er hat in dieser Funktion an der Spitze der Über-gangsverwaltung einen großen Handlungsspielraum beim Aufbau der öffentlichen Daseinsvorsorge, der Schaffung eines sicheren Umfeldes für die Rückkehr der Flücht-linge und bei der Demilitarisierung de UCK. Zu seinen wichtigsten Prioritäten zählt gegenwärtig die Bekämpfung der organisierten Kriminalität. Mit Tom Königs hat er einen weiteren Deutschen als „Innenminister" für das Kosovo an seiner Seite. Hans Koschnik konnte im Juli 2001 als Leiter der Regionalen Rückkehrinitiative des Stabili-tätspaktes gewonnen werden. Auf militärischer Ebene komplettierte Klaus Reinhardt als zweiter KFOR-Befehlshaber von Oktober 1999 bis März 2000 die deutsche perso-nalpolitische Präsenz.

Die Doppelstrategie militärischen Drucks und politischer Initiative war deshalb erfolgreich, weil die politische Koordinierung in EU und G8 in den gleichen Händen zusammenlief. Die Initiative für den Stabilitätspakt kam von Deutschland und war vor allem ein politisches Symbol mit pädagogischen Zügen: „Mit dem Stabilitätspakt für Südosteuropa sind die internationalen Akteure von einer reaktiven in eine aktiv-präventive Phase eingetreten" (Joetze). Die Bundesregierung hat durch ihr finanzielles Engagement im Stabilitätspakt unterstrichen, daß die Befriedung Südosteuropas einen hohen Stellenwert für sie hat. Die große Zahl deutscher Krisenmanager steht in deut-lichem Kontrast zur vergleichsweise geringen Präsenz deutscher OSZE-Mitarbeiter im organisatorischen Mittelbau, in dem Deutschland stark unterrepräsentiert ist, obwohl es die Hälfte des Budgets der OSZE beisteuert.

Die politischen Initiativen der Bundesregierung vom Frühjahr 1999 waren nur durch den Einsatz militärischer Mittel möglich geworden. Zwar konnten die Gewalt-taten und Vertreibungen im Kosovo durch die Bombardierungen der NATO nicht gestoppt werden, stellten sich a posteriori aber als die richtige Strategie heraus: Die Niederlage Serbiens ermöglichte den Sturz von Milosevic und eröffnete damit Chancen auf grundlegende Veränderungen in der gesamten Region. Mit dem Stabilitätspakt schien man auf dem richtigen Weg zu einer dauerhaften Stabilität in der Region zu sein, was sich eineinhalb Jahre später aber als Fehleinschätzung erwies.

„Get lucky": lessons learned in Mazedonien

Bis Ende der 1990er Jahre schien Mazedonien eine Insel der Stabilität innerhalb einer von Krisen geschüttelten Region zu sein. Am 26. März 2001 konnte mit Mazedo-nien als erstem Land des Balkans der Stabilisierungs- und Assoziierungsprozeß (SAP) der Europäischen Union eingeleitet werden.

Wenige Tage später nahmen jedoch die gewaltsamen Auseinandersetzungen zwischen der NLA und mazedonischen Regierungstruppen zu. Erstaunlicherweise hatte die Beilegung des Kosovo-Konflikts keine positiv verstärkende Wirkung auf Mazedonien. Die EU sah im Sommer 2001 Parallelen zu den Eskalationen im ehemaligen Jugoslawien und bemühte sich um eine präventive Beilegung des Konflikts, die sich in intensiven diplomatischen Bemühungen des Hohen Repräsentanten der EU, Javier Solana, und der Sonderbeauftragten Léotard (EU) und Pardew (USA) äußerte. Die mazedonische Regierung selbst bat die NATO am 14. Juni 2001 um Unterstützung bei der Entwaffnung der NLA, woraufhin der NATO-Rat am 29. Juni die unter britischer Führung laufende Operation Essential Harvest beschloß und der Bundestag gleichzeitig der Beteiligung von 500 deutschen Soldaten an dieser Mission zustimmte (BT-Drs. 14/6837). Die Unterstützung war an drei Bedingungen geknüpft: a) die Einigung über einen Waffenstillstand und seine Modalitäten; b) eine Selbstverpflichtung der NLA zur freiwilligen Waffenabgabe sowie c) eine belastbare Grundsatzvereinbarung zur politischen Lösung des Konflikts, die später im Abkommen von Ohrid vom 13. August 2001 ihren Ausdruck fand. Die NATO-Folgeoperation Amber Fox fand zum ersten Mal unter deutscher Führung statt und hatte die Aufgabe, die für die Überwachung des Ohrid-Abkommens zuständigen OSZE-Mitarbeiter zu schützen.

Grundsätzlich war die Art des Einsatzes in Mazedonien von jener im Kosovo deutlich zu unterscheiden. Zum einen war der Mazedonieneinsatz keine Intervention, sondern beide Konfliktparteien wollten die Unterstützung der NATO. Zum anderen war es kein Kampfeinsatz, sondern eine reine Unterstützungsleistung beim Einsammeln von freiwillig abgegebenen Waffen, die in Griechenland vernichtet werden sollten.

Die Beteiligung der Bundeswehr an den NATO-Missionen in Mazedonien wurde in den Medien weniger thematisiert als die Kosovo-Intervention zwei Jahre zuvor. Vier Faktoren spielten hierbei eine Rolle: 1.) Durch fehlende Flüchtlingsmassen war die Situation in Mazedonien nicht spektakulär genug; 2.) Der friedliche Missionstyp: Die insgesamt 1000 Soldaten hatten im wesentlichen Polizeiaufgaben zu erledigen, die in der Öffentlichkeit breite Zustimmung fanden. Ferner betonte die Bundesregierung in ihrem Entschließungsantrag zu Essential Harvest den politischen Charakter des deutschen Engagements in Mazedonien; 3.) Die quantitativ kleine Mission. Deutschland stellte zwar mit 600 Soldaten das größte Kontingent, was aber nur 1/10 der deutschen Truppenstärke des Kosovo-Kontingents ausmachte; 4.) Die Mission war unter den frischen Eindrücken der Ereignisse des 11. September 2001 eingesetzt worden. Die internationale (und mediale) Aufmerksamkeit wandte sich schlagartig einem neuen Thema zu. Die politischen, wirtschaftlichen und zivilgesellschaftlichen Probleme, die es in Mazedonien und auf dem westlichen Balkan insgesamt zu lösen galt, standen nicht mehr im Mittelpunkt des Interesses.

...und vier Monate bedeutungsloses Verantwortungsbewußtsein

Nach der Wiederwahl einer amtierenden Regierung sind insbesondere außenpolitisch kaum große Veränderungen zu erwarten. Die rot-grüne Koalitionsvereinbarung von 2002 sieht auch nach den Einschnitten vom 11. September 2001 den Balkan als „Schwerpunkt des deutschen militärischen Engagements in internationalen Friedenseinsätzen" (SPD/ Bündnis90/Die Grünen 2002). Die notwendigen politischen, finanziellen und Sicherheitsressourcen sollen als „wichtige Investition" für Südosteuropa bereitgestellt werden, wobei wieder zunehmend auf zivile Krisenprävention gesetzt wird. Dies deckt sich mit der Regierungserklärung des Bundeskanzlers vom 29. Oktober 2002, in der er auf Grundlage eines erweiterten Sicherheitsbegriffs präventive Konfliktregelung hervorhebt, wenngleich er die nunmehr „selbstverständliche Bereitschaft" Deutschlands unterstreicht, an „peace-enforcement-Missionen" auch zukünftig militärisch teilzunehmen (Schröder 2002).

Die Bundesregierung sieht ihre eigene politische Initiative nur noch als „ergänzend" zum Ziel der Heranführung Südosteuropas an die EU durch bilaterale Stabilisierungs- und Assoziierungsabkommen. In der Regierungserklärung kommen weder Südost- europa an sich noch politische Akzente für ein weitergehendes deutsches Engagement vor. Die Lage im Kosovo und in Mazedonien hat sich zumindest soweit normalisiert, daß die Ausarbeitung grundlegend neuer Konzepte offensichtlich nicht mehr nötig erscheint. Letztlich ist genau dies Sinn und Zweck der Intervention der NATO im März 1999 sowie des Stabilitätspaktes für Südosteuropa gewesen. In Mazedonien liefen die Wahlen am 15. September 2002 problemlos ab. Die UCK hat sich in den politischen Prozeß des Landes mit der Gründung der DUI (Demokratische Union für Integration) eingefügt und sich zumindest formell aufgelöst.

Im militärischen Bereich äußert sich dies in der weiter gesunkenen Beteiligung Deutschlands an der Amber Fox-Nachfolgeoperation Allied Harmony, die am 16. Dezember 2002 auf den Weg gebracht wurde. 80 Deutsche Soldaten sind zum Schutz von OSZE-Beobachtern bis Juni 2003 eingeplant. Die friedenserhaltende Mission wird auch von der Öffentlichkeit nicht mehr als solche wahrgenommen und ist faktisch im Auslaufen begriffen. In der KFOR sind von den 8.500 vorgesehenen Soldaten Ende 2002 noch 4.500 Soldaten im Einsatz. Eine volle Präsenz ist nicht mehr nötig. Die Zusammenlegung des deutschen und italienischen KFOR-Sektors zur multinationalen Brigade Südwest im November 2002 und die damit verbundenen Lockerungen der Sicherheitsbeschränkungen legen davon ein weiteres Zeugnis ab.

Fazit: Verantwortung durch institutionelle Einbindung

Wie läßt sich der augenscheinliche Verantwortungszuwachs Deutschlands in den vergangenen Jahren erklären? Der institutionelle Erwartungsdruck seitens der Bündnis- partner war zu Beginn der Legislaturperiode hoch und drängte auf die militärische Beteiligung Deutschlands an der Kosovo-Intervention auch ohne UN-Mandat. Dieser Druck nahm gegen Ende der Legislaturperiode etwas ab. Auch der Erwartungsdruck seitens der eigenen Bevölkerung, zur Beendigung der Flüchtlingskatastrophe auf dem Balkan politisch bzw. militärisch initiativ zu werden, konzentrierte sich Anfang 1999, flachte dann aber nach erfüllter Mission wieder ab. In der deutschen Balkanpolitik ist deutlich geworden, daß Deutschland seine internationale Verantwortung, die es vor dem Regierungswechsel 1998 nur zögerlich auszufüllen bereit war, aktiver übernahm, wenngleich ab September 2001 ein Nachlassen der Aufmerksamkeit zu konstatieren ist.

Die deutsche Balkanpolitik war und ist politisch und militärisch eingebunden in internationale Institutionen. Dies war die Lehre aus der Anerkennungspolitik der Bundesregierung Anfang der Neunziger Jahre gegenüber Slowenien und Kroatien; der Stabilitätspakt war nach einem knappen Jahrzehnt Zurückhaltung erst die zweite bedeu- tende politische Initiative Deutschlands in Südosteuropa. Deutschlands gestiegenes Verantwortungsbewußtsein resultiert aus der institutionellen Einbindung und wurde förmlich durch diese erzwungen. Deutschland hatte die Möglichkeit – aber auch die Pflicht –, politische Initiativen zu zeigen. Die Entwicklungen in Jugoslawien und die zeitliche Übereinstimmung der beiden Präsidentschaften in EU und G8 drängte Deutschland in die Rolle des Initiators, da der Erwartungsdruck der institutionellen Partner enorm hoch war. Begünstigt wurde dies durch den schnellen Wandel der

Wahrnehmungsmuster der deutschen Bevölkerung, die den zunehmenden Einsatz militärischer Instrumente zur Durchsetzung von Bündnisinteressen und -zielen nicht mehr unbedingt als kriegerisch, sondern als friedensstiftend ansieht. Der Einsatz dieser Instrumente wird daher nicht als Bruch mit außenpolitischen Traditionen betrachtet, sondern als Ausdruck der gestiegenen internationalen Verantwortung Deutschlands und deren Implikationen.

Deutschland hat den dadurch entstandenen größeren Handlungsspielraum dabei stets zu eigenen politischen Initiativen im institutionellen Verbund genutzt und zeigte sich dabei weitgehend als einheitlicher Akteur. Obwohl es vereinzelt für Südosteuropa auch andere politische Initiativen gab, wie z.B. den Vorschlag aus den Reihen der CDU/CSU der Gründung einer Südost-Europäischen Union (FAZ 18.7.2001) oder die weitgehend von der FDP getragene Initiative einer Konferenz für Sicherheit und Zusammenarbeit für Südosteuropa (KSZSE), trug der traditionelle außenpolitische Grundkonsens im Bundestag zu einer von allen Fraktionen getragenen deutschen Außenpolitik bei.

Mit dem Stabilitätspakt wurde ein institutioneller Rahmen zur strukturellen Entwicklung der Region geschaffen. Erfolg kann jedoch weder herbeigeredet noch konstruiert werden. Er muss sich in der Verbesserung der Lebensbedingungen der Menschen und in der Stabilisierung der politischen Prozesse und Institutionen manifestieren. Fortschritte sind im Bereich der Infrastruktur und bei der zunehmenden regionalen Zusammenarbeit zu verzeichnen. Am 27. Juni 2001 wurde ein gemeinsames Memorandum über die Errichtung einer Freihandelszone unterzeichnet, die ab Anfang 2003 mehr als 50 Millionen Menschen umfassen soll. Dennoch bleibt dem Stabilitätspakt Kritik nicht erspart – und sie ist z.T. auch durchaus berechtigt. Die südosteuropäischen Länder beklagen das Ausufern von Foren und Gremien, in denen sie aufgrund der Komplexität nicht mehr adäquat ihre Interessen vertreten könnten. Ein Großteil der Gelder scheint nicht für operative Politik, sondern für zu viele Evaluationskonferenzen ausgegeben zu werden. Zudem dauert der Auszahlungsprozeß zu lange. Möglicherweise wurden die Erwartungen der Nehmerländer an den „Messias Stabilitätspakt" von den Initiatoren, d.h. auch von der Bundesregierung, durch entsprechende Vergleiche mit dem „Marshall-Plan" zu hoch geschraubt, welche die Ungeduld in der Region auf eine schnelle Verbesserung der Lebensbedingungen zusätzlich noch verschärfte. Die Ernüchterung der Adressaten kam somit zwangsläufig (Biermann 2001), sollte aber nicht darüber hinweg täuschen, daß der Wille zur Verbesserung des status quo trotz erheblicher Anstöße von Außen, insbesondere von der Europäischen Union, aus der Region selbst kommen muß.

Durch die krisenhafte Zuspitzung der Lage auf dem Balkan Ende 1998 war das öffentliche Interesse an den politischen Entwicklungen speziell im Kosovo natürlich hoch. Nach dem Gründungszeremoniell des Stabilitätspaktes für Südosteuropa in Sarajevo schien sich jedoch eine gewisse „Balkan-Müdigkeit" breit zu machen, zumal die Weitergabe der Präsidentschaften in G-8 und im Rat der EU für weitere politische Initiativen der Bundesregierung weniger günstige Voraussetzungen bot. Dennoch versuchte das Auswärtige Amt, die Debatte über die politischen Prozesse in Südosteuropa mit der Durchführung des Balkan-Forums im Jahre 2001 und 2002 wieder anzustoßen, aber dies konnte nicht darüber hinweg täuschen, daß der Balkan nach dem 11. September 2001 weniger Aufmerksamkeit genießt als 1999. Auch die Berufung des deutschen Unterhändlers in Dayton und späteren politischen Direktors des Auswärtigen

Amtes, Wolfgang Ischinger, zum Botschafter in Washington läßt vermuten, daß das deutsche Interesse an den politischen und wirtschaftlichen Entwicklungen Südosteuropas eher nachlassen wird.

Die Koalitionsvereinbarung vom 16. Oktober 2002 und die Regierungserklärung vom 29. Oktober 2002 bestätigen diesen Trend und legen gleichzeitig den Schluß nahe, daß Deutschland in der politischen Stabilisierung des Balkans zunehmend auf die Instrumente der Europäischen Union setzt und somit Lasten und Verantwortlichkeiten auf die EU umverteilt. Dabei hat die Bundesregierung aus vergangenen Erfahrungen gelernt, trotz großer finanzieller Beitragszahlungen in multilateralem Rahmen beim politischen Einfluß hinter seinen Partnern zurückzubleiben. Die Berufung Michael Steiners auf den einflußreichen Posten des UNMIK-Chefs ist ein gutes Beispiel für den Willen der Bundesregierung, politisch mehr Einfluß auszuüben.

Die Bundesregierung hatte durch die beiden Präsidentschaften in G8 und im Rat der Europäischen Union erhebliche Möglichkeiten des agenda settings und konnte somit eines ihrer Hauptanliegen in Fragen internationaler Sicherheitspolitik – die Konfliktprävention – erfolgreich europäisieren. Durch den Abschluß des Stabilitätspakts konnte Deutschland seine Balkanpolitik in einen institutionalisierten Rahmen übertragen und somit verstetigen, hat dadurch aber gleichzeitig politische Einflußmöglichkeiten abgegeben. Auch bei der zweiten Konferenz des Balkan-Forum im Auswärtigen Amt war somit durchgängiges Thema „die Verantwortlichkeit der EU für die weitere Konsolidierung der Region" (Herterich 2002). In der Praxis manifestiert sich dies in der Übernahme der Mazedonien-Mission durch die EU, die mit einem Kontingent von 450 Soldaten für März 2003 geplant ist, wenngleich mit Rainer Feist auch der EU-Einsatz von einem deutschen General geführt werden wird (IHT 28.1.03). Die NATO-Mission in Bosnien-Herzegowina soll ab dem Jahr 2004 ebenfalls von der EU geführt werden. Dieser Schub für die ESVP deutet auf eine zunehmende Arbeitsteilung im transatlantischen Bündnis hin, die auf mittelfristige Sicht das Engagement der USA auf dem Balkan nicht weiter erforderlich macht und dafür die EU in eine größere Verantwortung bringt. Die EU hat aus negativen Erfahrungen gelernt und im Jahre 2000 die institutionellen Voraussetzungen ihres Krisenmanagements mit der Gründung des SitCen und der Policy Planning Early Warning Unit im Büro des Hohen Vertreters der GASP sowie durch das neue Referat für Konfliktprävention und Krisenmanagement in der EU-Kommission verbessert (Schneckener 2002:45).

Die aktuelle Situation legt aber auch Schwachstellen offen. Die Friedensinitiative für das Kosovo sah zwar die UNMIK als Übergangsverwaltung vor, welche die substanzielle Autonomie unter Wahrung der territorialen Souveränität Jugoslawiens sicherstellen sollte. Jedoch ist weder klar, wie weit eine substanzielle Autonomie reicht, ohne die territoriale Souveränität eines Staates zu untergraben, noch ist ein Zeitpunkt des Ausstiegs der UNMIK definiert. So wurde ein für das Jahr 2003 vorgesehenes Referendum über den Status der Provinz erneut auf das Folgejahr verschoben („The time for solving Kosovo's final status will come, but not in 2003"; [Steiner 2003]). Oftmals wird auf diese fehlende Exit-Strategie mit schwammiger „Kosovos-Weg-nach-Europa"-Rhetorik reagiert, welche die Beteiligten nicht zufriedenstellt. Die EU sollte dieser interpretatorischen Vielfalt ein klares politisches Ziel entgegensetzen, um nicht den unbefriedigenden status quo zu zementieren, der sich trotz beginnender institutioneller Anbindung Südosteuropas an die EU zu manifestieren scheint.

Europäische Sachzwänge, transatlantische Bündnisverpflichtungen und vor allem die begrenzten Ressourcen Deutschlands haben in den vergangenen vier Jahren neben den Spielräumen auch die Grenzen der deutschen Balkanpolitik deutlich werden lassen. Wer „A" sagt, muß zwar nicht „B" sagen, aber er muß seine Meinung glaubhaft durch sein Handeln unterstützen. Dies hat die Bundesregierung im Rahmen ihrer Möglichkeiten getan. Bei der Befriedung Südosteuropas ist Deutschland, ist der Westen insgesamt zwar ein Stück vorangekommen, aber die noch ungelösten Probleme und Aufgaben sind gewaltig, während das Engagement der westlichen Außenpolitiken für den Balkan zurückgeht.

Literaturverzeichnis

Altmann, Franz-Lothar (2002): Regionale Kooperation in Südosteuropa. Organisationen – Pläne – Erfahrungen, Diskussionspapier für das Balkan-Forum 2002, unter: http://www.auswaertiges-amt.de/www/de/infoservice/download/pdf/planungsstab/ balkan _ forum/expertise_altmann.pdf [20.12.2002].

American Institute for Contemporary German Studies (AICGS) (2000): The legacy of Kosovo. German Politics and Policies in the Balkans, unter: http://www.aicgs.org/ publications/PDF/legacy_of_kosovo.pdf [2.2.2003.]

Behrens, Wolfhard (2002): Wirtschaftlicher Aufbau im Rahmen des Stabilitätspaktes durch das Bundesministerium für wirtschaftliche Zusammenarbeit und Entwicklung, in: Biermann, Rafael (Hrsg.): Deutsche Konfliktbewältigung auf dem Balkan. Erfahrungen und Lehren aus dem Einsatz, Baden-Baden, S. 127-138.

Biermann, Rafael (2001): Stabilitätspakt – quo vadis?, in: Zentrum für Europäische Integrationsforschung (Hrsg.): Zwei Jahre Stabilitätspakt, unter: http://www.zei.de/ download/zei_soe/SOE-Monitor3.pdf [2.2.2003].

Daalder, Ivo H./ O'Hanlon, Michael E. (2000): Winning Ugly. NATO's War to Save Kosovo, Washington, D.C.

Der Spiegel 15/1999: Ich bin kein Kriegskanzler, S. 32-36.

Die Zeit 46/1999: Der Geschmack von Freiheit und Anarchie, Dossier.

Die Zeit 20/1999: Wie Deutschland in den Krieg geriet, Dossier.

Frankfurter Allgemeine Zeitung (23.7.1998): Kinkel ruft im Kosovo-Konflikt nach Zwangsmaßnahmen der Vereinten Nationen.

Frankfurter Allgemeine Zeitung (18.07.2001): Ordnung und Einverständnis.

Herterich, Frank (2002): Integrating the Balkans – Regional Ownership and European Responsibilities. Résumée zum Balkan-Forum, unter: http://www.auswaertiges-amt.de/www/de/infoservice/download/pdf/planungsstab/balkan_forum/resumee.pdf [20.12.2002].

International Herald Tribune (28.01.2003): EU to head Macedonia peacekeeping.

Janning, Josef (2002): Lange Wege, kurzer Sinn? Eine außenpolitische Bilanz von Rot-Grün, in: Internationale Politik 57/9, unter: http://www.dgap.org/ip/ip0209/janning .html [20.12.2002].

Joetze, Günter (2001): Der letzte Krieg in Europa? Das Kosovo und die deutsche Politik, Stuttgart/ München.

Schneckener, Ulrich (2002): Die EU als Krisenmanager. Der Testfall Mazedonien, in: Volle, Angelika/ Weidenfeld, Werner (Hrsg.): Der Balkan zwischen Krise und Stabilität, Bielefeld.

Schröder, Gerhard (2002): Regierungserklärung vom 29.10.2002, unter: http://www. bundesregierung.de/Anlage446670/attach.ment [02.02.2003].

SPD (1997): Beschluß des Ordentlichen Parteitages zur Außen-, Sicherheits- und Entwicklungspolitik vom 3.12.1997, unter: http://archiv.spd.de/suche/archiv/hann over_97/a_1.doc

SPD/ Bündnis90/Die Grünen (2002): Koalitionsvereinbarung vom 16.10.2002, unter: http://www.deutsche-aussenpolitik.de/daparchive/dateien/2002/02040.pdf [02.02.2003].

Spindler, Walter (2000): Der Beitrag der Bundeswehr zur Bewältigung des Kosovo-Konflikts. Ein Element des internationalen Krisenmanagements im ehemaligen Jugoslawien, in: Reiter, Erich (Hrsg.): Jahrbuch für internationale Sicherheitspolitik, Hamburg/Berlin/Bonn, S. 725-741.

Steiner, Michael (2003): Taking Responsibilities for 2003. Fernsehansprache Michael Steiners an das Kosovarische Volk vom 20. Januar 2003, unter: http://www.unmik online.org/press/2003/pressr/pr907.htm [02.02.2003].

Die deutsche Nahostpolitik: Gescheiterte Ambitionen

Hanns W. Maull

Die Bedeutung des Nahen Ostens und damit der deutschen Nahostpolitik ergibt sich zum einen aus den offensichtlichen und erheblichen Risiken und Bedrohungen, die von dieser Region für die außen- und sicherheitspolitischen Interessen der Bundesrepublik ausgehen. Hierzu zählen Gefährdungen der Energieversorgung durch innenpolitische Instabilität und zwischenstaatliche Konflikte sowie politische und sicherheitspolitische Risiken durch die Ausbreitung gewaltbereiter fundamentalistischer Tendenzen in der Region und nach Europa hinein, durch terroristische Netzwerke, organisierte Kriminalität, Migration und die Proliferation von Massenvernichtungswaffen in der Region. Zum anderen ist die deutsche Nahostpolitik aber auch in doppelter Hinsicht von paradigmatischem Interesse für die deutsche Außenpolitik. Sie zeigt die Anforderungen, die Möglichkeiten und Grenzen deutscher Außenpolitik in Regionen im unmittelbaren Umfeld Europas, die durch gewaltträchtige Konflikte gekennzeichnet sind. Derartige Konflikte in der Nachbarschaft bedrohen in vielfältiger Weise außen- und sicherheitspolitische Interessen der Bundesrepublik und stellen sie daher vor die Aufgabe, zur Krisenprävention und Stabilisierung in diesen Regionen beizutragen. Dies gilt auch und gerade für den Nahen Osten – hier definiert als der südliche Mittelmeer-Raum von Marokko bis an die Südgrenzen der Türkei. Hinzu kommt für diese Region jedoch ein zweiter Aspekt: Deutschland ist mit der Existenz des Staates Israel im Nahen Osten in besonderem Maße mit seiner nationalsozialistischen Vergangenheit konfrontiert; seine Politik im Nahen Osten steht daher paradigmatisch auch für seinen außenpolitischen Umgang mit dieser Vergangenheit.

Diese beiden paradigmatischen Aspekte der deutschen Außenpolitik sollen im folgenden am Beispiel der deutschen Politik der rot-grünen Koalition im israelisch-arabischen Konflikt bzw. in seinem Kernbereich, dem israelisch-palästinensischen Konflikt, untersucht werden. Dabei wird zu zeigen sein, dass die deutsche Außenpolitik sich durch die eskalierende Gewalt veranlasst sah, ihre bis dahin praktizierte Zurückhaltung aufzugeben und sich verstärkt um eine multilaterale Konfliktbefriedungsstrategie zu bemühen. Die deutsche Außenpolitik agierte zum einen als aktiver Vermittler zwischen den Konfliktparteien, zum anderen und vor allem aber in und durch die Europäische Union. Jedoch erwiesen sich die deutsche Diplomatie wie auch die EU in der Krisensituation nach dem Zerfall des Oslo-Friedensprozesses als überfordert. Dies lag im wesentlichen an drei Gründen:

- Erstens waren die EU wie Deutschland als Zivilmächte (Maull 2001) mit sehr begrenzten militärischen Handlungsmöglichkeiten in einem gewaltförmigen, eskalierenden Konflikt kaum gestaltungsfähig: Es fehlten ihnen die Möglichkeiten der Einwirkung auf die Konfliktparteien, solange diese auf eine gewaltsame Konfliktstrategie festgelegt waren. Hinzu kam, dass die Europäische Union faktisch weder über die organisatorischen Voraussetzungen noch den politischen Willen für eine wirklich gemeinsame europäische Nahostpolitik verfügte.
- Zum zweiten wies der Nahe Osten aufgrund seiner unzureichenden innenpolitischen wie zwischenstaatlichen Institutionen auch aus dieser Perspektive ungünstige Voraussetzungen für Akteure wie Deutschland und die EU auf, die sich auf multila-

terale Vorgehensweisen spezialisiert hatten. Die Region selbst verfügt aber – mit Ausnahme des Barcelona-Prozesses seit 1995 (Behrendt 1999:259f), der die EU und die südlichen Mittelmeer-Anrainer einschließlich der Palästinenser zusammenbringt – über keine zwischenstaatlichen Institutionen, die konfliktdämpfend und dialogfördernd wirken könnten.

- Drittens schließlich fehlten der deutschen und der europäischen Nahostpolitik die Partner für eine erfolgreiche Friedenspolitik. Dies galt vor allem für die USA: Die arbeitsteilige Konfliktbearbeitung des israelisch-arabischen Konfliktes, die nach dem Golfkrieg 1991 durch die erste Bush-Administration unter Einbeziehung Russlands und der VN eingeleitet und von der Clinton-Administration fortgesetzt wurde, brach mit der Neuorientierung der amerikanischen Nahostpolitik unter George W. Bush zusammen. Washington zog sich dabei aus den Bemühungen um aktive Friedensvermittlung weitgehend zurück und unterstützte faktisch nahezu vorbehaltlos die Konfliktstrategie der israelischen Regierung. Aber auch in der Region selbst fand die deutsche und europäische Nahostpolitik keine Partner: Die israelische Regierung verweigerte sich, und die palästinensische Nationalbehörde war zu schwach und in ihrer eigenen Konfliktstrategie zu ambivalent, um eine konstruktive Rolle spielen zu können.

Rot-grüne Nahostpolitik: Erste Gehversuche

Die ersten nahöstlichen Orientierungen der rot-grünen Regierung nach ihrer Machtübernahme im Herbst 1998 standen unter dem Zeichen ausgeprägter – und immer wieder betonter – Kontinuität. In den Koalitionsvereinbarungen wurde unter der Überschrift „Gute Nachbarschaft und historische Verantwortung" die „besondere deutsche Verpflichtung" gegenüber Israel unterstrichen und die Absicht formuliert, „...nach Kräften daran mitzuwirken, die Sicherheit Israels zu bewahren und die Konflikte in der Region friedlich zu lösen" (SPD/ Bündnis90/Die Grünen 1998). Die Verpflichtung auf Kontinuität wurde nicht zuletzt deshalb so nachdrücklich betont, um Bedenken entgegenzutreten, die neue, historisch unbelastete Generation an der Spitze der deutschen Politik könne sich allzu forsch von der deutschen Vergangenheit verabschieden.[1]

Zu diesen Kontinuitäten der deutschen Nahostpolitik gehörte freilich neben dem unbedingten Eintreten für das Existenzrecht Israels aus historischer Verantwortung und demokratischer Solidarität auch die Unterstützung des Friedensprozesses zwischen Israel und den Palästinensern durch diplomatische Bemühungen der EU. Die Europäische Union betrieb zwar schon seit Anfang der ´70er Jahre formal eine Gemeinsame Nahostpolitik, doch war diese bis Anfang der ´80er Jahre nicht über Gemeinsame Erklärungen und einen wenig substanziellen Dialog mit der Arabischen Liga hinausgekommen. Einen ersten Schritt zu einer offensiveren Politik unternahm die EG dann mit ihrer Erklärung von Venedig im Jahr 1980; in dieser Erklärung wurde erstmals das Selbstbestimmungsrecht der Palästinenser und die Mitwirkung der PLO am Friedensprozess gefordert.

Der nach dem Golfkrieg 1991 von den USA eingeleitete multilaterale Friedensprozess, in den die EU von Anfang an integriert war (Madrid-Prozess), lieferte dann

---

1   Dies sollte auch der Besuch des zukünftigen Bundeskanzlers Schröder im März 1998 unterstreichen, der als Ministerpräsident Niedersachsens und Vorsitzender des Bundesrates Israel und die palästinensischen Autonomiegebiete besuchte.

neue Impulse, die zur Etablierung des so genannten Barcelona-Prozesses der Zusammenarbeit zwischen Europa und dem Mittelmeerraum führten. Formal hat diese euromediterrane Partnerschaft neben einer wirtschaftlichen und einer gesellschaftlich-kulturellen auch eine außen- und sicherheitspolitische Dimension, die bislang allerdings wenig Substanz bekam (Jünemann 2001; Asseburg 2001). Im Jahr 1998 brachte eine Erklärung des Europäischen Rates in Cardiff dann erstmals die Option eines Palästinensischen Staates in die Diskussion. Dieser Vorschlag zielte auf eine Friedensregelung, die nach Auffassung der EU nur über das friedliche Nebeneinander zweier unabhängiger Staaten erreicht werden konnte.

Dass diese beiden Ziele der deutschen Nahostpolitik – unbedingtes Eintreten für die Sicherheit Israels und Friedensbemühungen im Rahmen der EU mit dem Ziel zweier Staaten auf dem Territorium Palästinas – sich nicht ohne weiteres spannungslos verfolgen ließen, zeigte sich bereits in der ersten Jahreshälfte 1999 im Zusammenhang mit dem Ratsvorsitz Deutschlands in der EU. Der oberste Repräsentant der deutschen Diplomatie, der neue Außenminister Joschka Fischer, bekam den Unwillen der israelischen Likud-Regierung zu spüren, als er als Ratsvorsitzender im Februar 1999 gegenüber Israel und der Autonomiebehörde nachdrücklich um eine Fortsetzung des Friedensprozesses warb. Ähnlich kritisch reagierte Israel auch auf die gemeinsame Erklärung der EU zum Nahen Osten auf dem Gipfel in Berlin im März 1999, der die Siedlungspolitik Israels kritisierte und eine Umsetzung der Friedensvereinbarungen von Wye anmahnte, die zwischen Israel und den Palästinenser unter amerikanischer Vermittlung ausgehandelt worden waren. Die EU brachte in dieser Berliner Erklärung ihre Unterstützung für das Selbstbestimmungsrecht der Palästinenser einschließlich eines eigenes Staates zum Ausdruck und kündigte ihre Bereitschaft an, einen derartigen Staat „zu gegebener Zeit" anerkennen zu wollen. Immerhin hatte die deutsche Diplomatie mit dieser Formel dazu beigetragen, die von Arafat erwogene Ausrufung eines palästinensischen Staates abzuwenden (Steinbach/Alkazaz 2000:15).

Mit dem Regierungswechsel von Netanjahu zu Barak verbesserten sich die gespannten Beziehungen zwischen Israel und Deutschland zwar, aber die Bemühungen um eine umfassende Lösung des israelisch-palästinensischen Konfliktes unter amerikanischer Vermittlung scheiterten im Verlauf des Jahres 2000 in Camp David und Taba. Damit begann eine Eskalation der Gewalt im israelisch-palästinensischen Konflikt, die nach dem provozierenden Besuch Ariel Sharons Ende September 2000 auf dem Tempelberg in Jerusalem im Zusammenhang mit dem israelischen Wahlkampf als „al-Aqsa-Intifadah" eine neue Qualität erreichte.

Die Ursachen der eskalierenden Gewalt lagen zwar im Scheitern des Friedensprozesses zwischen Israel und den Palästinensern. Aber die Terroranschläge vom 11. September 2001 führten zu unheilvollen Verknüpfungen zwischen dem Kampf gegen den internationalen Terrorismus und der Situation im Nahen Osten. Zum einen spielte der Kampf gegen den jüdischen Staat eine wichtige legitimatorische Rolle für die Aktivitäten von al-Qaida, und es gab unverkennbar Sympathien unter den Palästinensern für Osama bin Laden. Dies wiederum versuchte die israelische Politik für ihre Strategie der militärischen Zerschlagung des palästinensischen Widerstandes gegen die israelische Politik in Palästina zu nutzen, indem sie Washingtons Unterstützung für ihre Politik als Schulterschluss im „gemeinsamen Kampf gegen den Terrorismus" einwarb. Zum dritten schließlich ergaben sich Rückwirkungen auf den Nahen Osten aus der

Neuorientierung der US-Außenpolitik auf den Irak: Die irakische Führung hatte schon im Golfkrieg 1991 versucht, Israel in den Konflikt hineinzuziehen.

Die Auswirkungen der Anschläge des 11. September 2001

Die seit dem Jahr 2000 durch innenpolitische Veränderungen in Israel und den USA und die Terroranschläge des 11.9.2001 entstandene neue Lage im Nahen Osten gefährdete somit wichtige Ziele der deutschen Außenpolitik. An oberster Stelle stand dabei „aus historischen und moralischen Gründen" (Bundeskanzler Schröder) die Sicherheit des Staates Israel.[2] Die Eskalation der Gewalt bedrohte außerdem die Stabilität der gesamten Region und damit auch wichtige deutsche und europäische Sicherheits- und Wirtschaftsinteressen (Lembcke/Kaim 2002; Perthes 2002). Die deutsche Politik sah sich deshalb in der Region durch die Eskalation der Gewalt, aber auch durch gemäßigte arabische Staaten wie Ägypten und Saudi Arabien stärker in die Verantwortung gedrängt. Zudem galt Deutschland als ein durch die Vereinigung machtpolitisch aufgewerteter Akteur, der sich zudem durch beharrliche Bemühungen um gute Beziehungen zu Israel und den Palästinensern auf beiden Seiten Glaubwürdigkeit geschaffen hatte (Gardner-Feldman 2002). Demgegenüber stand Israel der EU skeptisch gegenüber; sie gilt als „pro-palästinensisch" (Lembcke/Kaim 2002; FAZ 9.10.02).

Die deutsche Außenpolitik versuchte dieses Dilemma zwischen gestiegenem Handlungsbedarf einerseits und – trotz des perzipierten Zuwachses an Gewicht und Ansehen – eher ungünstigen Gestaltungschancen andererseits durch vorsichtige Verstärkung ihres politischen Engagements in den Bemühungen um Konflikteindämmung aufzulösen.[3] Nicht zuletzt mit Blick auf die Sicherheit des jüdischen Staates, aber auch aus Rücksicht auf pragmatische deutsche Sicherheits-, Wirtschafts- und Energieversorgungsinteressen (Perthes 2002) hatte die deutsche Nahostpolitik schon seit längerem versucht, im Kontext der Europäischen Union dazu beizutragen, den israelisch-arabischen und auch den israelisch-palästinensischen Konflikt zu entschärfen. Bereits im Jahre 1977 formulierte der damalige Bundesaußenminister Hans-Dietrich Genscher in diesem Zusammenhang die Unterstützung der deutschen Außenpolitik für das Selbstbestimmungsrecht der Palästinenser – ein Grundsatz, an dem die deutsche Nahostpolitik bis heute festhält und ohne den aus deutscher Sicht die Sicherheit Israels nicht zu gewährleisten ist (Jäger 2000). Deutschland hatte sich dementsprechend um enge Beziehungen zu den Palästinensern bemüht und war so auch zum wichtigsten externen Geldgeber der Autonomiebehörde geworden (Jäger 2000; Lembcke/Kaim 2002). Die Einbettung deutscher Nahostpolitik in die Diplomatie der Europäischen Union erleichterte es der Bundesrepublik dabei, gute Beziehungen zu Israel, aber auch zu den Palästinensern und zur arabischen Welt zu unterhalten und so auch die Bemühungen um einen politischen Ausgleich der USA und der EG/EU durch diplomatische und finanzielle Unterstützung zu unterfüttern (Perthes 2002).

---

2   So Bundeskanzler Schröder am 27.11.2002 zur Rechtfertigung des Regierungsbeschlusses, Israel „Patriot"-Flugabwehrsysteme für den Fall eines Krieges gegen den Irak zur Verfügung zu stellen (FAZ 28.11.02)

3   Federführend in der Ausgestaltung dieser Politik war dabei das Außenministerium und der Minister selbst, während sich das Bundeskanzleramt und der Kanzler eher zurück hielte. Diese Konstellation erscheint untypisch: Generell bestimmt zunehmend das Kanzleramt die Grundlinien, aber auch die meisten grundlegenden Entscheidungen der Außenpolitik (Fröhlich 2002).

Diese Politik beruhte freilich auf zwei Voraussetzungen. Die erste war, dass Israel selbst in seiner Existenz in keiner Weise gefährdet war und damit auch die besondere Verantwortung Deutschlands für die Sicherheit des jüdischen Staates nicht zum Tragen kommen musste. Die zweite Voraussetzung bestand in der Wirksamkeit der regionalen und internationalen Friedensbemühungen bzw. einer deeskalierenden Eigendynamik der Konflikte, um die deutschen Interessen in der Region wirksam zu schützen. Nach der Eskalation der Gewalt seit September 2000 und den Terroranschlägen auf New York und Washington waren jedoch beide Voraussetzungen nicht länger gegeben. Der Terror gegen israelische Staatsbürger bedeutete zwar keine unmittelbare Gefahr für die Existenz des Staates Israel, stellte aber nichtsdestotrotz ein erhebliches langfristiges Sicherheitsrisiko für Israel dar und beschwor somit auch die besondere historische Verantwortung Deutschlands für den jüdischen Staat herauf. Hinzu kam die veränderte Haltung der USA zum israelisch-palästinensischen Konflikt. Nachdem Bill Clinton in den letzten Tagen seiner Präsidentschaft noch einmal vergeblich versucht hatte, eine umfassende Konfliktlösung zu vermitteln, zog sich die neue amerikanische Regierung unter George W. Bush seit Anfang 2001 immer mehr aus den diplomatischen Friedensbemühungen im Nahen Osten zurück. Dies änderte sich auch nicht nach den Terroranschlägen am 11. September. Zwar kam es zu sporadischen Ansätzen wie der Nahost-Reisen des Außenministers Powell und der Rede zum Nahen Osten von Präsident Bush am 24.6.2002; insgesamt aber präsentierte sich Washington im Nahen Osten eher als Partei denn als Friedensmakler (The Economist 27.6.2002). Der Einfluss der israelischen Regierung auf die Bush-Administration war groß, und mit seiner Weigerung, Jassir Arafat als legitimen Vertreter der Palästinenser anzuerkennen und seiner Aufforderung an die Adresse der Palästinenser, ihn abzuwählen, disqualifizierte sich der amerikanische Präsident in den Augen der Palästinenser als Vermittler.

Mit Blick auf die neue, als zunehmend gefährlich angesehene Situation in der Region versuchte sich die deutsche Nahostpolitik deshalb nun aus ihrer traditionellen Zurückhaltung zu lösen, indem sie selbst Initiativen zur Befriedung des israelisch-palästinensischen Konfliktes entwickelte. Der Wechsel vom zurückhaltenden Unterstützer zum Vermittler und Motor neuer europäischer Vermittlungsbemühungen zwischen der israelischen Regierung und den Palästinensern entstand allerdings eher zufällig und schon vor dem 11. September: Im Juni 2001 wurde Fischer während eines Besuchs in Israel mit den Folgen eines palästinensischen Terroranschlages auf eine Diskothek in Tel Aviv konfrontiert. Er versuchte darauf hin erfolgreich, in Gesprächen mit Sharon und Arafat eine Deeskalation der Spannungen zur erreichen. Dabei gelang es dem Minister, bei beiden Parteien als glaubwürdiger und geschätzter Gesprächspartner Vertrauen zu gewinnen (Gardner-Feldman 2002).

Bei der Bereitschaft der deutschen Außenpolitik, sich auf eine aktive Vermittlerrolle einzulassen, spielte offenbar neben der Enttäuschung über die zurückhaltende und zugleich offen parteiische amerikanische Politik auch die Suche des Außenministers nach einem neuen außenpolitischen Gesamtkonzept, einer ordnungs- und friedenspolitischen „grand strategy" eine Rolle, in die sich die Bemühungen um eine Befriedung des israelisch-palästinensischen Konfliktes gut einordnen ließen (FAZ 22.10.2001). So tastete sich die deutsche Nahostpolitik zu einer neuen, direkten Vermittlungsrolle der deutschen Diplomatie im Nahen Osten und aktiven eigenen Friedensbemühungen vor, freilich immer im Schulterschluss mit der Nahostpolitik der EU und den gemäßigten arabischen Staaten wie Ägypten und Saudi Arabien.

Den Höhepunkt dieser Bemühungen bildeten das „Ideenpapier" Fischers zu einem Friedensplan. Fischer forderte in seinem Ideenpapier zunächst die gegenseitige Anerkennung der beiden Staaten. Dem sollen rechtstaatliche und demokratische Reformen bei den Palästinensern folgen. Erst dann soll ein provisorischer palästinensischer Staat für zwei Jahre geschaffen werden, dessen Endstatus in Abschlussverhandlungen diskutiert wird. Das „internationale Quartett" (die USA, Russland, die EU und die Vereinten Nationen) sollte die Friedensverhandlungen überwachen und als Vermittler agieren (Fischer 2002).

Fischers Ideenpapier glich dem Friedensplan des saudischen Kronprinzen Abdallah bin Abd al-Aziz, welches im März 2002 beim Gipfeltreffen der Arabischen Liga in Beirut akzeptiert worden war. Damit hatte Fischer in seinen Plan arabische Positionen integriert und erfuhr dafür von Seiten der arabischen Staaten Unterstützung. Vor allem mit Blick auf die Forderung der USA nach einer neuen palästinensischen Führung überarbeitete Fischer seinen Plan dann noch einmal – die am 15. Juli dem internationalen Quartett in New York präsentierte Version enthielt als ersten Punkt nun die Forderung, dass Jassir Arafat durch einen international anerkannten Ministerpräsidenten abgelöst werden sollte (Fischer 2002; Die Zeit 16/02).

Mit diesem Ideenpapier hatte der deutsche Außenminister zwar die traditionelle Zurückhaltung der deutschen Nahostpolitik aufgegeben und vor den Kulissen versucht, eine europäische, aber auch mit den USA, Russland, Saudi Arabien und dem UN-Generalsekretär multilateral abgesicherte Friedensinitiative zu lancieren. In der Praxis bedeutete dies eine enge Zusammenarbeit mit der EU und ihrem Hohen Vertreter der Gemeinsamen Außen- und Sicherheitspolitik, Javier Solana, die Abstimmung mit den USA sowie die Einbindung Russlands und der gemäßigten arabischen Staaten unter der Ägide der Vereinten Nationen.

Defizite deutscher und europäischer Nahostpolitik

Bislang scheiterten allerdings alle Friedensbemühungen; auch Fischers Ideenpapier blieb ohne unmittelbare Ergebnisse. Dies war vor allem auf die Orientierung der Konfliktparteien zurückzuführen, die auf gewaltförmige Strategien statt auf politische Lösungen setzten, aber auch auf die Zurückhaltung der Regierung in Washington, die von einer aktiven Vermittlungsrolle nichts hielt. Die Konfliktparteien waren damit für die Einflussmöglichkeiten der EU – primär wirtschaftliche Anreize und Kooperationsangebote – wenig empfänglich, und die Zurückhaltung der USA bedeutete, dass kein Friedensprozess zustande kam, in dessen politischem Kontext die Möglichkeiten „sanfter Macht" zum Tragen hätten kommen können.

Hinzu kamen jedoch auch gewichtige Defizite der europäischen wie auch der deutschen Nahostpolitik. Die Europäische Union verfügt zwar seit 1995 über eine umfassende Politik zur Zusammenarbeit mit der Region im Rahmen des so genannten Barcelona-Prozesses und seiner Institutionen (Behrendt 1999:259f), doch blieben die Ergebnisse dieses Prozesses bislang eher bescheiden, weil die Mitgliedsstaaten der EU in etlichen wichtigen Fragen nicht übereinstimmten: Während die skandinavischen Länder wie auch Frankreich traditionell eine pro-arabische Positionen vertraten, unterstützten Länder wie Großbritannien, die Niederlande und Deutschland die israelischen Anliegen. So verhinderte auch Deutschland mehrfach durch Ausscheren aus der Mehrheitslinie ein gemeinsames Abstimmungsverhalten der EG/EU in den Vereinten Nationen bei Resolutionen, die sich kritisch über die israelische Besatzungspolitik äußerten (Asseburg 2001:263; Jünemann 2001). Die EU hatte sich zwar in der Berliner Erklärung von 1999 auf das gemeinsame Ziel eines palästinensischen Staates in den Grenzen von 1967 verständigt. Ob ein solcher Staat aber am Anfang (der französische Außenminister Vedrine etwa forderte eine sofortige Anerkennung des palästinensischen Staates und gleichzeitig Wahlen in den besetzten Gebieten) oder am Ende eines Friedensprozesses (wie in dem Ideenpapier des deutschen Außenministers) stehen sollte, darüber bestanden zwischen den Mitgliedstaaten Differenzen. Hinzu kam, dass Israel an einer politischen Mittlerrolle der EU gar nicht interessiert war (Lembcke/Kaim 2002; Jünemann 2001; Asseburg 2001). So bot die EU der deutschen Diplomatie zwar einen kongenialen multilateralen Kontext, doch erwies sich die europäische Nahostpolitik gerade unter den neuen Voraussetzungen eskalierender Gewalt als wenig gestaltungsfähig. Die EU wurde in Israel aufgrund ihrer oft als einseitig empfundenen Positionen als Vermittler nicht akzeptiert und ihre Vertreter von Ministerpräsident Sharon immer wieder ganz offen brüskiert und desavouiert.

Ein weiterer Grund, warum die EU kaum diplomatische Akzente im Nahen Osten setzen konnte, war die Tatsache, dass sie den Konfliktparteien zwar wirtschaftliche Anreize anbieten, aber nicht glaubhaft mit wirtschaftlichen Sanktionen drohen konnte und über militärische Machtpotentiale ohnehin nicht verfügte. Die Verhängung von Wirtschaftssanktionen gegen Israel hätte zwar gewichtige negative Konsequenzen und wurde angesichts der Zerstörungen in den autonomen Palästinensergebieten durch die israelische Armee, die sich u.a. auch gegen von der EU finanzierte Infrastruktur richtete, auch immer wieder diskutiert. Politisch war dies in der EU allerdings kaum mehrheitsfähig und für Deutschland angesichts seiner besonderen Verpflichtung gegenüber dem jüdischen Staat ohnehin undenkbar (Fischer 2002; Schröder 2002b).

Schließlich bewegte sich die deutsche und auch die europäische Diplomatie im Nahen Osten in einem politischen Umfeld, das sich grundlegend von den politischen Rahmenbedingungen in Europa unterschied. Dies galt zum einen für die ausgeprägten institutionellen Schwächen in Nahost auf zwischenstaatlicher Ebene (Schwäche des Barcelona-Prozesses, geringe Zahl und geringes Gewicht intraregionaler Institutionen), die eine multilaterale regionale Zusammenarbeit praktisch unmöglich machten. Zum anderen begünstigten demokratische Defizite in der arabischen Welt insgesamt und insbesondere die schwache und problematische Institutionalisierung der Palästinensischen Autonomiebehörde ideologisch motivierte Gewaltbereitschaft nationalistischer und religiös-fundamentalistischer Kräfte, die den Spielraum der Diplomatie und wirtschaftlicher Anreize drastisch einengte. Es ist daher wenig überraschend, zugleich aber auch bezeichnend für die Kontinuität der Grundorientierungen der deutschen Außenpolitik, dass Außenminister Fischer auf die Eindämmung der Gewalt durch einen umfassenden Waffenstillstand, auf Demokratisierung der palästinensischen Gesellschaft und auf multilaterale regionale Wirtschaftsintegration setzte, um seine Vision einer Befriedung des Nahen Ostens voranzutreiben (Fischer 2002). Aus all diesen Gründen war die EU – und erst recht Deutschland – strukturell nicht zu einer eigenständigen Friedenspolitik im Nahen Osten in der Lage. Beide hatten deshalb keine andere Wahl, als entweder ihr Gewicht zur Unterstützung der amerikanischen Nahostdiplomatie in die Waagschale zu werfen oder den Entwicklungen in der Region ohnmächtig zuzusehen. Die europäische Nahost-Diplomatie versuchte angesichts wachsender Irritationen in Europa über die

US-amerikanische Nahostpolitik dennoch, eine eigenständige Vermittlungspolitik mit pro-palästinensischen Akzenten zu betreiben; sie scheiterte dabei aber vorhersehbar. Die deutsche Nahostpolitik dagegen zog sich aus ihren Vermittlungsbemühungen stillschweigend zurück und gestand damit ihre Machtlosigkeit ein.

Historische Verantwortung und deutsche Nahostpolitik

Das Scheitern der deutschen Friedensbemühungen im Nahen Osten ist der deutschen Diplomatie kaum anzulasten: Die Bedingungen, die Institutionen und die Partner für einen Erfolg fehlten. Nicht einmal die USA mit ihren Deutschland und der EU weitaus überlegenen Einwirkungsmöglichkeiten schafften es, die Konfliktparteien zu einem Kompromiss zu bewegen (wenngleich unter aktiver Vermittlung der USA im Jahr 2000 bei einem Gipfeltreffen zwischen Ministerpräsident Barak und Jassir Arafat in Camp David und dann 2001 bei Nachverhandlungen zwischen Unterhändlern in Taba am Roten Meer ein umfassendes Friedensabkommen in greifbare Nähe gerückt war; IISS 2001:139). Unter diesen Voraussetzungen hatte Deutschland, hatte Europa kaum eine realistische Erfolgschance.

Zusätzlich wurde die deutsche Nahost-Diplomatie dann allerdings auch noch durch die außenpolitischen Auswirkungen der wachsenden Kritik in Deutschland an der israelischen Politik und die Versuche von Jürgen Möllemann belastet, diese Kritik wahlkampftaktisch zu instrumentalisieren (Der Spiegel 45/02). Die Toleranzschwelle für Kritik in Deutschland an Israel ist in Israel selbst wie auch bei jüdischen Organisationen in den USA historisch nachvollziehbar zweifellos niedriger als in anderen europäischen Ländern. Kritik an Israel stößt dann leicht auf den pauschalen Vorwurf des Antisemitismus. In der Auseinandersetzung um die israelische Politik wurde so vor allem in den USA, aber auch in Israel, der Vorwurf laut, in Europa (und im Besonderen in der Bundesrepublik) breite sich ein neuer, virulenter Antisemitismus aus (IHT 28.6.2002; The Economist 15.6.2002; IHT 18.9.02).[4] Die daraus entstehende, zusätzliche Belastung des deutsch-amerikanischen und des deutsch-israelischen Verhältnisses zeigte einmal mehr, wie prekär die Einflussmöglichkeiten der deutschen Diplomatie vor dem Hintergrund der deutschen Geschichte noch immer sind: Die deutsche Außenpolitik gerät noch immer sehr rasch und nachhaltig in die Defensive und verliert an Einfluss, wenn die deutsche Vergangenheit aufgerührt wird.

Ohne Zweifel eignet sich die deutsche Vergangenheit deshalb als außenpolitisches Druckmittel gegen Berlin, das sich durchaus auch instrumentalisieren lässt. So lässt sich auch ein Zusammenhang zwischen der Diskussion um den deutschen (und europäischen) Antisemitismus und den Auseinandersetzungen im westlichen Bündnis um die richtige Politik gegenüber dem Irak zumindest vermuten, zudem sich die Strategie der Bush-Administration, die auf einen Regimewechsel in Bagdad zielte, innenpolitisch auf eine Koalition der republikanischen, oft christlich-fundamentalistischen Rechten und den pro-israelischen Lobbies stützte. Mit Beginn der heißen Phase des deutschen Wahlkampfs im August 2002 trat der Gegensatz zwischen Washington und Berlin in der

---

4   Autor Abraham H. Foxman ist Überlebender des Holocaust und amerikanischer Direktor der Anti-Defamation League, einer jüdischen Interessengruppe. Die Washington Post beschäftigte sich in einem Kommentar am 17. Juni unter dem Titel „Anti-Semitism in Europe" mit der Problematik und folgerte: „...the ancient prejudice ...is alive in electoral politics and may twist some of the debate about the Middle East. Mollemann clearly understands that truth" (IHT 18.6.02).

Irak-Frage immer schärfer zutage und belastete damit das amerikanisch-deutsche Verhältnis nachhaltig. Die deutsche Nahostpolitik wurde damit immer mehr auf die Problematik eines Krieges gegen den Irak und die deutsche Haltung hierzu reduziert; in den Stellungnahmen des Bundeskanzlers und des Außenministers finden sich zum israelisch-arabischen Konflikt nur noch kursorische Verweise, die auf die Notwendigkeit einer Friedensregelung als Voraussetzung für eine Stabilisierung der Region und einer wirksamen Bekämpfung des internationalen Terrorismus abhoben.

Fazit

Welche Perspektiven ergeben sich aus dieser Bilanz der deutschen Nahostpolitik im spezifischen Kontext des israelisch-palästinensischen Konfliktes? Bemerkenswerterweise fehlt in den außenpolitischen Passagen der Koalitionsvereinbarungen vom Oktober 2002 jeder Verweis auf Israel oder den Nahostkonflikt. In der Regierungserklärung des Bundeskanzlers vom 29. Oktober 2002 wird der Konflikt dann unter Bezugnahme auf die intensiven Bemühungen der Bundesrepublik in der Vergangenheit erwähnt. Der Bundeskanzler begnügte sich jedoch damit, die bekannten Positionen der deutschen Nahostpolitik zu wiederholen. Das Ziel dieser Politik sei es, auf dem Verhandlungswege „...ein Ende der Gewalt und die Ermöglichung eines Zusammenlebens von Israelis und Palästinensern in zwei eigenständigen, anerkannten Staaten mit sicheren Grenzen" herbeiführen zu helfen. Darin sei sich Deutschland „ [...] mit unseren europäischen und amerikanischen Partnern" einig (Schröder 2002) – ein Hinweis darauf, dass Berlin auch weiterhin die enge Abstimmung in der EU und mit den USA suchen und dabei auf eigene Initiativen wohl verzichten wird. All dies spricht dafür, dass die deutsche Nahostpolitik im israelisch-palästinensischen Konflikt nach den negativen Erfahrungen mit dem Fischer-Papier zu ihrer traditionellen Politik des *low profile* zurückkehren dürfte. Für die kommenden Wochen und Monate dürfte diese Politik ohnehin durch das Thema Irak völlig beansprucht und damit für andere Probleme kaum ansprechbar sein. Aber auch danach dürfte Berlin aus den Erfahrungen der ersten rotgrünen Koalition mit dem israelisch-palästinensischen Konflikt die Schlussfolgerung ziehen, sich mit eigenen Initiativen zurückzuhalten, bis sich günstigere Voraussetzungen für die deutsche und europäische Politik eröffnen.

Was bedeutet das Scheitern der deutschen Friedensbemühungen für die deutsche Außenpolitik insgesamt? Zum ersten impliziert das negative Ergebnis keineswegs, dass diese Bemühungen nicht richtig und sinnvoll gewesen wären. Außenpolitik muss auch die Möglichkeiten des Scheitern einkalkulieren, und sie muss scheitern dürfen, wenn die Voraussetzungen für einen Erfolg sich nicht einstellen. Für die deutsche Nahostpolitik sollte daraus aber die Schlussfolgerung gezogen werden, diese Politik kritisch zu evaluieren und nach Möglichkeiten ihrer Effektuierung zu suchen. Dies gilt etwa für die Konsistenz dieser Politik. So wurden etwa alle Chancen, in Washington auf eine aktivere und ausgewogenere amerikanische Nahostdiplomatie hinzuwirken, durch die deutsche Politik im Irak-Konflikt konterkariert. Auch ist nicht klar, ob Berlin alle Möglichkeiten einer gemeinsamen französisch-deutschen Linie (oder eines gemeinsamen Vorgehens mit Großbritannien) wirklich ausgeschöpft hat. Und drittens schließlich wäre eine kritische Überprüfung sowohl der Zusammenarbeit mit Israel wie auch mit der Palästinensischen Nationalbehörde daraufhin angebracht, wie verhandlungsbereite Kräfte gestärkt und die Unterstützung für gewaltförmige Strategien zurückgedrängt werden könnten.

Eine zweite Dimension der Effektuierung betrifft die europäische Nahostpolitik und die Euro-Mediterrane Partnerschaft. Die europäischen Aktivitäten der Kommission und der Mitgliedsstaaten kranken an bürokratischem Kompetenzgerangel, Rivalität und mangelnder Koordination sowie einer verwirrenden Fülle von Zuständigkeiten mit der Folge unzureichenden Projektmanagements und massiver Verzögerungen (Asseburg 2001:265f). Die gemeinsame europäische Nahostpolitik ist trotz eines Hohen Vertreters und einer Planungs- und Analyseeinheit oft kaum koordiniert, geschweige denn gemeinsam. Auch hier sollte die deutsche Außenpolitik auf eine kritische Überprüfung und Veränderungen drängen. Dabei sollte sie selbst mit gutem Beispiel vorangehen – was sie in der Vergangenheit nicht immer unbedingt getan hat.

Literaturverzeichnis

Asseburg, Muriel (2001): Der Nahost-Friedensprozess und der Beitrag der EU – Bilanz und Perspektiven, in: Die Friedens-Warte. Journal of International Peace and Organization, 76/2-3, S. 257-288.

Behrendt, Sven (1999): Die Nahost- und Mittelmeerpolitik, in: Weidenfeld, Werner/Wessels, Wolfgang (Hrsg.): Jahrbuch der Europäischen Integration 1998/1999, Institut für Europäische Politik, Bonn, S. 259-264.

Fischer, Joseph (2002): Die Lage im Nahen Osten, Rede vor dem Deutschen Bundestag am 25.4.2002, unter: http://www.auswaertiges-amt.de/www/de/infoserv ice/presse/index_html?bereich_id=27&type_id=0&archiv_id=3068&detail=1 [2.2.2003].

Fröhlich, Stefan (2002): Auf den Kanzler kommt es an: Helmut Kohl und die deutsche Außenpolitik. Persönliches Regiment und Regierungshandeln vom Amtsantritt bis zur Wiedervereinigung, Paderborn.

Gardner-Feldman, Lily (2002): Germany's Policy Towards Israel and the Israeli-Palestinian Conflict: Continuity and Change, in: German Foreign Policy in Dialogue, 3/7, unter: http://www.deutsche-aussenpolitik.de/newsletter/issue7.pdf [2.2.2003].

International Institute for Stategic Studies (IISS) (2001): Strategic Survey 2000/2001, London/Oxford.

Jäger, Kinan (1.12.2000): Der "Staat Palästina". Herausforderung deutscher Außenpolitik, in: Aus Politik und Zeitgeschichte, B 49, S. 31-38.

Jünemann, Annette (2001): Die EU und der Barcelona-Prozess – Bewertung und Perspektiven, in: Integration 24/1, S. 42-58.

Lembcke, Oliver/Kaim, Markus (2002): The German Role in the Middle East: High Time for a Check-Up, in: German Foreign Policy in Dialogue, 3/7, unter: http://www.deutsche-aussenpolitik.de/newsletter/issue7.pdf [2.2.2003].

Maull, Hanns W. (2001): Außenpolitische Kultur, in: Korte, Karl-Rudolf/ Weidenfeld, Werner (eds): Deutschland Trendbuch. Fakten und Orientierungen, Bonn: Bundeszentrale f. Politische Bildung 2001, S.645-672.

Perthes, Volker (2002): Germany and the Middle East: What Interests, if Any? In: German Foreign Policy in Dialogue, 3/7, unter: http://www.deutsche-aussen-politik.de/newsletter/issue7.pdf [2.2.2003].

Schröder, Gerhard (2002a): Regierungserklärung vor dem Deutschen Bundestag am 25. April 2002, unter: http://www.bundesregierung.de/Nachrichten/Regierungs erklaerungen-,8674.77677/Regierungserklaerung-von-Bunde.htm [2.2.2003].

Schröder, Gerhard (2002b): Regierungserklärung vor dem Deutschen Bundestag am 29. Oktober 2002, unter: http://www.bundesregierung.de/Nachrichten/Regierungs erklaerungen-,8674.446416/Regierungserklaerung-von-Bunde.htm [2.2.2003].

SPD/ Bündnis90/Die Grünen (1998): Koalitionsvereinbarung „Aufbruch und Erneuerung - Deutschlands Weg ins 21. Jahrhundert" vom 20.10.1998, unter: http://www.spdfraktion.de/download/koalitionsvertrag.pdf [06.01.2003].

Steinbach, Udo/Alkazaz, Aziz (2000): Die Beziehungen Bundesrepublik Deutschland - Nahost 1998, in: Nahost-Jahrbuch 1999, Opladen, S. 13-18.

Steinbach, Udo/Alkazaz, Aziz (2001): Die Beziehungen Bundesrepublik Deutschland - Nahost 1999; in: Nahost-Jahrbuch 2000, Opladen, S. 11-16.

Im Osten nichts Neues.
Vier Jahre und vier Monate rot-grüne Ostasienpolitik

Jörn-Carsten Gottwald

1998 trat die von SPD und Bündnis90/Die Grünen getragene Bundesregierung unter Kanzler Gerhard Schröder an, "Nicht alles anders, aber vieles besser" zu machen. Auch wenn sich dieser Anspruch vor allem auf die Innen-, Wirtschafts- und Sozialpolitik bezog, entpuppte sich vor allem die Außenpolitik als Feld, auf dem Rot-Grün erheblich "Lehrgeld" (Maull/Neßhöver/Stahl 1999) zahlen musste: Die Entsendung deutschen Militärs zu Einsätzen außerhalb des NATO-Gebiets veranschaulicht wohl am deutlichsten den Wandel der oppositionellen, in Teilen pazifistischen Linken zu staatstragenden, realpolitischen Entscheidungsträgern (Maull 2000). Während die Krisen in Europa, der Kampf gegen den Terrorismus und der drohende Krieg gegen den Irak die Regierung wiederholt vor schwierigste Entscheidungen stellten, zeigten sich die Beziehungen zu Ostasien von einer wenig spektakulären Seite. Doch gerade der ausgesprochen geringe Bedarf an politischer Intervention eröffnete die Möglichkeit, innerhalb einer spezifischen außenpolitischen Routine neue inhaltliche Akzente zu setzen. In wie weit dies gelang, wird die Analyse der Inhalte, der Akteure und der Mechanismen rotgrüner Ostasienpolitik im folgenden zeigen.

Asien, insbesondere Ostasien,[1] ist trotz der Einbrüche in Folge der Asienkrise 1997/98 die wohl dynamischste Region der Weltwirtschaft; sie beheimatet mit ca. 1,7 Mrd. Einwohnern knapp ein Viertel der Menschheit und bildet neben Nordamerika und Westeuropa das dritte Weltwirtschaftszentrum. China ist weltweit das Land mit der höchsten durchschnittlichen Wachstumsrate des BIP für die Zeit zwischen 1978 und 2002. Der Aufstieg Taiwans, Südkoreas, Singapurs, Hongkongs, später der Philippinen, Indonesien, Thailands und Malaysias hat unter dem Slogan des "Asiatischen Wunders" der Weltwirtschaft sowie den Wirtschaftswissenschaften neue Impulse gegeben. Ostasien ist die Heimstätte der zweitgrößten Volkswirtschaft der Welt – Japan – das nach Jahren der Stagnation zugleich eines der größten Probleme der Weltwirtschaft darstellt; gleichzeitig liegt in Ostasien der nach Ansicht vieler wichtigste "Markt der Zukunft", China.

Ende der 1990er Jahre verschob sich die Wahrnehmung über Ostasien: Statt von der Kernregion eines "Pazifischen Jahrhunderts" mit Ostasien im Zentrum war nun die Rede vom "Krisenkontinent Asien" (Kreft 2000) mit dem Potential zum "weltpolitische[n] Pulverfass des 21. Jahrhunderts" (Janning 2001:31). Dieser Perzeptionswandel ergab sich aus den Auswirkungen der Asienkrise, der Ernüchterung nach dem Zusammenbruch des Suharto-Regimes in Indonesien, den von Nuklearwaffen überschatteten Spannungen auf dem indischen Subkontinent sowie auf der koreanischen Halb-

---

1   Der geneigte Leser wird im folgenden erkennen, dass entgegen der üblichen scharfen Trennung zwischen Ost-, Südost- und Südasien an geforderter Stelle die enge Definition der *Ostasien*politik (China, Taiwan, Japan, die Koreas und die Mongolei) um die *südostasiatischen* Staaten ergänzt wird. Streng genommen ist damit das Untersuchungsziel dieses Beitrags somit die deutsche Ost- und Südostasienpolitik, allerdings mit einem klaren Schwerpunkt auf der deutschen Außenpolitik gegenüber China, Japan sowie den Koreas.

insel (Kreft 2000:6) und schließlich aus den Konflikten in der Straße von Taiwan. Nach den Anschlägen vom 11. September 2001 verstärkte sich die Erkenntnis, dass auch in Ostasien Knotenpunkte des "Netzwerks des Terrors" lagen.

Die Bedeutung Ostasiens konstituiert sich aus deutscher Perspektive wie aus Sicht der EU grundsätzlich aus einer bilateralen und einer globalen Komponente: Ostasien ist dank seiner schieren Größe ein wichtiger Partner bei der Bewältigung globaler Herausforderungen wie Umweltschutz, Kampf gegen Aids oder Beseitigung von Armut; als Wirtschaftsraum ist es ein wichtiger Absatzmarkt, Handelspartner und Konkurrent auf den Weltmärkten; schließlich ist es sicherheitspolitisches Krisengebiet (Korea, Straße von Taiwan, Spratly-Inseln, Indonesien) unter Beteiligung von Mächten mit Nuklearpotential. Hinzu gesellt sich eine historisch gewachsene kulturelle Faszination, die bisweilen selbst bei politischen oder wirtschaftlichen Entscheidungsträgern irrationale Züge annimmt. Umgekehrt profitiert die Bundesrepublik in Ostasien vom Fehlen historischer Belastungen sowie von der Existenz eines latenten bis offenen Anti-Amerikanismus und – in den ehemals von Japan besetzten Staaten – Anti-Japanismus, der Europäern insgesamt, besonders aber deutschen Akteuren aus Wirtschaft und Politik, manche Türe öffnet. Schließlich besaß Deutschland in der Geschichte der beiden wichtigsten Staaten der Region, Japan und China, die Rolle eines Vorbildes bei der Modernisierung des Rechtswesens, der Wirtschaftspolitik oder des Militärs.

Die Programmatik: Vom Asien-Konzept 1993 zu den Regionalkonzepten 2002

Nach frühen, weitgehend vergeblichen Bemühungen um eine aktive, selbständige Asienpolitik in den 1950er und 1960er Jahren (Troche 2001) dauerte es bis 1993, ehe die Bundesregierung auf Initiative des Bundeskanzlers Helmut Kohl ein erstes Asienkonzept vorlegte (Rothermund 2000:1). Dieses 1993 abgeschlossene Konzept bestimmte nicht nur den politischen Kurs der Bundesrepublik Deutschland, sondern es wurde auch Vorbild der ein Jahr später auf deutsche Initiative hin beschlossenen Asienstrategie der EU. Diese beiden Konzepte bildeten trotz einiger Ergänzungen vor allem auf europäischer Ebene die programmatischen Eckpfeiler der Asienpolitik zu dem Zeitpunkt, da der deutsche Bundestag 1998 Gerhard Schröder zum Kanzler einer rot-grünen Regierung wählte.

Das ostasienpolitische Erbe der Regierung Kohl:
Asien-Konzept und Asien-Pazifik-Ausschuss (APA)

Das erste Asienkonzept 1993 sollte dazu beitragen, dass Politik und Wirtschaft den "herausragende[n] Zukunftschancen", die der Aufstieg Asiens der Bundesrepublik Deutschland bot, gerecht wurden. Es entstand in einem geistigen Umfeld, da angesichts der nachlassenden Wachstumsdynamik in Europa und dem Aufschwung asiatischer Staaten die Angst vor einem regionalen Block unter Ausschluss der Europäer grassierte. Folglich betonte die Bundesregierung neben der Notwendigkeit einer engeren Einbindung der Staaten Asiens in die internationale Politik vor allem deren sich abzeichnende direkte Bedeutung als Wirtschaftspartner. Schwerpunkte des deutschen Engagements sollten die Teilhabe am ökonomischen Aufschwung sein, die Einstellung "auf die wirtschaftlichen Herausforderungen", ein Beitrag zu globaler Stabilität und Frieden und die stärkere Berücksichtigung nationaler Spezifika. Besonders betont wurde die Notwendigkeit, Asien zu einer gemeinsamen Umwelt- und Menschenrechtspolitik zu bewegen. Dies sollte in zunehmendem Maße auf europäischer Ebene geschehen. Konkret formulierte das Konzept acht Schwerpunkte.[2] Zu den "wichtigsten politischen Anliegen" werden Freundschaften mit asiatisch-pazifischen Staaten erklärt, das Interesse an Deutschland und Europa, Einbindung der asiatischen Staaten in globale Politik, intraregionale Kooperation, Krisenprävention – besonders hervorgehoben: Korea – vornehmlich im europäischen Kontext sowie nach eingehender Prüfung die Beteiligung an UN-Aktionen, "diplomatisch wie durch EZ, aber auch darüber hinausgehend".

Zurecht ist das Asien-Konzept ob seiner grandiosen Nivellierung der ausgeprägten regionalen und nationalen Unterschiede innerhalb Asiens kritisiert worden (Rothermund 2000:1). Es dominieren eindeutig die wirtschaftspolitischen Interessen; die politischen Ambitionen hingegen sind deutlich zurückhaltender und oberflächlicher formuliert. Zwar wird im Rahmen eines "erweiterten Sicherheitsbegriffs" das deutsche Interesse "an einer rechtstaatlichen, demokratischen und auf soziale Marktwirtschaft ausgerichteten Verfassung der Staaten der Region" (Bundesregierung 1993:145) postuliert – konkrete Instrumente einer externen Demokratieförderung oder einer Unterstützung von Reformbewegungen aber fehlen. Es findet sich noch nicht einmal eine gesonderte Hervorhebung der Menschenrechte in dem drei Kapitel umfassenden Dokument.

Begleitet wurde die Verabschiedung des Asienkonzeptes von der Gründung des "Asien-Pazifik-Ausschusses der deutschen Wirtschaft", APA, unter maßgeblicher Beteiligung des Kanzleramts (FAZ 18.6.1993). Ziel des APA ist neben der Koordination der wirtschaftlichen Aktivitäten deutscher Unternehmen die Beratung und Unterstützung der Bundesregierung bei wichtigen Projekten. Mitglieder im APA sind führende Vertreter deutscher Unternehmen, den Vorsitz hat seit seiner Gründung Heinrich von Pierer inne, Vorstandsvorsitzender der Siemens AG. Mit dem APA etablierte sich die wohl mächtigste Interessengruppe der deutschen Ostasienpolitik, die auch unter Rot-Grün nicht an Einfluss verloren hat – und zu einem wichtigen Nutznießer des neuen politischen Interesses an Ostasien avancierte.

Die Einbindung in eine europäische Asienpolitik

Die Schwierigkeiten bei der Entwicklung einer gemeinsamen europäischen Außen- und Sicherheitspolitik lassen die EU, einen "etablierten wirtschaftlichen Akteur, ... [als] strategischen Novizen" (Gompert 2002:17) erscheinen. Dennoch forcierte die Bundesregierung 1994 die Formulierung einer Asienstrategie auf europäischer Ebene (Kommission 1994), um den wirtschaftlichen Aufstieg Ostasiens als "Schwungrad für Europa" (Rühland 2000:5) zu nutzen. Wichtige Folgen waren neben einer Vertiefung der bilateralen Beziehungen vor allem die Mitwirkung der EU in multilateralen Foren in und mit Ostasien, wie etwa das Asean Regional Forum (ARF) oder die Asia Europe Meetings, ASEM.

Das Kernanliegen einer "Stärkung der politischen und wirtschaftlichen Präsenz der EU" steht auch im Zentrum des neuen Konzeptes von 2001 – entsprechend "dem wachsenden globalen Gewicht einer erweiterten EU". Hierzu gelte es, durch die Erweiterung des europäischen Engagements zu Sicherheit und Stabilität in der Region und weltweit beizutragen; die gegenseitigen Handels- und Investitionsströme zu vergrößern; Ent-

---

2   Nämlich die Bereiche der Wirtschaft, von Wissenschaft und Technologie, Umwelt, Telekommunikation, entwicklungspolitischer Zusammenarbeit sowie von Bildung und Kultur. Erst die beiden letzten Bereiche widmen sich den Aufgaben der Außen- und der Sicherheitspolitik.

wicklung und Armutsbekämpfung in den weniger entwickelten Ländern zu verbessern; zum Schutz der Menschenrechte und zur Verbreitung von Demokratie, Rechtsstaatlichkeit und Good Governance einen Beitrag zu leisten; mit asiatischen Staaten in internationalen Arenen eine stabile Partnerschaft aufzubauen, um die Anforderungen der Globalisierung meistern zu können; und schließlich das Bewusstsein von Europa in Asien zu verbessern (und umgekehrt). Das neue Konzept versteht sich als ein Rahmen, der sowohl auf europäischer Ebene als auch innerhalb der Mitgliedsstaaten der Konkretisierung bedarf und der nach fünf bis sechs Jahren erneut überprüft werden soll. Zudem fordert die Kommission, dass in einem ersten Schritt zur Sicherstellung der notwendigen Ressourcen die vorhandenen Mittel effektiv und zeitnah eingesetzt werden. Schließlich sei Asien wirtschaftlich und politisch ein "crucial partner" für Europa (Kommission 2001:4).

Trotz ihrer ambitionierten Sprache verdeutlicht diese neue Konzeption, dass das europäische Engagement, erstens, noch längst nicht die gesteckten Ziele erreicht hat und, zweitens, stärker auf nationaler denn auf supra-nationaler Ebene forciert wurde. Insofern stellt es tatsächlich eher ein "Working Paper" als das kohärente Programm eines handlungsfähigen Akteurs dar (Lim 2002).

Die Regionalkonzepte von 2002

Folgte die EU 1994 mit ihrer Asienstrategie zeitlich wie inhaltlich dem deutschen Konzept von 1993, so legte Rot-Grün erst ein Jahr nach der Kommission eine eigene Programmatik für die Gestaltung der deutschen Asienpolitik vor. Die früheren Konzepte standen noch ganz im Zeichen einer gefürchteten Dominanz Ostasiens als ökonomischer Supermacht. Demgegenüber betont das Programm von 2002 die Veränderungen in Folge von Asienkrise und Terrorismusbekämpfung: "In der abschätzbaren Zukunft werden wir es eher mit einer Globalisierung der politischen und wirtschaftlichen Chancen und Risiken zu tun haben als mit der wechselnden Dominanz einzelner Weltregionen" (Auswärtiges Amt 2002:3). Deshalb müsse die Ostasienpolitik zentrales Element der globalen Außen- und Sicherheitspolitik Deutschlands und der EU sein.

Die übergeordneten Ziele der deutschen Ostasienpolitik sind demnach die "friedliche Lösung von Interessengegensätzen", "Menschenrechte, Demokratie, Rechtsstaatlichkeit"; der "Aufbau von Konsultations- und Kooperationsstrukturen" sowie die "Sicherung und Förderung unserer wirtschaftlichen Interessen" (Auswärtiges Amt 2002:14). Als "zentrale Anliegen" für Ostasien zählt das Programm des Auswärtigen Amtes zunächst "Demokratie, Rechtsstaatlichkeit und Menschenrechte" auf; ferner "Frieden und Stabilität"; "unsere wirtschaftlichen Interessen"; "Umwelt"; "entwicklungspolitische Zusammenarbeit" sowie "Kultur, Wissenschaft, Hochschulen und Medien" (Auswärtiges Amt 2002:5-12). Das Programm hebt die positive Rolle der EU für die Kooperation mit der VR China und innerhalb des ASEM-Prozesses hervor und unterstreicht den "Dienstleistungscharakter" der deutschen Außenpolitik, der sich nur schwer mit den Forderungen nach einer zentralen Stellung der Menschenrechte in Einklang bringen lässt.

Das neue Konzept setzt einige neue Akzente. An die hervorgehobene Stellung der wirtschaftlichen Zusammenarbeit tritt die Betonung der globalen Sicherheits- und der bilateralen Menschenrechtspolitik. Rot-Grün reagiert damit sowohl auf den Wandel des internationalen Umfelds nach der Asienkrise und den Terroranschlägen des 11. September 2001 als auch auf den innenpolitischen Druck, die eigene Bilanz in der Menschenrechtspolitik zu verbessern. Die Aufteilung der ursprünglichen Asienstrategie in drei Regionalkonzepte soll eine stärkere Fokussierung zum Ausdruck bringen, die aber bei einem 14-seitigen Programm naturgemäß nur bedingt gelingt. Auch gewinnt die Forderung nach multilateralem Vorgehen trotz einer eher mäßigen Betonung der Rolle der EU deutlich an Gewicht. Mit diesen Regionalkonzepten lindert Rot-Grün gegen Ende ihrer ersten Regierungsperiode den programmatischen Mangel, ohne jedoch das "schwarze Loch" gänzlich auffüllen zu können (Hammer 2000:12). Auch in Bezug auf die VR China bemüht sich das neue Programm zwar um eine Relativierung der Dominanz der Volksrepublik; doch gerade die lakonische Feststellung, dass Deutschland an der "Ein-China-Politik" festhält und damit dem demokratischen Taiwan weiterhin die staatliche Anerkennung vorenthält, stellt die demokratischen Prinzipien der rot-grünen Ostasienpolitik ernsthaft in Frage. Mit der stärkeren Betonung der multilateralen Zusammenarbeit, von Menschenrechten und Demokratie sowie der Maßgabe zur Ausarbeitung konkreter Programme in den einzelnen Ministerien erhöht Rot-Grün die Latte, an der sich ihre Ostasienpolitik künftig messen lassen muss. Ähnlich wie das Programm der EU erscheint das neue Konzept weniger als klarer politischer Plan, sondern mehr als öffentlichkeitswirksame Bestandsaufnahme plus grobmaschiger Absichtserklärungen.

Rot-grüne Ostasienpolitik in der Praxis: Das Beispiel China

Die rot-grüne Chinapolitik ist – auch aus der Sicht der Bundesregierung selbst, siehe etwa Aussagen des ehemaligen Staatsministers Ludger Volmer – beispielhaft für die Asienpolitik der Regierung Schröder (Volmer 2001:8). Asienpolitik blieb – wie auch schon zu Zeiten der Regierung Kohl – vor allem Chinapolitik. Nach dem kurzen, rhetorisch fulminanten Start des Außenministers wurde sie schnell zur "Chefsache" des Bundeskanzlers. Ihre praktische Ausgestaltung war neben dem zentralen Thema ‚Handel und Investitionen' zahlreichen transnationalen Aktivitäten vorbehalten. Trotz rhetorischer Akzentverschiebungen zugunsten von Demokratie und Menschenrechten blieb die Ostasienpolitik während der ersten Regierungszeit von Rot-Grün ebenso wie zu Anfang der zweiten Amtsperiode Schröders stark in der Kontinuität ihrer Vorgänger verhaftet.

Bereits kurz nach ihrer Gründung hatte sich die Bundesrepublik selbst gegen starke Vorbehalte seitens der Verbündeten um gute Handelsbeziehungen zur VR China bemüht, allerdings ohne nachhaltigen Erfolg. Politisch hat sich seit der Aufnahme diplomatischer Beziehungen mit der Volksrepublik China 1972 eine recht stabiles Verhältnis entwickelt, das trotz einiger Krisen – etwa 1989 nach der blutigen Niederschlagung der chinesischen Demokratiebewegung – in den Regierungsjahren des Bundeskanzlers Kohl erhebliche Fortschritte verzeichnete (Heilmann 2002). Insgesamt erbte die Regierung Schröder ein breites inhaltliches Programm deutsch-chinesischer Zusammenarbeit mit einem klaren wirtschaftspolitischen Schwerpunkt.

Rot-grüne Chinapolitik

In den ersten Wochen der rot-grünen Koalition 1998 schien sich ein abrupter Wandel in der Chinapolitik anzubahnen: Noch im September 1998 betonte der designierte Außenminister Joschka Fischer, "keinen Kotau mehr vor der ‚Diktatur in Peking'" machen zu wollen; der chinesische Regimekritiker Wei Jingsheng wurde zu

Beijings Verdruss gar im Kanzleramt empfangen. Umso erstaunlicher erscheint deshalb, dass die deutsche Regierung in ihrem neuen Asienkonzept 2002 in bester Tradition die wirtschaftliche und politische Einbindung Chinas oberste Priorität gibt. Dieser vermeintliche Widerspruch lässt sich recht einfach auflösen: Zum einen wurde Chinapolitik in der Bundesregierung spätestens mit der Bombardierung der Botschaft der Volksrepublik in Belgrad durch NATO-Flugzeuge "Chefsache" des Bundeskanzlers, zum anderen haben die bilateralen Beziehungen im nicht-staatlichen Bereich eine Eigendynamik entwickelt, die wenig politische Interventionen erfordert.

Der Arbeitsbesuch Schröders am 12. Mai 1999 in Beijing kann als die entscheidende Abkehr von den Versuchen einer offensiveren (Menschenrechts-) Politik gegenüber der VR China interpretiert werden. Mit seiner Entschuldigung für die versehentliche Zerstörung der chinesischen Botschaft gelingt ihm nicht nur ein diplomatischer Balanceakt, sondern er etabliert das Kanzleramt als die entscheidende Schaltstelle für die Gestaltung der Beziehungen zur VR auf Regierungsebene. Während Schröder bis Januar 2003 insgesamt fünf Mal offiziell in der Volksrepublik weilte, traf Außenminister Fischer erst im Dezember 2000 zum ersten Besuch in Beijing ein (Kotzel 2002:932). Das relativ niedrige Profil des Bundesaußenministers in China verstärkte die Freiräume von Bürokratie und Nichtregierungsorganisationen und betonte die Rolle des Bundskanzleramtes. Mit der Beilegung der Botschaftskrise, der einzigen in den bilateralen Beziehungen, mit der Initiative zum Rechtsstaatsdialog sowie durch die gewohnt umfangreiche Wirtschaftsförderung bei Staatsbesuchen setzte das Kanzleramt die entscheidenden Impulse.

Der Regierung Schröder gelang es, bilaterale Krisen aufgrund von Unstimmigkeiten über Menschenrechte und Demokratie, wie sie in der Amtszeit der Regierung Kohl wiederholt auftraten, zu vermeiden (Heilmann 2002:2). Kritik an der chinesischen Menschenrechts- und Tibetpolitik fand zwar ihren Weg in die Öffentlichkeit (Fischer 2002; die Welt 4.10.2002), doch setzte Rot-Grün wie ihre Vorgänger vor allem auf die Tradition eines Menschenrechtsdialogs hinter verschlossenen Türen, wenn auch mit bescheidenem Erfolg (Poppe 2002). Öffentlichkeitswirksame Initiativen des Kanzleramtes und der EU helfen dabei, den öffentlichen Druck auf die stark in moralischen Positionen verwurzelten Regierungsparteien zu lindern.

Die zentrale Initiative der rot-grünen Chinapolitik war der Rechtsstaatsdialog, der im November 1999 angeregt und am 30. Juni 2000 vertraglich vereinbart wurde. Diese breit angelegte, langfristige Kooperation umfasst in dem 2001 festgelegten Zweijahresprogramm insgesamt 18 konkrete Projekte (BMJ 2001) zur Verbesserung der Rechtspraxis auf der Grundlage von "Grundrechten und Werten", so die damalige Justizministerin Hertha Däubler-Gmelin in einem Interview (Däubler-Gmelin 2002). Diese Mischung aus vorsichtiger öffentlicher Kritik (Schröder 2002), konkreten Gesprächen hinter verschlossenen Türen und pragmatischer Rechtszusammenarbeit auf nationaler wie europäischer Ebene mit gelegentlichen, wohl vor allem für die Innenpolitik bestimmten schärferen Worten basiert auf der Einsicht, "dass dies der beste Weg ist, um die Menschenrechtsproblematik nicht zur Belastung für die gegenseitigen Beziehungen werden zu lassen" (Zhang 2000:4). Doch auch der Rechtsstaatsdialog knüpft an eine Vielzahl bereits länger bestehender Projekte an. Er verdeutlicht das Ausmaß der Kontinuität selbst bei vermeintlich auffälligen Neuerungen, gerade in dem Bemühen, "den Vorwurf einer ,Ökonomisierung' der Beziehungen" (Schulte-Kulkmann 2002:19) zu entschärfen.

Selbst im sensiblen und innenpolitisch brisanten Bereich der Sicherheitspolitik hat die Regierung Schröder die Grundlagen ihrer Vorgänger weiter ausgebaut und so ursprüngliche Lücken im ersten Asienkonzept ein Stück weit schließen können. Allerdings entwickelte sich der sicherheitspolitische Dialog unter Rot-Grün vor allem über die "Zweite Schiene" der Nichtregierungsorganisationen (Weilemann 2000:2). Wurde die Regierung Kohl für ihre vermeintliche Rehabilitierung der chinesischen Volksbefreiungsarmee Mitte der 1990er Jahre noch scharf kritisiert, besuchte mit Rudolf Scharping 2001 zum ersten Mal ein bundesdeutscher Verteidigungsminister die Volksrepublik. Ansonsten erlaubt die Etablierung des Asean Regional Forums (ARF), an dem sowohl die EU, als auch die VR China teilnehmen, der Bundesregierung, sicherheitspolitische Fragen vor allem multilateral zu erörtern – oder sie weitgehend der US-amerikanischen Regierung zu überlassen (Heilmann 2002:8).

Die Akteure der deutschen Chinapolitik

Die nachgeordnete Bedeutung, die selbst die Beziehungen zur VR China in der deutschen Außenpolitik besitzen, und deren maßgebliche Konzentration auf Handel und Investitionen, bedeuten erhebliche Freiräume für Vertreter der deutschen Ministerialbürokratie und für Nichtregierungsorganisationen. Während den Angehörigen des deutschen diplomatischen Korps in China eher eine zu große Rückhaltung bis an die Grenze zur Unterwürfigkeit nachgesagt wird, verhalten sich Vertreter der deutschen Wirtschaft durchaus profilierter. Gerade die Vorstandsvorsitzenden der wichtigsten deutschen Unternehmen genießen auf chinesischer Seite erhebliche Wertschätzung. Langjährige, im Chinageschäft erfahrene Spitzenmanager wie der Vorstandsvorsitzende der Siemens AG, Heinrich von Pierer, oder der ehemaligen VW-Vorstand Martin Posth, verfügen dank ihrer hervorragenden Kontakte zur höchsten chinesischen Staats- und Parteispitze über erheblichen Einfluss auf die deutsche Chinapolitik,[3] die sich nicht zuletzt in umfangreichen staatlichen Unterstützungsmaßnahmen für eine bessere Präsenz deutscher Unternehmen auf dem chinesischen Markt niedergeschlagen hat (Deutsches Übersee-Institut 2000).

Diese Wirtschaftsförderung durch Organisationen der Bundesregierung wie der Bundesländer, die Rot-Grün von ihrer Vorgängerregierung übernommen und erweitert hat, arbeitet eigentlich gegen eines der zentralen Ziele der Außenpolitik der Regierung Schröder, nämlich die Stärkung der Gemeinsamen Europäischen Außen- und Sicherheitspolitik. Denn die öffentlichen Subventionen für deutsche Unternehmen spielen den chinesischen Verhandlungspartnern in ihrem Bestreben in die Hände, die Angebote internationaler Unternehmen einschließlich der jeweiligen nationalen Förderung gegeneinander auszuspielen. Zudem bedeuten die umfangreichen Finanzhilfen für deutsche Exporte nach und Investitionen in China einen eklatanten Bruch der deutschen Bemühungen, Entwicklungszusammenarbeit an die Einhaltung der Menschenrechte zu knüpfen, da Chinas erschreckende Defizite in diesem Bereich kaum zu bestreiten sind (vgl. dazu den Beitrag von Florian Pfeil in diesem Band).

Erfolgreicher als die häufig kritisierte Außenwirtschaftsförderung und von erheblich größerer Substanz als die meist unverbindlichen Erklärungen auf Ministerebene

---

3   Beide haben prominente Positionen in NGOs inne: von Pierer ist Vorsitzender des Asien-Pazifik-Ausschusses der Deutschen Wirtschaft (APA), Posth ist Vorsitzender des Asien-Pazifik-Forums.

verläuft die Arbeit deutscher NGOs in China. Gerade die politischen Stiftungen, aber auch die Tätigkeit von Experten der Deutschen Gesellschaft für technische Zusammenarbeit (GTZ), des Deutschen Akademischen Austauschdienstes (DAAD), des Goethe-Instituts oder der Deutschen Forschungsgemeinschaft (DFG), haben für die außenpolitische Praxis erhebliche Bedeutung, gerade in den von der rot-grünen Regierung stark geförderten Bereichen des Rechtsstaatsdialogs, der Zusammenarbeit im Umwelt- und Ressourcenschutz oder bei der akademischen wie beruflichen Bildung. Hier, in den transnationalen Beziehungen, befindet sich trotz erheblicher Defizite in der deutschen Kultur- und Wissenschaftspolitik gegenüber China die wahre Substanz und das eigentliche innovative Potential der deutschen Chinapolitik (Zeeck 2002).

Kontinuität statt Wandel in der deutschen Chinapolitik – auch unter Rot-Grün

Entgegen ersten Einschätzungen, wonach die große Rolle, die Menschenrechte in den außenpolitischen Stellungnahmen der Bundestagsfraktion von Bündnis90/Die Grünen vor dem Antritt der Regierung Schröder spielten, die bilateralen Beziehungen in schwere Zeiten führen würden, lassen sich kaum Brüche, dafür aber um so mehr Kontinuitäten in der deutschen Chinapolitik der Regierung Schröder feststellen, die sich weiterhin vor allem auf den Ausbau der Wirtschaftsbeziehungen konzentriert und andere Inhalte auf das Niveau eines Begleitprogramms reduziert. Verglichen mit der ambitionierten Rhetorik ist dies zu wenig. Die stärkere Einbindung von NGOs, einschließlich Menschenrechtsgruppen, in den politischen Dialog über die Ostasienpolitik hat Praxis wie Programm kaum beeinflussen können. Der konsequente Verweis auf die verschiedenen Dialogforen auf bilateraler wie auf europäisch-chinesischer Ebene scheint diese heikle Frage in der Öffentlichkeit jedoch weitgehend entschärft zu haben.

Verglichen mit den zahlreichen Protesten gegen chinesische Spitzenpolitiker, die gar zum Abbruch eines Staatsbesuchs in Deutschland führten, erlebte die deutsche Chinapolitik nach 1998 ausgesprochen reibungsarme Jahre: Die kurzzeitigen Spannungen nach dem Bombardement der chinesischen Botschaft in Jugoslawien konnten schnell entschärft werden, und in vielen globalen Fragen lassen sich weitgehende Übereinstimmung zwischen den jeweiligen Positionen feststellen. Mit Chinas Aufnahme in die Welthandelsorganisation WTO 2001, bei dem die EU eine wichtigen Beitrag zum Abschluss der chinesischen Beitrittsverhandlungen leistete, wurde ein zentrales Ziel der deutschen Chinapolitik realisiert; Chinas Einbindung in die internationale Staatengemeinschaft ist damit ein wesentliches Stück vorangekommen. Doch verdeutlicht gerade dieser Erfolg, dass trotz des nominellen Ausbaus des politischen Dialogs auch unter Rot-Grün "der staatlich geförderte Wirtschaftsaustausch das Mark der Beziehungen" (Die Zeit 16/02) ist.

Die erstaunliche Ruhe in den bilateralen Beziehungen verdankt die Regierung Schröder zu einem beträchtlichen Teil den erheblichen "Aufräumarbeiten" ihrer Vorgänger, die wichtige Stolpersteine aus dem Weg nahmen: Die Aufgabe einer gemeinsamen, China verurteilenden Menschenrechtspolitik der EU, die Aufnahme von Kontakten zum chinesischen Militär, die Eröffnung eines multilateralen Dialogforums, des Asia-Europe Meetings (ASEM), das zumindest als Alibi-Veranstaltung zur Umgehung sensibler Fragen in den bilateralen Beziehungen funktioniert, und schließlich die Etablierung eines logistischen Rahmens zur deutschen Wirtschaftspräsenz in China. Die Regierung Schröder konnte es sich deshalb leisten, ihre personalen und inhaltlichen Ressourcen überwiegend auf andere Themen zu konzentrieren. Diese Absenz politischer Gestaltungsversuche auf höchster Ebene ermöglichte die Weiterentwicklung der transnationalen Beziehungen, ohne jedoch den Anspruch der Regierung nach einer inhaltlichen Neuausrichtung zu unterfüttern. In diesem Sinn ist die rot-grüne China-politik symptomatisch für die gesamte Ostasienpolitik, die im Wesentlichen auf "Auto-pilot" navigiert und den spannenden Teil der bilateralen Beziehungen der Arbeit nicht-staatlicher Organisationen überlässt.

Rot-grüne Ostasienpolitik jenseits Chinas

Die Dominanz Chinas lässt sich neben seiner enthusiastisch prognostizierten ökono-mischen Attraktivität auch darauf zurückführen, dass die Beziehungen zu anderen Staaten Ost- und Südostasiens aus deutscher Sicht zumeist "problemlos" sind und damit wenig politisches Engagement erfordern. Zudem hat die von Deutschland offiziell ge-wünschte größere Rolle der EU gerade in den kontroversen Fragen der Handelsregu-lierung viel Konfliktpotential aus den bilateralen Beziehungen entfernt.

Dies führt dann etwa im Falle Japans zurecht zu der Beurteilung des Auswärtigen Amtes, dass die bilateralen Beziehungen einerseits "problemlos" sind, andererseits "die Möglichkeiten, die der zweit- und drittstärksten Wirtschaftsmacht der Welt eigentlich zur Verfügung stehen, noch nicht ausgeschöpft" wurden (Auswärtiges Amt 2002b), auch wenn die Intensität der bilateralen Wirtschaftsbeziehungen häufig unterschätzt wird (Pascha 2002). Gerade die Problemlosigkeit der bilateralen Beziehungen und die Verlagerung der Handelskonflikte auf die multilaterale Ebene – EU/WTO – führen dazu, dass es diesen Beziehungen „im Kern an Substanz fehlt" (Leonhardt/Maull 2003). So bewährte sich Rot-Grün gegenüber Japan als erfolgreicher Nachlaßverwalter, der die vielfältigen bilateralen Beziehungen im politischen, kulturellen und gesellschaftlichen Dialog fortzuführen verstand. Als Partner in Wirtschaft und Diplomatie ist der Insel-staat in Ostasien respektiert und auf vielfältige Weise in die deutsche Politik eingebun-den, so zuletzt in der engen Kooperation bei der Organisation der internationalen Auf-bauhilfe für Afghanistan mit der Petersbergkonferenz im Dezember 2001 und der Tokyoter Wiederaufbaukonferenz im Januar 2002. Jährliche Treffen zwischen dem deutschen und dem japanischen Regierungschef, zweijährige ausführliche Konsulta-tionen der Außenminister zusätzlich zu den häufigen Gesprächen am Rande der G-8 oder anderer internationaler Konferenzen, zahlreiche Begegnungen auf Minister- und Mitarbeiterebene, der Austausch von Mitarbeitern verschiedener Ministerien und bila-terale Botschafterkonferenzen belegen die Dichte der diplomatischen Kooperation. Die zunehmende Bedeutung globaler gegenüber bilateraler Fragen zeigt sich auch in der am 30. Oktober 2000 vom deutschen Außenminister Joschka Fischer und seinem damaligen japanischen Amtskollegen Yohei Kono unterzeichnete Agenda "Japan und Deutschland im 21. Jahrhundert – Sieben Säulen der Kooperation", die inhaltlich wenig neue Impulse für eine Japanpolitik versprechen, die in noch stärkerem Maße als die Chinapolitik von vielfältigen transnationalen Aktivitäten geprägt sind (Leonhardt/Maull 2003).

Grenzen und Möglichkeiten der multilateralen Ost- und Südostasienpolitik

Die Grenzen multilateralen Vorgehens zeigten sich in aller Deutlichkeit in der deutschen Koreapolitik, wie gerade die Widersprüche bei der Aufnahme diplomatischer Beziehungen zu Nordkorea 2000/2001 verdeutlicht haben (The Economist 16.05.2000;

FAZ 23.10.2000). Mit dem Beschluss zur Aufnahme diplomatischer Beziehungen mit dem "Zombiestaat" (Maull 2002) Demokratische Volksrepublik Korea (kurz: Nordkorea) durchbrach das Berliner Kanzleramt während des ASEM-Gipfels in Seoul 2000 auf dramatische Weise die bis dahin geltende gemeinsame Linie der EU (Möller 2001:7-9). Es düpierte so nicht nur die Europäische Kommission und wichtige Partnerstaaten wie Frankreich, sondern auch das Auswärtige Amt, das ursprünglich die diplomatische Anerkennung an die Erfüllung bestimmter Kriterien Bedingungen hatte knüpfen wollen (Bersick 2002a:23; Bersick 2001:277). Stattdessen vereinbarte die Bundesregierung nun im Rahmen der diplomatischen Anerkennung einen Menschenrechtsdialog, der, ungeachtet fehlender Substanz, nachfolgend auch vom Nordkoreabeauftragten der EU-Kommission, Jacques Santer, eingefordert wurde (Möller 2001:7). Ihr Engagement um die Stabilität auf der koreanischen Halbinsel zeigte sich auch in dem von Deutschland maßgeblich unterstützten Engagement der EU bei der Korean Peninsula Energy Development Organization (KEDO) und der logistischen wie inhaltlichen Unterstützung bei Verhandlungen zwischen Vertretern Nordkoreas und der USA in Berlin. Eine ähnliche Sonderrolle in den europäisch-asiatischen Beziehungen, die stark von dem Bemühen um multilaterales Vorgehen geprägt waren, findet sich ebenfalls in Bezug auf Indonesien, wo die deutsche Außenpolitik kurzfristig versuchte, ihre traditionell sehr guten Beziehungen nach dem Sturz Suhartos zur Absicherung der Demokratisierung einzusetzen (Hammer 2000; Siebert 2000:10).

Von größerer Bedeutung für die rot-grüne Ost- und Südostasienpolitik waren die Bemühungen um eine Intensivierung multilateraler Beziehungen durch den Dialog zwischen EU und ASEAN, durch ASEM und durch die Mitarbeit im ARF. Doch auch in der europäischen Asienpolitik traten trotz ihres programmatischen wie institutionellen Ausbaus eine Reihe von Asymmetrien und Inkonsistenzen zutage, die sich gerade im unterschiedlichen Umgang mit Staaten, deren Menschenrechtspolitik nicht den Vorstellungen der EU entsprach, zeigten (Näth 2000:3). Während die EU ihre Zusammenarbeit mit der VR China ausbaute, kam es wegen der indonesischen Osttimorpolitik und wegen der Frage nach dem Umgang mit Myanmar, das 1997 in die ASEAN aufgenommen wurde, zu erheblichen Spannungen in dem ältesten Dialogforum der EU mit Asien. Eine Reihe von ASEAN-EU-Treffen mussten in der Folge abgesagt werden, der Dialog entwickelt sich seit seiner Wiederaufnahme durch das Außenministertreffen in Laos im Dezember 2000 nur noch zögerlich.

Während die Beteiligung am Asean Regional Forum die Mitwirkung der EU bei sicherheitspolitischen Themen ermöglicht, hat sich ASEM zu einem umfassenden Prozeß der interregionalen Kooperation entwickelt, der in einem "Second Track" von vielfältigen Aktivitäten nichtstaatlicher Akteure begleitet wird. Mit den vielfältigen Möglichkeiten zum informellen Austausch zwischen Regierungsmitgliedern und als Rahmen für transnationale Aktivitäten, allen voran der Asia Europe Foundation (ASEF) hat sich ASEM seit seiner Gründung in Bangkok 1996 durch jährliche Ministertreffen und zweijährliche Gipfel der Staats- und Regierungschefs zu einem wichtigen Teil der europäischen wie der rot-grünen Ostasienpolitik entwickelt. Der ASEM-Prozess, einer intensivierten Form der Kooperation zwischen Europa und Asien, der insgesamt 26 Staaten und Organisationen umfasst (Bersick 1998), stellt einen dezidiert neuen Ansatz der interregionalen Kooperation dar (Maull 2000b; Bersick 2002). Die EU wird durch die Kommission und den Ratspräsidenten vertreten. ASEM besitzt einen hohen symbolischen Wert für die Außendarstellung der rot-grünen Ostasienpolitik, insbesondere zur

Rechtfertigung gegen Kritik an mangelndem Engagement in Menschenrechts- und Demokratiefragen: ASEM wurde zu einem (glaubwürdigen?) Alibi für einen konstruktiven Menschenrechtsdialog hinter verschlossenen Türen.

Die von Rot-Grün in der Asienpolitik gegenüber ihren Vorgängern beanspruchten "ganz deutliche[n] Unterschiede" (Vollmer 2000) liegen somit weniger in neuen Schwerpunkten als vielmehr in einem stärkeren rhetorischen Zugehen auf die Interessen der asiatischen Partnerstaaten. Dies geschieht jedoch zum weitaus größten Teil hinter verschlossenen Türen, so dass eine objektive Beurteilung schwer fällt. Die Beteiligung an der internationalen Hilfe für Osttimor oder die Initiative zum Austausch über sicherheitspolitische Fragen zwischen einer Arbeitsgruppe der OSZE und dem ARF im Mai 2000 (Volmer 2000) unterstreichen eher die Kontinuität der deutschen Ost- und Südostasienpolitik, auch unter Bundskanzler Gerhard Schröder. Selbst auf dem politisch sensiblen Feld der Rüstungsexporte von deutscher und europäischer Seite nach Südostasien lässt sich kein klarer Richtungswechsel erkennen.

Fazit: Nichts Neues im Osten

In seiner Bestandsaufnahme rot-grüner Außenpolitik unterstreicht Josef Janning die Kontinuität in der außenpolitischen Zielsetzung der ersten Regierung unter Bundeskanzler Gerhard Schröder im Vergleich zu ihren Vorgängern (Janning 2002). Trotz einiger rhetorischer Akzentverschiebungen– etwa die Forderungen nach einer Verrechtlichung der internationalen Beziehungen, nach einer aktiven Menschenrechtspolitik oder einem "ökonomischen, ökologischen und sozial gerechten Interessenausgleich der Weltregionen", wie es die Koalitionsvereinbarung von 1998 forderte – gilt dies in vollem Umfang auch für die deutsche Ostasienpolitik: Inhaltlich gibt es im Osten nichts Neues. Die rot-grüne Ostasienpolitik folgt der Politik ihrer Vorgänger; die Kontinuitäten überwiegen bei weitem. Sie ist in so hohem Maße Routinepolitik, dass der Begriff einer "rot-grünen Ostasienpolitik" inhaltliche, prozessuale oder institutionelle Neuerungen suggeriert, für die sich in der Praxis kaum Belege finden lassen.

Die von Staatsminister Volmer vollmundig formulierte neue Schwerpunktsetzung auf politischem Dialog neben den Handelsbeziehungen besitzt wenig Substanz. Die Ereignisse des 11. September 2001 haben zwar die Ausformulierung der neuen Regionalkonzepte beschleunigt, die grundsätzliche Ausrichtung auf Dialog, Multilateralität und Rechtsstaat aber nur noch weiter gestärkt (Volmer 2002). Trotz der rhetorischen Hervorhebung der Menschenrechte als Querschnittsaufgabe rot-grüner Außenpolitik ist der asienpolitische Alltag weiterhin vor allem Außenwirtschafts- und Wirtschaftsförderungspolitik, von der häufig die Partnerländer mit ihren Unternehmen stärker profitieren als die heimische Wirtschaft. Auch die ersten vier Monate der zweiten rot-grünen Regierung bergen keine Hinweise auf bedeutende Kurkorrekturen. Vielmehr verspricht das Ausscheiden von Ludger Volmer als Staatsminister im Auswärtigen Amt zumindest mittelfristig die Weiterentwicklung und inhaltliche Konkretisierung der neuen Konzepte für Ost-, Südost- und Südasien von 2002 zu beeinträchtigen. Wobei die Frage offen bleiben muss, ob das wichtigste Ziel dieser neuen Konzepte nicht ohnehin in ihrer Wirkung auf die deutsche Öffentlichkeit liegt und weniger in der Definition konkreter Politikinhalte (Bersick 2003). Die verklausulierte Forderung nach einer stärkeren Berücksichtigung der Menschenrechte in der VR China bei einer Rede vor Studierenden der Tongji-Universität im Januar 2003 nach der festlichen Einweihung der Magnetschwebebahn-Strecke zwischen Shanghai Bankenviertel Pudong und dem

Flughafen der Stadt, bei der Schröder China gar zu einem Modell der raschen Umsetzung technologischer Innovation erklärte, fügte sich nahtlos in eine Chinapolitik der Außenwirtschaftsförderung mit leichtem politischem Rahmen-programm, wie sie schon für die Regierung Kohl/Kinkel und die erste Amtszeit Schröders typisch war. Eine stärkere Berücksichtigung der Staaten Südostasiens, Japans oder Koreas gegenüber dem erheblichen Übergewicht der Volksrepublik China zeichnet sich nach wie vor nicht ab; allein in Krisen wie in Korea verschieben sich die Gewichte zeitweilig. In Bezug auf die Akteure hat Rot-Grün etwa im Kontext des ASEM-Prozesses die formellen Zugangsmöglichkeiten für Nichtregierungsorganisationen verbessert; ihr tatsächlicher Einfluss auf die inhaltliche und praktische Ausgestaltung sollte jedoch nicht überschätzt werden.

Insgesamt bleibt als Fazit nach vier Jahren und vier Monaten rot-grüner Asienpolitik vor allem die Beobachtung bilateraler, gleichsam auf Autopilot dahin gleitender Beziehungen. Von Krisen weitgehend verschont, konzentriert sich die politische Führungsspitze auf medien- und wirtschaftsgerechte Auftritte vor allem in der VR China und die recht konsequente Betonung der Rolle der EU im Alltagsgeschäft. Kritik an Menschenrechtsverletzungen und mangelnder Demokratisierung bleibt in einem Rahmen, der wirtschaftliche Interessen nicht gefährdet. Für eine mutigere Unterstützung etwa der Demokratie auf Taiwan, überhaupt für eine Abkehr von der Fokussierung auf die als "Markt der Zukunft" (fehl-) perzipierte VR China fehlen alle Anzeichen.

Den wichtigsten Grund für diesen fehlenden politischen Gestaltungswillen bilden die massiven Herausforderungen an die rot-grüne Außenpolitik auf bedeutenderen Feldern – der europäischen Integration, der transatlantischen Beziehungen oder den Krisen im Nahen Osten. Zudem erlaubt die Zurückhaltung der Regierung die Fortsetzung und Intensivierung der transnationalen Beziehungen, die für die Stabilität der deutschen Beziehungen zu den Staaten Ost- und Südostasiens letztlich einen höheren Beitrag leisten als wohlfeile Erklärungen.

Literaturverzeichnis

Auswärtiges Amt (2002): Aufgaben der deutschen Außenpolitik. Ostasien, Japan, Süd- und Nordkorea, Mongolei, China einschl. Hongkong und Macau, Taiwan – am Beginn des 21. Jahrhunderts, Berlin.

Auswärtiges Amt (2002a): Aufgaben der deutschen Außenpolitik. Südostasien sowie Australien, Neuseeland und Pazifische Inseln am Beginn des 21. Jahrhunderts, Berlin.

Auswärtiges Amt (2002b): Deutsch-japanische Beziehungen, unter www.auswaertiges-amt.de/www.../laender_ausgabe_html?type_id=14&land_id=6 [14.1.2003].

Bersick, Sebastian (1998): ASEM. Eine neue Qualität der Kooperation zwischen Europa und Asien, Berliner Studien zur Internationalen Politik, Nr. 5, Münster.

Bersick, Sebastian (2002): Zur Politik der interregionalen Beziehungen. Das Beispiel des ASEM-Prozesses. Inauguraldissertation am Fachbereich Politik- und Sozialwissenschaften, Otto-Suhr-Institut für Politikwissenschaften der Freien Universität Berlin.

Bersick, Sebastian (2002a): ASEM and the New EU Asia Strategy. Towards a post-September 11 world order?, in: Nordic Newsletter of Asian Studies, H. 2, unter: http://eurasia.nias.ku.dk/Gems/Nytt/ASEMandNew.pdf [1.3.2003].

Bersick, Sebastian (2003): Asien. Abwarten und Teetrinken? – Deutsche Asienpolitik auf dem Prüfstand, in: Kommunikation Global IV/38, unter: http://www.comglobal.info/download/2003/pdf/ausgabe_38.pdf [10.02.2003].

Bundesministerium der Justiz (2001): Zweijahresprogramm zur Durchführung der Deutsch-Chinesischen Vereinbarung zu dem Austausch und der Zusammenarbeit im Rechtsbereich, Berlin.

Däubler-Gmelin, Hertha (2002): Basis für Fortschritt schaffen, in: China-Contact, H. 7, unter: http://www.china-contact.cc/index.php/chc/archivCHC/474 [2.2.2003].

Deutsches Übersee-Institut (2000): Kompendium der deutsch-chinesischen Beziehungen, Hamburg.

Fischer, Josef (2002): Kein Anti-Terrorrabatt bei Menschenrechtsverletzungen, Rede von Bundesminister Fischer vor der Genfer Menschenrechtskommission am 20. März 2002, unter: http://www.auswaertiges-amt.de/www/de/infoservice/presse/index_html?bereich_id=5&type_id=3&archiv_id=2857&detail=1 [2.2.2003].

Gompert, David C. (2002): Akteur oder Statist? Die Rolle der Europäischen Union auf der Weltbühne, in: Internationale Politik, 57/1, S.17-22.

Hammer, Sabine (2000): Mit der Musterknabenmasche wird bei den Diktatoren nichts erreicht. Rot-grüne Asienpolitik in der Kritik, in: Das Parlament, Nr. 24.

Heilmann, Sebastian (2002): Grundzüge deutscher Chinapolitik, China Analysis, N. 14, unter: http://www.chinapolitik.de/studien/china_analysis/no_14.pdf [12.12.2002].

Janning, Josef (2001): Gleichung mit Unbekannten. Europäische Asienpolitik im Wandel, in: Internationale Politik, 56/4, S. 31-36.

Janning, Josef (2002): Lange Wege, kurzer Sinn? Eine außenpolitische Bilanz von Rot-Grün, in: Internationale Politik, 57/9, S. 9-18.

Kommission der Europäischen Gemeinschaften (1994): Mitteilung der Kommission an den Rat. Auf dem Weg zu einer neuen Asienstrategie, KOM(94), 314/endg./2, Brüssel.

Kommission der Europäischen Gemeinschaften (2001): Europe and Asia: A Strategic Framework for Enhanced Partnerships. Communication from the Commission, COM (2001) 469, Brüssel.

Kotzel, Uwe (2002): Zeittafel der deutsch-chinesischen Beziehungen, in: China aktuell, H. 8, S. 911-934.

Kreft, Heinrich (2000): Krisenkontinent Asien. Wachsende politische Unsicherheiten, in: Internationale Politik, 55/1, S. 6-16.

Kreft, Heinrich (2001): Deutschland, Europa und die Öffnung Nordkoreas, in: Köllner, Patrick (Hrsg.): Korea 2001. Politik – Wirtschaft – Gesellschaft, Institut für Asienkunde, Hamburg, S. 274-282.

Leonhardt, Nadine/ Hanns W. Maull (2003): Deutschland und Japan, in: Schmidt, Sigmar/ Dittgen, Herbert (Hrsg.): Handbuch der deutschen Außenpolitik (i.E.).

Lim, Paul (2002): Critique of the Commission's Communication ‚Europe and Asia: A Strategic Framework for Enhanced Partnership', unter: http://www.ased.org/content/eurasia/print.php?ch=1&id=1014604226.389423 [10.2.2003].

Maull, Hanns W. (2000): German Foreign Policy, Post-Kosovo. Still a ‚Civilian Power?', in: German Politics, 9/2, S. 1-24.

Maull, Hanns W. (2000b): Europa und Ostasien. Eine neue Dimension des Inter-Regionalismus?, in: Schubert, Klaus/ Müller-Brandeck-Bocquet, Gisela (Hrsg.): Die Europäische Union als Akteur der Weltpolitik, Opladen, S. 141-156.

Maull, Hanns W. (2002): "Zombiestaat" Nordkorea. Zum Umgang mit schlecht regierten Staaten, in: Internationale Politik, 56/8, S. 10-16.

Maull, Hanns W./ Neßhöver, Christoph/ Stahl, Bernhard (Hrsg.) (1999): Lehrgeld. Vier Monate rot-grüne Außenpolitik, Trierer Arbeitspapiere zur Internationalen Politik, Nr. 1, unter: http://www.deutsche-aussenpolitik.de/resources/tazip/tazip1.pdf [2.2.2003].

Maull, Hanns W. / Okfen, Nuria (2002): Inter-Regionalism in International Relations: Comparing APEC and ASEM, unpublished paper.

Möller, Kay (2001): Korea 2001. Neue Konfliktlinien, SWP-Aktuell, H. 9, unter: http://www.swp-berlin.org/pdf/swp_aktu/swpaktu_09_01.pdf [1.3.2003].

Näth, Marie-Luise (2000): Leider zu viel Euphorie und zu wenig Realismus: Die Asienpolitik der Europäischen Union hat große Defizite, in: Das Parlament, N. 24.

Pascha, Werner (2002): Economic Relations between Germany and Japan – An Analysis of Recent Data, Duisburger Papiere zur Ostasienwirtschaft, H. 61, unter: http://www.uni-duisburg.de/FB5/VWL/OAWI/ARBEITSPAPIERE/AP61.pdf [2.2.2003].

Rothermund, Dietmar (2000): Perspektiven deutscher Politik – Chancen und Probleme, in: Das Parlament, N. 24.

Rühland, Jürgen (2000): Bisher nur recht bescheidene Erfolge erzielt. Das Asia-Europa-Meeting (ASEM) – Vom Gesprächs- zum Verhandlungsforum, in: Das Parlament, N. 24.

Schröder, Gerhard (2002): Rede anlässlich der Verleihung der Ehrendoktorwürde der Tongji-Universität am 30. Dezember 2002 in Shanghai, unter: http://www.bundes-regierung.de/dokumente/,-457033/Rede.htm [10.1.2003].

Schulte-Kulkmann, Nicole (2002): Der Einfluss westlicher Rechtsberatung auf die Rechtsreformen in der Volksrepublik China. Zur Rolle von Akteuren und Interessen in der chinesisch-westlichen Rechtsberatung, China Analysis, Nr. 13, unter: http://www.chinapolitik.de/studien/china_analysis/no_13.pdf [12.12.2002].

Siebert, Rüdiger (2000): Auch Deutschland hat die indonesische Diktatur indirekt unterstützt. Die Männerfreundschaft zwischen Kohl und Suharto, in: Das Parlament, N. 24.

SPD/ Bündnis90/Die Grünen (1998): Koalitionsvereinbarung „Aufbruch und Erneuerung - Deutschlands Weg ins 21. Jahrhundert" vom 20.10.1998, unter: http://www.spdfraktion.de/download/koalitionsvertrag.pdf [06.01. 2003].

Troche, Alexander (2001): Die Ostasienpolitik der Bundesrepublik in China, Taiwan und Südkorea 1954-1966, Düsseldorf.

Volmer, Ludger (2000): Staatsminister Dr. Ludger Volmer über das Treffen der Außenminister der EU und ASEAN, in: Berliner Morgenpost, 10.12.2000.

Volmer, Ludger (2001): Grundlinien der neuen deutschen Außenpolitik. Rede vor dem Politischen Forum Ruhr am 12.11.2001, unter: http://www.ludger-volmer.de/arbeit /aussenp_visier/index_rede.htm [2.2.2003].

Volmer, Ludger (2002): Die deutsche Asienpolitik. Alles anders nach dem 11. September?, Rede zum Asientag des Auswärtigen Amtes am 25.6.2002, unter: http://www.auswaertiges-amt.de/www/de/infoservice/presse/index_html?bereich_

146

id=19&type_id=3&archiv_id=3306&detail=1 [2.2.2003].

Weilemann, Peter (2000): Für eine präventive Diplomatie besteht jetzt großer Nachholbedarf. Der sicherheitspolitische Dialog Deutschlands mit den asiatischen Staaten muss jetzt geführt werden, in: Das Parlament, N. 24.

Zeeck, Gundula (2002): Das ferne Interesse. Die deutsch-chinesischen Kulturbeziehungen. Bestandsaufnahme und Empfehlungen, Institut für Auslandsbeziehungen e.V., Stuttgart.

Zhang Yushu (2000): Die chinesisch-deutschen Beziehungen. Werden wichtige Chancen verpasst?, Vortrag im Institut für Auslandsbeziehungen am 19.9.2000, unter: http://www.ifa.de/b/volltext/yushu.pdf [2.2.2003].

Die Außenwirtschaftspolitik der rot-grünen Koalition. Diskreter Wandel im Beipack

Florian Lütticken und Bernhard Stahl

Die Außenwirtschaftspolitik erscheint aus mindestens zwei Gründen als interessantes Untersuchungsobjekt: Erstens gibt es bedeutende inhaltliche Unterschiede zwischen der rot-grünen Koalition und ihrer Vorgängerregierung, so z.B. in der prinzipiellen Bewertung der weltwirtschaftlichen Strukturen. Hatte die Kohl-Regierung diese grundsätzlich begrüßt, sahen etwa die Grünen die Regierungsübernahme als Chance, die derzeitigen „ungerecht(en) und umweltschädigend(en)" Strukturen des Welthandels zu überwinden (Bündnis90/Die Grünen 2002a:171). Und auch der zum Zeitpunkt der Regierungsübernahme amtierende SPD-Parteichef Oskar Lafontaine forderte dezidiert „eine neue [Welt-]Wirtschaftspolitik" (Lafontaine/Müller 1998a:24). Zum zweiten ist die Außenwirtschaftspolitik – im Unterschied zur Entwicklungs- oder Friedenspolitik – nie ein Bereich gewesen, in dem die Regierungsparteien große Ambitionen gezeigt hatten. Es ist diese Spannung, die den Reiz der folgenden Untersuchung ausmacht: Wie hat sich die Regierung in einem Politikfeld verhalten, dem sie einerseits keine prioritäre Bedeutung zumisst, in dem sie andererseits aber völlig andere Grundeinstellungen hat als ihre Vorgängerregierung?

Um dies näher zu beleuchten, wählen wir ein zweistufiges Vorgehen: In einem ersten Teil geht es um eine kurze Lageanalyse der deutschen Außenwirtschaftspolitik, bevor wir uns in einem zweiten Teil der konkreten Umsetzung der Politik widmen. In der Lageanalyse nähern wir uns der deutschen Außenwirtschaftspolitik von zwei Seiten. Eine erste, realwirtschaftliche Darstellung skizziert die Entwicklung des deutschen Außenhandels seit Mitte der 1990er Jahre. Des weiteren zielt sie ab auf die Charakteristika der deutschen Außenpolitik unter Einschluss der Außenwirtschaftspolitik nach dem Ende des Zweiten Weltkriegs.

Die Umsetzung der Politik wird eingeleitet durch einen Blick auf den Selbstanspruch der Bundesregierung. Die Umsetzung der Politik wird analysiert, indem wir uns auf drei Aspekte konzentrieren: Die nationale Institutionenpolitik, die deutsche Positionen in internationalen Verhandlungs- und Konfliktsituationen sowie das Verhalten gegenüber den wichtigen Institutionen Europäische Union (EU) und Welthandelsorganisation (WTO). Das Fazit beschließt den Beitrag mit einer Einschätzung über Kontinuität und Wandel der deutschen Außenwirtschaftspolitik unter der rot-grünen Bundesregierung.

Ausgangslage[1]

Deutschland war und ist unter den großen Industrienationen am weitesten in die internationalen Handelsbeziehungen eingebunden. In Deutschland hängt etwa jeder dritte Arbeitsplatz direkt von der Exportwirtschaft ab, während es beispielsweise in den USA nur jeder zehnte ist (Kirste 1998:314f). Der Gesamtanteil der Exporte am Brutto-

---

1   Für Recherchearbeiten zu diesem Abschnitt danken wir Bodu Hubl.

149

inlandsprodukt (BIP) lag 2001 beispielsweise bei fast 37% (Statistisches Bundesamt 2003). Wichtigste Handelspartner sind dabei mit weitem Abstand die Mitgliedstaaten der EU. Auf sie entfiel 2001 52,2% des Im- und 55,2% des Exports. Mit weitem Abstand folgt die große Gruppe der Entwicklungsländer (unter der in dieser Statistik auch alle Schwellenländer subsumiert sind) mit 14,6%, vor den Mittel- und Osteuropäischen Staaten (12,7%), den USA und Kanada (8,9%) und schließlich den verbleibenden EFTA-Staaten (5,8%) sowie Japan (4,1%). Wichtigster Abnehmer für deutsche Exporte ist Frankreich, gefolgt von anderen EU-Mitgliedern wie Großbritannien, den Niederlanden, Italien, Belgien/Luxemburg, Österreich und Spanien. Als einziges Nicht-EU-Land befindet sich die USA konstant unter den ersten Fünf. Die wichtigsten außereuropäischen Partner sind China und Japan. In Mittel- und Osteuropa sind es die Tschechische Republik, Polen, Russland und Ungarn (BMWA 2003a). Der Anteil der EU-Beitrittskandidaten am deutschen Außenhandel ist zusammen höher ist als jener der USA.

Auch bei der Warenstruktur ergaben sich in der ersten rot-grünen Legislaturperiode keine großen Veränderungen gegenüber den Vorjahren. Insgesamt dominieren bei den Ausfuhren Waren der gewerblichen Wirtschaft mit einem Anteil von regelmäßig um 90%, bei den Importen beträgt ihr Anteil um 80%. Den Großteil stellen dabei sowohl bei Ein- wie bei Ausfuhren Fertigwaren. Ihr Anteil lag 2001 bei 69,4% (Importe) bzw. 85,6% (Exporte), wobei die wichtigsten Exportprodukte hier Kraftfahrzeuge (24,3%), gefolgt von Maschinen (15,6%), elektrotechnischen Erzeugnissen (13%) und chemischen Erzeugnissen (7,4%) waren (BMWA 2003a).

In den ersten vier Jahren Rot-Grün erreichte der Handelsüberschuss Rekordhöhen. Nachdem 2001 ein Exportüberschuss von 87,1 Mrd. Euro erzielt wurde, erhöhte sich dieser 2002 voraussichtlich auf die neue Rekordsumme von 127 Mrd. Euro. Ausfuhren von 647 Mrd. Euro standen Einfuhren im Wert von 520 Mrd. Euro gegenüber.[2] Damit verteidigte Deutschland auch seinen zweiten Rang im Welthandel vor Japan und hinter den USA (Nachrichten für Außenhandel 02.01.03; BGA 2003). Zusammenfassend lässt sich also festhalten, dass sich im Laufe der ersten Legislaturperiode die realwirtschaftliche Situation Deutschlands nicht grundlegend verändert hat.

Charakteristika der deutschen Außenwirtschaftspolitik

Die Außenhandelspolitik weist im Vergleich zu den meisten anderen Politikfeldern eine Besonderheit auf: die Überschneidung der Außenhandelspolitik mit der Europapolitik. Immerhin stellt der Bereich der Handelspolitik eines der ältesten weitgehend vergemeinschafteten Politikfelder innerhalb der Europäischen Union dar. In der Praxis bedeutet dies, dass Deutschland seit 1968 keine eigenen Außenzölle mehr erhebt. Auch in wichtigen internationalen Wirtschaftsverhandlungen, besonders im Rahmen des GATT bzw. der WTO agiert Deutschland seit der Gründung der EWG nur mittelbar im europäischen Rahmen (Lütticken/Stahl 2003:6f.). Internationale Verhandlungsführungen sowie Klagevertretungen werden praktisch durch die Europäische Kommission gewährleistet, während die Mitgliedstaaten durch ihre Mandatierungsmacht in den intergouvernementalen europäischen Gremien sowie ihre laufende Einflussnahme im 133er Ausschuss den Spielraum für die Verhandlungen insgesamt bestimmen. Ein ein-

---

2   Bei Fertigstellung dieses Artikels lagen noch keine abschließenden Zahlen für 2002 vor. Die hier gemachten Angaben beruhen auf Schätzungen des Statistischen Bundesamts auf Basis der bis Oktober 2002 vorliegenden Daten.

zelner Mitgliedstaat wie Deutschland kann dabei nur dann substantiellen Einfluss nehmen, wenn es gelingt, die eigene Position durch Allianzenbildung mehrheitsfähig zu machen. Da dies in bürokratischen Prozessen ‚hinter den Kulissen' abläuft, fällt es schwer, eine nationalstaatliche Außenpolitik überhaupt noch als solche zu identifizieren (Emiliou 1996; Meunier/Kalypso 1999).

Die Außenwirtschaftspolitik folgte nach 1945 den Mustern der allgemeinen Außenpolitik und weist einige kontinuierliche Merkmale auf (vgl. Nadoll 2003; Staack 2000:52f.; Ragnitz 1996:75):

- Deutschland betrieb eine aktive Außenpolitik und handelt in vielen Politikbereichen als Initiator – so auch in der Außenwirtschaftspolitik. Seit den 1950er Jahren hat die Bundesrepublik auf eine Öffnung der Märkte, besonders im Bereich der Industriewaren und Investitionsgüter, auf die sich der größte Teil des deutschen Exports stützt, gesetzt. In den folgenden Jahren setzte sich Deutschland in den GATT-Verhandlungen erfolgreich dafür ein, dass das Zollniveau der EWG erheblich reduziert wurde (Bellers 1990:146-152). Auch die Forderung nach der Gründung einer Welthandelsorganisation Anfang der 90er Jahre wurde von der Kohl-Regierung aktiv unterstützt.
- Dabei ist die deutsche Außenpolitik durch multilaterales Handeln gekennzeichnet. Bevorzugter Kooperationsrahmen deutscher Außenpolitik ist dabei die EU. Dies bedeutet aber nicht, dass Deutschland einer regionalen Wirtschaftsintegration stets den Vorzug vor einer globalen geben würde, vielmehr folgt man diesbezüglich eine ‚Sowohl-als-auch-Strategie'. In Streitfällen beispielsweise zwischen den USA und europäischen Partnern versucht man zu vermitteln. Die rhetorische Unterstützung des EU-Handlungsrahmens bedeutet auch nicht, dass Deutschland im Außenwirtschaftsbereich Anhänger einer uneingeschränkten Vergemeinschaftung gewesen ist.[3]
- Die deutsch-französischen Beziehungen haben für die Bundesrepublik einen derart hohen Stellenwert, dass dem Erhalt dieser Partnerschaft häufig Vorrang vor eigenen außenpolitischen Zielen eingeräumt worden ist. Das Verhalten während der Uruguay-Runde bietet hier gutes Anschauungsmaterial: Bundeskanzler Kohl und seine Regierung vermieden es dabei – oft unter Vernachlässigung eigener ökonomischer Interessen –, sich gegen Frankreich zu stellen. Statt dessen versuchte Deutschland innerhalb der EG und auch zwischen den USA und Frankreich zu vermitteln (Lütticken 2001:100).
- Wie in einigen anderen Politikfeldern lässt sich auch in der Außenwirtschaftspolitik eine hohe historische Kontinuität über das Ende des Ost-West Konflikts hinweg feststellen. Deutschland trat sehr aktiv für Marktöffnungen, einen Ausbau des Regelungsbereichs des GATT bzw. der WTO und eine Stärkung des institutionellen Rahmens ein (Kirste 1998:320f.) Gleichwohl zeigte sich Deutschland in den GATT-Verhandlungen in einzelnen Bereichen wie Textilien und Bekleidung, Kohle und Stahl, Schiffbau sowie Luftfahrt, die seit den 1970er Jahren verstärkt durch Subventionen und nichttarifäre Handelshemmnisse vor internationalen Wettbewerb

---

3   So gehörte es zu denjenigen Staaten, die im Anschluss an die Uruguay-Runde die Machtverteilung zwischen Kommission und Mitgliedstaaten vor dem Europäischen Gerichtshof geklärt sehen wollten – zugunsten der nationalen Regierungen.

geschützt wurden, eher liberalisierungsfeindlich. Eine kontinuierlich protektionistische Politik betrieb Deutschland im Agrarbereich (Weiss 1989:79-84).

Ziele der rot-grüner Außenwirtschaftspolitik

Die Sozialdemokratische Partei Deutschlands (SPD) ebenso wie die Bündnis90/Die Grünen betonen das Leitbild eines „fairen Handels", wozu international verbindliche Regeln und Institutionen beitragen sollen. Die SPD verspricht sich davon, ein Gegengewicht zur internationalen Standortkonkurrenz zu schaffen, die sie insbesondere vom Wettbewerb zwischen Ostasien, Nordamerika und Europa gekennzeichnet sieht (SPD 1998:44). Durch eine modifizierte Außenwirtschafts- und -handelspolitik sollen zudem ärmere Länder in die Lage versetzt werden, gegenüber den wohlhabenden aufzuholen (SPD 1997:6). Dabei gehen die Grünen davon aus, dass bisher eher die multinationalen Konzerne zu den Gewinnern der Globalisierung zählen, während „die Mehrheit der Menschheit bisher nicht von ihr (profitiert)" (Bündnis90/Die Grünen 2002b:2). Es gelte deshalb, den „Primat der Politik" durchzusetzen und „(d)en Prozess der Globalisierung gerecht, ökologisch und weltoffen zu gestalten". Gegen den unfairen Wettbewerb, der übrigens aus grüner Perspektive ausschließlich ein Preiswettbewerb ist, setzen sie Umweltsiegel, Kennzeichnungspflicht von Produkten sowie Sozial- und Umweltstandards. Dies trifft sich mit den Vorstellungen der SPD, die sich ebenfalls für „soziale und ökologische Mindeststandards" aussprechen.

Scheinen die außenwirtschaftlichen Ziele in den Programmen und Parteitagsbeschlüssen – bei den Grünen mehr als bei der SPD – noch relativ prominent auf, so findet sich im Koalitionsvertrag von 1998 kein einziger Hinweis auf eine gemeinsame Programmatik in der Außenwirtschaftspolitik. Nur in der Gemeinsamen Europäischen Agrarpolitik (GAP) wird eine Reform gefordert, bei der nicht Wirtschaftlichkeit, sondern „ökologische und beschäftigungspolitische Kriterien" im Vordergrund stehen sollen (SPD/ Bündnis90/Die Grünen 1998:3).

Innerhalb der Regierung wurden die neuen Themen Umwelt und Soziales unterschiedlich gewichtet. Oskar Lafontaine forderte einen entsprechenden „politisch gesetzten Ordnungsrahmen" für die internationalen Märkte und „verbindliche Normen für die Staatengemeinschaft, welche die elementaren Rechte der Arbeitnehmer festschreiben, um Sozialdumping und Ausbeutung zu unterbinden" (Lafontaine 1998b:66). Ihm schwebte eine keynesianisch geprägte, eng koordinierte und bewusst steuernd eingreifende internationale Wirtschaftspolitik vor, die sich explizit gegen weitere Deregulierungen und Liberalisierungen wandte.[4] Damit strebte er eine deutliche Änderung der deutschen Außenwirtschaftspolitik der letzten Jahrzehnte an. Aussagen Schröders oder Fischers zur Außenwirtschaftspolitik blieben dagegen eher Mangelware, in ihren Reden bezogen sie wirtschaftliche Themen in der Regel auf die innenpolitische Situation. Dies kann bereits als Beleg dafür gewertet werden, wie gering insgesamt das Interesse der neuen Regierung an der Außenwirtschaft gewesen ist.[5]

---

4   Gleichwohl lagen Lafontaines Ambitionen insgesamt eher im währungspolitischen Feld (vgl. Stahl 1999:18-23).

5   In Schröders Regierungserklärung vom 10.11.1998 wird sie nur mit dem Satz erwähnt: „Auch unsere Außenwirtschaftsbeziehungen sollen dem Frieden und der Demokratie dienen" (Schröder 1998:20). Selbst in seiner Rede auf der 5. Internationalen Wirtschaftstagung 2001 gibt es außer

Kontinuität: Freihandel im sekundären, managed trade im primären Sektor

Anlässlich der jüngsten Welthandelsrunde, die in Doha eröffnet werden konnte, konkretisierte die rot-grüne Bundesregierung ihre außenhandelspolitischen Ziele (Bundesregierung 2001; Müller 2001; Gerlach 2001a):
- Eine Verbesserung des Marktzugangs für deutsche Unternehmen;
- ein ausgewogenes Verhandlungsergebnis zwischen Industrie- und Entwicklungsländern;
- ein verbesserter Marktzugang für Produkte aus Entwicklungsländern, v.a. in den Bereichen Textilien und Agrargüter;
- eine Stärkung des WTO-Regelwerks;
- die Eröffnung einer neuen Handelsrunde; sowie
- die Aufnahme neuer Themen in diese Handelsrunde, insbesondere Umwelt, Investitionen, Wettbewerb und Sozialstandards.

Auffällig in der Zielformulierung ist dabei die Beibehaltung einer im Grundsatz freihändlerischen Rhetorik. Je nach Gütersektor wird diese Rhetorik auch durch ein entsprechendes Verhalten gedeckt: So hat sich die deutsche Regierung in den Verhandlungsrunden von Seattle (1999) und Doha (2001) in der Tat für Marktöffnung und Freihandel im Investitions- und Konsumgüterbereich eingesetzt, wie es auch die Vorgängerregierung bereits in Singapur (1996) getan hatte. Im primären Sektor lässt sich diese Kongruenz von Rhetorik und Verhalten jedoch nicht zeigen: Insbesondere bei Agrargütern unterstützt die Bundesregierung weiterhin die europäische, protektionistisch orientierte Position, die Freihandel bei Agrargütern – wie beispielsweise von der Cairns-Gruppe (Agrarexportländer) gefordert – ablehnt. Die Bundesregierung teilt dabei die Ansicht vor allem der südlichen EU-Mitgliedstaaten, dass Agrarprodukte besonderen Anforderungen (Gesundheit, Produktionsstandards) genügen müssten und auch einen Beitrag zur Verbesserung öffentlicher Güter (Umwelt, Landschaftspflege) leisten sollten. Durch die Integration solcher Themen zeigt sich Deutschland in der Kontinuität eines ‚managed' oder ‚fair trade' in denjenigen Bereichen, die weiterhin unmittelbarer staatlicher Einflussnahme unterliegen. Beispielsweise gehörte Deutschland nach der Eröffnung des Verfahrens gegen Südkorea vor dem EuGH zu denjenigen Mitgliedstaaten, die eigene Subventionen solange für zweckmäßig hielten, wie andere Staaten ihre Schiffbauer ebenfalls finanziell unterstützen (Frankfurter Rundschau 10.7.01, NZZ 26.7.01). Auch im Verfahren der EG vor der WTO gegen die USA, in dem es um die Abschaffung der amerikanischen Steuervergünstigungen für Exportunternehmen – der foreign sales corporations – ging (Hauser 2000), schloss sich Berlin der Gruppe den klagenden Mitgliedstaaten an.[6]

---

dem Hinweis, die Globalisierungskritiker ernst zu nehmen, keinen weiteren Bezug zur Außenwirtschaftspolitik (Schröder 2001).

6   In gängigen Interpretationen des eindeutigen Urteils gegen die USA von Januar 2002 wird darauf verwiesen, dass es der EU und auch Deutschland nicht notwendigerweise um eine wirkliche Abschaffung der diskriminierenden Steuererleichterungen für amerikanischen Großunternehmen gehe, sondern sie eher daran interessiert sein könnten, einen „bargaining chip" zugunsten der Aufrechterhaltung eigener Handelshemmnisse in der Hand zu halten (Süddeutsche Zeitung 16.1.02; NZZ 16.1.02). Auch in dieser Frage wird deutlich, wie die Idee des managed trade den reinen Freihandel zuweilen dominiert.

Hauptziel der Regierung war es, ein verbindliches internationales Regelwerk zu schaffen und das vorhandene zu stärken. So nutze man beispielsweise die G-7/8 zur Lancierung von Politikinitiativen, band Russland stärker ein und wertete durch die Spende an den Trust Fund die WTO auf.

Doch im Zweifel musste die Stärkung der Institutionen zugunsten anderer Ziele zurücktreten: Als die Mitgliedstaaten sich in der Frage der Nachfolge von WTO-Sekretär Ruggiero zerstritten, tat die Bundesregierung während der eigenen Ratspräsidentschaft wenig, um eine einheitliche europäische Position herbeizuführen (Wirtschaftswoche 8.7.1999). In den Verhandlungen zur ‚Agenda 2000‘ fiel Deutschland aufgrund seiner national initiierten ‚Nettozahlerdebatte‘ als Unterstützer des Kommissionsvorschlags, der zugunsten einer WTO-konformen Reduzierung der Agrarsubventionen plädiert hatte, aus. Als ein Ergebnis von Berlin wurden die Preisreduzierungen für verschiedene Agrargüter gestreckt, und dies brachte die EU in Doha einmal mehr auf die Anklagebank (FAZ 12.11.01). Auch in Nizza wollte man es Frankreich und Großbritannien gleichtun und primär eigene Vetopositionen (in Bezug auf das Asylrecht) verteidigen. Dadurch konnte es nicht gelingen, das Einstimmigkeitserfordernis für Mandatierungen der Kommission im Bereich der General Agreement on Trade in Services (GATS) und Trade Related Aspects of Intellectual Property Rights (TRIPS) vollständig aufzuheben.

In Bezug auf transatlantische Konflikte, welche die WTO regelmäßig belasten, zeigte sich Deutschland rhetorisch milde und auf Ausgleich bedacht und versuchte, eine Eskalation zu vermeiden. Im Zweifel dominierte zwar die EU-Loyalität die transatlantische Partnerschaft, wie die Streitfälle um Hormone im Rindfleisch (FAZ 22.4.1999) und Stahleinfuhren (NZZ 6.6.01) zeigten, Deutschland wirkte gleichwohl hinter den Kulissen mäßigend und lehnte Sanktionen gegen die USA im Stahlstreit ab (FTD 26.8.2002; Müller 2002:3).

Die deutsche Haltung im sogenannten Bananenstreit zwischen der USA und Mittelamerika auf der einen und der EU auf der anderen Seite unterlag im Verlauf dieses langwierigen Konflikts einigen Schwankungen.[7] Zu Beginn der Affäre 1993 hatte Berlin seine ablehnende Haltung zur europäischen Position noch klar zum Ausdruck gebracht und stimmte im Ministerrat gegen die entsprechende Verordnung, die das protektionistische Einfuhrregime etablierte. Die Regelung führte zu schweren wirtschaftlichen Einbußen deutscher Bananenimporteure. Eine deutsche Klage gegen die EU-Einfuhrregelungen vor dem EuGH wurde abgewiesen. Die deutsche Kritik verebbte im Laufe der Zeit immer mehr und verschwand schließlich ganz zugunsten einer EU-Position, die sich vor allem an Frankreich orientierte (Wirtschaftswoche 21.1.1999). Die ökonomischen Eigeninteressen, die transatlantischen Beziehungen wie auch die

---

7   In diesem Fall hatten die USA und mittelamerikanische Staaten dagegen geklagt, dass die EU ihren eigenen und Bananenproduzenten aus ehemaligen Kolonien bevorzugte Absatzmöglichkeiten einräumte. Verschiedene WTO-Panels entschieden wiederholt (1994, 1997, 1999, 2000), dass das EU-Außenhandelsregime für Bananen nicht mit den WTO-Bestimmungen vereinbar sei und erlaubten den Klägern die Erhebung von Strafzöllen auf europäische Waren. Nachdem sich die EU endlich im April 2001 zu einer substantiellen Reform durchringen konnte, hoben die USA im Juni 2001 die Sanktionen auf.

internationalen Erwartungen wurden dem Wunsch, die deutsch-französische Freundschaft nicht zu gefährden, hintangestellt. Dies belegt die Kontinuität der deutschen WTO-Politik über den Regierungswechsel hinweg. Dass Bundeskanzler Schröder sich auch bereit zeigte, Paris in Bezug auf die Ausklammerung von Kulturgütern aus dem Freihandel (l'excéption culturelle) selbst gegen die Bedenken seines eigenen Ministers zu unterstützen (Yager 2001:2), legt hiervon ein weiteres Zeugnis ab und steht in Einklang mit dem Verhalten der Kohl-Regierung in der Uruguay-Runde.

Wandel: Institutionen und Instrumente

Verschiedene Bundesministerien besitzen Kompetenzen im Bereich der Außenwirtschaftspolitik und der Außenhandelsförderung, was zu einer gewissen Vielstimmigkeit der Außenwirtschaftspolitik beiträgt. Die traditionell wichtigste Institution der deutschen Außenwirtschaftspolitik bildete das Bundesministerium für Wirtschaft und Technologie (BMWi). Das Wirtschaftsministerium besitzt innerhalb der Bundesregierung die Federführung für die WTO. Neben der Handelspolitik und anderen als angrenzend betrachteten Aufgaben (Zollpolitik, Rüstungsexportpolitik, Umschuldung von Handelskrediten, etc.) existieren Zuständigkeiten für andere wichtige, internationalisierte Politikfelder, v.a. Energie-, Technologie- oder Telekommunikationspolitik (Eberlei/Weller 2001:34). Neben dem BMWi agieren vor allem drei weitere Ministerien in der Außenwirtschaftspolitik: das Bundesministerium der Finanzen (BMF),[8] das Auswärtige Amt (AA) mit seinen Auslandsvertretungen sowie das Bundesministerium für Landwirtschaft (BML). Die Landwirtschaftspolitik ist nicht nur ein Kernthema der europäischen Integration, sondern spielt auch bei internationalen Wirtschaftsverhandlungen (GATT/WTO, UNCTAD, Verhandlungen der EU mit AKP-Staaten oder Lateinamerika) eine zentrale Rolle. Dabei bestanden häufig beträchtliche inhaltliche Differenzen zwischen dem eher liberalen BMWi und dem traditionell protektionistischen BML (Eberlei/Weller 2001:24).

Wenn auch die Außenwirtschaftspolitik keine große Rolle für die Regierung spielte, so hatte doch eine zentrale Figur des Wahlkampfs – der SPD-Parteivorsitzende Oskar Lafontaine – hier ambitionierte Ziele: Schon in den Koalitionsverhandlungen setzte der designierte Finanzminister die Abtretung der Wirtschaftspolitischen Grundsatzabteilung aus dem Wirtschaftsministerium ins Finanzministerium (BMF) durch. Daneben verlor das Wirtschaftsministerium die sogenannte „Sherpa-Funktion", die Vorbereitung der Weltwirtschaftsgipfel für den Kanzler durch einen Staatssekretär, an das BMF. Damit war das Wirtschaftsministerium als traditioneller Anwalt der freihändlerischen Außenwirtschaftspolitik empfindlich geschwächt. Diese institutionellen Veränderungen wurden nach den Wahlen 2002 wieder aufgehoben. Zum Beginn der zweiten Legislaturperiode kam es durch die Fusion von Wirtschafts- und Arbeitsministerium zum neuen Bundesministerium für Wirtschaft und Arbeit (BMWA), dem sog. „Superministerium". Unter dem Blickwinkel der Außenhandelspolitik, die bei der Zusammenlegung keine prominente Rolle spielte, kann die Fusion als eine institutionelle Absicherung des rot-grünen Eintretens für eine „breite Agenda" in WTO und Welthandelsrunden unter

---

8 Das BMF wirkt aufgrund seiner Finanzhoheit letztendlich in alle Politikfelder entscheidend hinein. Im Bereich der Außenwirtschaft beispielsweise durch die Zuständigkeit für Zollfragen oder für internationale Organisationen wie WTO, IWF, OECD und G-7/8 (Eberlei/Weller 2001:12f).

Einbeziehung von arbeitsrechtlichen und sozialen Mindeststandards gesehen werden, da diese in die Kernkompetenz des ehemaligen Arbeitsministeriums fallen.

Neben den Veränderungen auf Ministeriumsebene trieb Rot-Grün auch eine Konzentration bei den staatlichen Förderbanken voran. Bereits in der ersten Legislaturperiode kam es zum Verkauf der Deutsche Investitions- und Entwicklungsgesellschaft (DEG) durch das Bundesministerium für wirtschaftliche Zusammenarbeit und Entwicklung (BMZ) an die ebenfalls bundeseigene Kreditanstalt für Wiederaufbau (KfW). Neben dem Ziel der engeren Koordination hatte der Verkauf den positiven Nebeneffekt, dass die Verkaufserlöse direkt in den Bundeshaushalt flossen, während die Negativa im Haushalt der KfW „verschwanden". Eine ebenfalls angestrebte Fusion von Deutsche Ausgleichsbank (DtA) und KfW scheiterte an Streitigkeiten zwischen dem Wirtschafts- und dem Finanzministerium. Wirtschaftsminister Müller wollte nicht den bestimmenden Einfluss seines Hauses auf die Geschäftspolitik der DtA verlieren. Durch die Vereinigung des Wirtschafts- und des Arbeitsministeriums nach der gewonnenen Bundestagswahl im September 2002 konnte schnell eine Einigung gefunden werden. Es wurde beschlossen, die Fusion der beiden Häuser bis zum 1. August 2003 umzusetzen.

Bei den Instrumenten nahm Rot-Grün keine entscheidenden Änderungen vor. Auf Druck der Entwicklungshilfelobby wurden die Kriterien zur Vergabe von Hermes-Bürgschaften um entwicklungspolitische Aspekte wie soziale und ökologische Verträglichkeit sowie die Prüfung von Menschenrechtsverletzungen erweitert. Dabei stießen entwicklungspolitische und Außenhandelsinteressen aufeinander (Frankfurter Rundschau 15.01.02). So kritisierte der Verband Entwicklungspolitik deutscher Nichtregierungsorganisationen (VENRO) die Erweiterung als unzureichend (VENRO 2002:5), während der Bundesverband der Deutschen Industrie (BDI) sich gegen die Vermischung von Außenwirtschaftsförderung und Entwicklungszusammenarbeit aussprach und einen Wettbewerbsnachteil für deutsche Unternehmen befürchtete (BDI 16.10.2002). In einem anderen Feld kam die Bundesregierung dafür den Unternehmen entgegen: Im Rahmen eines neuen „Public-Private-Partnership"-Programms des BMZ wird der Spagat zwischen Entwicklungszusammenarbeit und Außenwirtschaftsförderung versucht, indem entwicklungspolitisch sinnvolle Auslandsengagements von Unternehmen mit Bundesmitteln gefördert werden (BMZ 2002).

Einen Teil der durch Minister Clement (SPD) angekündigten „Offensive pro Mittelstand" bildet eine „Außenwirtschaftsoffensive", mit dem Ziel, „den Mittelstand [...] für ausländische Märkte fit zu machen". Inhaltlich sieht diese Initiative bisher eine weitere Bündelung der verschiedenen Instrumente der Außenwirtschaftsförderung vor. Zudem enthält sie Absichtserklärungen, wie beispielsweise eine stärkere Ausrichtung der Auslandsmesseförderung auf mittelständische Unternehmen und eine Beschleunigung des Zugangs zu Hermes-Exportbürgschaften (BMWA 2003, Clement 2003). Die „Außenwirtschaftsoffensive" wich inhaltlich nicht wesentlich von jenen Vorschlägen Werner Müllers ab, die er vor der Bundestagswahl 2002 gemacht hatte (Nachrichten für Außenhandel 17.07.02).

Eine weitere Neuzuschneidung eines Ministeriums der rot-grünen Regierung könnte nachhaltige Auswirkungen auf die deutsche und europäische Außenwirtschaftspolitik haben: Mit der Ernennung von Renate Künast zur neuen Verbraucherschutzministerin übernahm nun eine Vertreterin einer Partei ein neues Ministerium, die eine Agrarwende und eine entschiedene Öffnung des europäischen Agrarmarkts für Entwicklungsländer fordert (Bündnis90/Die Grünen 2002a:41). Tatsächlich unterstützt Deutschland unter Rot-Grün eine Neuausrichtung der europäischen Agrarpolitik, so dass man in diesem Punkt sowohl eine Konsistenz zwischen Rhetorik und Verhalten als auch inhaltlich eine Veränderung zu der von den Vorgängerregierungen durchgängig verfolgten Politik konstatieren kann. Äußere Faktoren wie die EU-Erweiterung um landwirtschaftlich geprägte Staaten und die schlechte Haushaltslage Deutschlands unterstützen diesen Wandel (Die Welt 20.01.03). Unter institutionellen Gesichtspunkten trägt die Neuzuschneidung des Ministeriums der in EU und WTO formulierten rot-grünen Politik Rechnung, die eine Abkehr von der europäischen Agrarpolitik (Abbau von direkten Produktionssubventionen, Neudefinition der Agrarpolitik als „Entwicklungspolitik für den ländlichen Raum") und eine Ausweitung der WTO-Agenda auf neue Themen wie ökologische Mindeststandards vorsieht. Die Relevanz des BML für die internationale Handelspolitik bleibt somit erhalten.

Wandel: Ausweitung der außenwirtschaftlichen Agenda

In der Ausweitung der deutschen Prioritäten um Sozial- und Umweltthemen zeigte sich eine leichte Veränderung der deutschen Position nach dem Regierungswechsel. Hatte die christlich-liberale Koalition einer Einbeziehung von Umweltthemen in die Handelrunde noch skeptisch gegenüber gestanden (Rexrodt 1996), vertrat die rot-grüne Koalition dies seit Seattle in deutlicher Weise (Müller 1999, Gerlach 2001a). Die von der Bundesrepublik geforderte Ausweitung der WTO-Agenda um Themen wie Umwelt und Sozialstandards ist inhaltlich nachvollziehbar, wirft jedoch in den internationalen Verhandlungen Probleme auf (Hauser 2001; Liebig 1999). Sie erschwert einerseits die Konsensfindung in der EU, da andere Mitgliedstaaten – wie z.B. Großbritannien – die deutsche Präferenz nicht teilen. Im Vorfeld der Mandatserteilung der EU-Kommission für Seattle kam es zu Unstimmigkeiten, da die Bundesregierung auf der Einbeziehung von Sozialstandards in die europäische Verhandlungsposition beharrte (FAZ 21.10. 1999). Andererseits bringt dies auch die Kommission verschiedentlich in eine schwierige Position. So besteht die Verbraucherschutzministerin in der Frage gentechnisch veränderter Organismen auf dem seit vier Jahren geltenden Stopp von Neuzulassungen und zeigt sich gegenüber der Klageandrohung des US-Handelsbeauftragten Zoellick unnachgiebig, obwohl sowohl Umweltkommissarin Wallström wie auch ihr Kollege Lamy auf eine Aufhebung drängen (FTD 13.1.2003).

Bereits in der Institutionenpolitik war deutlich geworden, dass die Bündelung und Neustrukturierung der deutschen Gremien und Organisationen weniger den außenwirtschaftlichen Erfordernissen als vielmehr innenpolitischen Erwägungen geschuldet war. Das Gleiche lässt sich von der Ausweitung der Agenda um Umwelt- und Sozialthemen sagen. So konnte die Regierung diese Idee zwar in der EU mehrheitsfähig machen, die USA, Japan und die Entwicklungsländer mussten indes von der Eröffnung einer neuen Handelsrunde unter Einbeziehung der Themen Umwelt und Soziales erst mühsam überzeugt werden (Deny 2001). Deutsche Regierungsvertreter hatten stets betont, es ginge diesmal um die Eröffnung einer „Entwicklungsrunde", bei der die Interessen der armen Länder besondere Beachtung finden sollten. Doch die vermeintlichen Nutznießer hielten wenig davon. Die meisten Entwicklungsländer unter der Führung Indiens lehnten die Einbeziehung von Themen wie Investitionen, Umwelt oder Sozialstandards in die neue Handelsrunde vehement ab (NZZ 9.10.2001). Sie werfen den Industrieländern vor, mit Hilfe dieser Instrumente neue Handelshindernisse aufbauen zu wollen, anstatt die in der Uruguay-Runde längst versprochenen Öffnungen ihrer Agrarmärkte endlich zu forcieren. Der Umstand, dass die Industrieländer diese Forderungen weitgehend ignoriert hatten, war ein wichtiger Faktor für das Scheitern der Konferenz von Seattle 1999 (Winter 2000:3).

Die Bundesregierung hat ihre eingangs aufgeführten Ziele wie erweiterter Marktzugang, Eröffnung einer Entwicklungsrunde sowie die neuen Themen in Doha – vermittelt über die EU – auf die Agenda zu setzen vermocht. Ob sich dies allerdings auch in den Verhandlungen selbst widerspiegeln wird, steht auf einem anderen Blatt. Sollte beispielsweise in Bezug auf Investitionen und Wettbewerb bis zum Sommer keine Einigkeit erzielt werden können, ist es wahrscheinlich, dass diese für die deutsche Seite wichtigen Punkte wieder von der Agenda verschwinden würden, und auch für die Umweltthematik werden kaum Fortschritte erwartet (Cunningham/Lichtenbaum 2002).

Fazit: Kontinuität und Wandel der deutschen Außenhandelspolitik

Ruft man sich zunächst die realwirtschaftliche Lage sowie die Zielformulierung der neuen Regierung in Erinnerung, so überwiegt zunächst die Kontinuitätserwartung. Lediglich ein Aspekt deutete auf Wandel hin: Die Absicht der Regierung, Umwelt- und Sozialaspekte in die Handelsagenda aufzunehmen, ist klar postuliert worden. Die bescheiden angelegte Analyse offenbart zunächst eine Bestätigung der Ausgangsthese. In vielen Bereichen überwiegt die Kontinuität der deutschen Außenwirtschaftspolitik auch unter der neuen Regierung. Dies gilt vor allem für die Unterstützung des Freihandels in Bezug auf Investitions- und Konsumgüter, das Festhalten am Leitbild des managed trade für den primären Sektor sowie für die bedingte Unterstützung der internationalen Institutionen. „Bedingt" bedeutet dabei, dass Deutschlands Präferenzordnung nach wie vor lautet: Die Solidarität mit Frankreich hat Vorrang vor den nationalen Interessen, die wiederum die transatlantischen dominieren. Nur wenn diese drei Ziele nicht tangiert werden, erweist sich Berlin als eindeutiger Förderer der europäischen und internationalen Institutionen.

Überraschenderweise finden sich auch einige Anzeichen für Wandel: Dies betrifft zum einen den konsequenten Umbau des deutschen institutionellen Gefüges. So ist auf dem Gebiet der direkten Außenhandelsförderung der Ansatz der Bündelung der verschiedenen Instrumente (iXPOS, Bankenfusionen) positiv zu beurteilen, da so Transaktionskosten für die Unternehmen reduziert und Aufgabenduplikationen zwischen staatlichen Einheiten vermieden werden können. Obwohl die Veränderungen in der Aufgabenstellung des BMWA und des BML nicht mit dem Ziel erfolgten, die Außenwirtschaftspolitik neu zu gestalten, so reflektiert deren Neustrukturierung doch den gewollten Politikwechsel. Jenseits der institutionellen Veränderungen ist Wandel desgleichen in der Ausweitung der deutschen handelspolitischen Agenda um Sozial- und Umweltthemen zu diagnostizieren. Im Ergebnis leisten sowohl die institutionellen Veränderungen wie auch die ‚neuen Themen' der Einheitlichkeit der deutschen Position Vorschub und sind insofern positiv zu bewerten. Diese Einheitlichkeit der Position macht einen deutlichen Unterschied im Vergleich zu den Abstimmungsproblemen der Kohl-Regierung, beispielsweise in der Uruguay-Runde. Aber diese zunehmende Kohärenz hat auch eine Kehrseite: Sie wird mit konfliktträchtigeren Positionen in der EU und der WTO erkauft.

Literaturverzeichnis

Bellers, Jürgen (1990): Aussenwirtschaftspolitik der Bundesrepublik Deutschland 1949-1989, Münster.

Bündnis90/Die Grünen (2002a): Die Zukunft ist grün. Grundsatzprogramm, unter: http://archiv.gruene-partei.de/dokumente/grundsatzprogramm-bundesverband.pdf [2.2.2003].

Bündnis90/Die Grünen (2002b): Gerechte Globalisierung und Europäische Demokratie. Wahlkampfprogramm 2002, unter: http://www.gruen-wirkt.de/rsvgn/rs_dok/ 0,,7780,00.htm [31.12.02].

Bundesregierung (2001): Position zur Handelspolitik der WTO, unter: http://text.bundesregierung.de/frameset/IxNavi/jsp?NodeID=5719 [3.11.01].

BMZ (2002): Public-Private-Partnership in der deutschen Entwicklungszusammenarbeit. Syntheseberichte über die Evaluierung, Bonn.

BMWA (2003a): Außenhandelsdaten, unter: http://www.bmwi.de/Homepage/Politik felder/Au%dfenwirtschaft%20%26%20Europa/Au%dfenhandelsdaten/aussenhande lsdaten.jsp [15.01.03].

BMWA (2003b): Clement: Heute startet „Offensive pro mittelstand", Pressemitteilung vom 15.01.03

BDI (16.10.2002): Handelspolitik Aktuell, Berlin.

Bundesverband des Deutschen Groß- und Außenhandels (BGA) (2003): Außenhandel, unter: http://www.bga.de/bga/deutsch/facts.htm [05.01.03].

Clement, Wolfgang (2003): "Die Außenwirtschaftsoffensive der Bundesregierung", in: Nachrichten für Außenhandel vom 02.01.03.

Cunningham, Richard/ Lichtenbaum, Peter (2002): The long road to Doha, CER Bulletin, I 22, unter: http://www.cer.org.uk/articles/issue22.html [24.11.02].

Deny, Charlotte (2001): Europe isolated by WTO, in: Guardian unlimited, unter: http://www.guardian.co.uk/globalisation/story/0,7369,592997,00.html [16.11.01].

Die Welt (20.01.03): OECD. Agrarsubventionen sind extrem ineffektiv.

Eberlei, Walter/ Weller, Christof (2001): Deutsche Ministerien als Akteure von Global Governance. Eine Bestandsaufnahme der auswärtigen Beziehungen der Bundesministerien, INEF-Report, H. 51.

Emiliou, Nicholas (1996): The Allocation of Competence Between the EC and its Member States in the Sphere of External Relations, in: Nicholas Emiliou/ O´Keefe, David (Hrsg.): The European Union and World Trade Law, Chichester, S. 31-45.

Financial Times Deutschland (FTD) (26.8.2002): EU-Kommission hält an Klage gegen US-Stahlzölle fest.

Financial Times Deutschland (13.1.2003): Genfood sorgt für Konflikt zwischen EU und USA.

Frankfurter Allgemeine Zeitung (22.4.1999): Keine Lösung im Streit um Rindfleischimporte.

Frankfurter Allgemeine Zeitung (21.10.1999): Gedämpfte Erwartungen an die WTO.

Frankfurter Allgemeine Zeitung (12.11.2001): Europäer in der handelspolitischen Defensive.

Frankfurter Rundschau (10.7.2001): EU ist uneins über Subventionen für Werften.

Frankfurter Rundschau (15.01.2003): Hermes sorgt für Zwietracht im Kabinett.

Gerlach, Axel (2001a): Mehr Gerechtigkeit im Handel, Interview mit Staatsekretär Axel Gerlach im Deutschlandfunk vom 9.11.2001, unter: http://www.dradio.de/cgi-bin/user/fm1004/es/neu-interview/1309.html [15.11.01].

Gerlach, Axel (2001b): Statement anlässlich der WTO-Konferenz in Doha, unter: http://www.wto.org/english/theto_e/minist_e.htm [21.11.01].

Hauser, Heinz (2000): Der Streitfall zu den US-Foreign Sales Corporations (FSC), in: WTO-News, H. 2, unter: http://www.unisg.ch/org/siaw/web.nsf/SysWebRessources/wton2pdf/$FILE/wton2.pdf [2.2.2003].

Hauser, Heinz (2001): Die WTO: Wohin geht der Weg?; in: Aussenwirtschaft, 56/1, S. 7-39.

Hilpold, Peter (2000): Die EU im GATT/WTO-System, Frankfurt/M.

Kirste, Knut (1998): Rollentheorie und Außenpolitikanalyse. Die USA und Deutschland als Zivilmächte, Frankfurt/M.

Lafontaine, Oskar/ Müller, Christa (1998a): Keine Angst vor der Globalisierung. Wohlstand und Arbeit für alle, Bonn.

Lafontaine, Oskar (1998b): Rede über die Globalisierung und den Wirtschaftsstandort Deutschland am 25. Juni 1997 (Auszüge), in: Internationale Politik 53/5, S. 64-67.

Liebig, Klaus (1999): Die WTO im Spannungsfeld von Freihandel und Umweltschutz; in: Nord-Süd aktuell, VIII/1, S. 85-92.

Lütticken, Florian (2001): Deutsche und spanische Außenhandelspolitik im Rahmen der Uruguay-Runde des GATT, unter: http://www.deutsche-aussenpolitik.de/publications/sgefp.html [20.11.2002].

Lütticken, Florian/ Stahl, Bernhard (2003): Deutschland im GATT/WTO-System; in: Dittgen, Herbert/ Schmidt, Siegmar (Hrsg.): Handbuch zur Deutschen Außenpolitik (i.E.).

Meunier, Sophie/ Nicolaidis, Kalypso (1999): Who Speaks for Europe? The Delegation of Trade Authority in the EU, in: Journal of Common Market Studies 3/3, S. 477-501.

Müller, Werner (1999): Statement anlässlich der WTO-Konferenz in Seattle, unter: http://www.wto.org/english/theto_e/minist_e.htm [21.11.01].

Müller, Werner (2001): Ziele und Perspektiven multilateraler Handelvereinbarungen in der WTO aus Sicht der BRD, in engl. Sprache in: oecd Observer, N 228.

Müller, Werner (2002): Rede anlässlich des AHK Außenwirtschaftskongresses. Der Welthandel nach Doha. Wie geht es weiter?, unter: http://www.bmwi.de/Homepage/ Presseforum/Reden%20%26% [16.12.2002].

Mrusek, Konrad (2001): Mehr tun für die Freiheit des Handels, in: FAZ, 29.9.2001.

Nachrichten für Außenhandel (17.07.2002): Außenwirtschaftsoffensive angekündigt.

Nachrichten für Außenhandel (02.01.2003): Ausfuhrüberschuss 2002 bei 127 Mrd. Euro.

Nadoll, Jörg (2003): Das deutsche außenpolitische Verhalten; in: Joerißen, Britta/ Stahl, Bernhard (Hrsg.): Europäische Außenpolitik und nationale Identität. Vergleichende Diskurs- und Verhaltensstudien von Dänemark, Deutschland, Frankreich, Griechenland, Italien und den Niederlanden, Bonn (i.E.).

Neue Züricher Zeitung (6.6.2001): Offensive Bushs gegen Stahleinfuhren,

Neue Züricher Zeitung (26.7.2001): EU-Kommission für befristete Werfthilfen.

Neue Züricher Zeitung (9.10.2001): Umweltaspekte in einer neuen WTO-Runde? Die EU im Clinch mit der Dritten Welt.

Neue Züricher Zeitung (16.1.2002): Handelspolitisches Eile mit Weile?

Ragnitz, Joachim (1996): Deutschland und die Gestaltung der Weltwirtschaft, in: Kaiser, Karl/ Krause, Joachim (Hrsg.): Deutschlands neue Außenpolitik. Interessen und Strategien, Bd. 3, München, S. 63-76.

Rexrodt, Günther (1996): Statement anlässlich der WTO-Konferenz in Singapur, unter: http://www.wto.org/english/theto_e/minist_e.htm [21.11.01].

Schröder, Gerhard (1998): Regierungserklärung vom 10.11.1998 vor dem Deutschen Bundestag, unter: http://www.bundesregierung.de/Nachrichten/Regierungserklae rungen-,8674.69116/ Regierungserklaerung-von-Bunde.htm [2.2.2003].

Schröder, Gerhard (2001): Rede auf der 5. Internationalen Wirtschaftstagung, unter: http://www.spd.de/events/int_wirtschaftstagung/pm_rede_schroeder.html [10.9.01].

Staack, Michael (2000): Handelsstaat Deutschland. Deutsche Außenpolitik in einem neuen Internationalen System, Paderborn.

Stahl, Bernhard (1999): Europapolitik I – Umwege oder Abwege?, in: Maull, Hanns W./ Neßhöver, Christoph/ Stahl, Bernhard (Hrsg.): Lehrgeld. 4 Monate rot-grüne Außenpolitik, Trierer Arbeitspapiere zur Internationalen Politik, Nr. 1, unter: http://www.deutsche-aussenpolitik.de/resources/tazip/tazip1.pdf [2.2.2003].

Statistisches Bundesamt (2003): Wichtige gesamtwirtschaftliche Größen, unter: http://www.destatis.de/basis/d/vgr/vgrtab1.htm [09.01.03].

SPD (1998): Arbeit, Innovation und Gerechtigkeit. Programm für die Bundestagswahl 1998. Beschluss des außerordentlichen Parteitages in Leipzig vom 17.4.1998.

SPD (1997): Leitantrag zur Außen-, Sicherheits- und Entwicklungspolitik. Beschluss des ordentlichen Parteitags in Hannover vom 3.12.1997, unter: http://www.spd.de/ archiv/events/hannover_97/aussen_1.html [8.9.98].

SPD/ Bündnis90/Die Grünen (1998): Koalitionsvereinbarung „Aufbruch und Erneuerung - Deutschlands Weg ins 21. Jahrhundert" vom 20.10.1998, unter: http://www.spdfraktion.de/download/koalitionsvertrag.pdf [06.01. 2003].

VENRO (2002): Für eine starke Entwicklungspolitik im Zeitalter der Globalisierung. Zehn Forderungen an die Bundesregierung, Berlin.

Weiss, Frank D. (1989): Domestic Dimensions of the Uruguay Round: The Case of West Germany in the European Communities, in: Nau, Henry (Hrsg.): Domestic Trade Politics and the Uruguay Round, New York, S. 69-89.

Winter, Helen (2000): Die deutsche und europäische Position bezüglich einer neuen WTO-Verhandlungsrunde, unter: http://www.weltpolitik.net/policy-forum/article/ 227 .html [19.12.01].

Wirtschaftswoche (21.1.1999): Mit voller Wucht.

Wirtschaftswoche (8.7.1999): Herber Rückschlag.

WTO (1999): Trading into the Future, Genf.

Yager, Jérome (2001): „Die kulturelle Ausnahme", in: WTO-Dossier, unter: http://www.europa-digital.de/text/aktuell/dossier/wto/kultur.shtml [3.11.01].

Rot-grüne Entwicklungspolitik seit 1998

Peter Molt

Im Bundestagswahlkampf 1998 spielte die Entwicklungspolitik, wie bei allen vorangegangenen Bundestagswahlen, trotz der Bemühungen von Nichtregierungsorganisationen, keine Rolle. Das Thema war zwischen den großen Parteien CDU und SPD nicht kontrovers genug, als dass es sich zum Wahlkampfthema geeignet hätte. Seit der Einrichtung eines eigenen Ministeriums für Entwicklungshilfe, dem Bundesministerium für wirtschaftliche Zusammenarbeit und Entwicklung (BMZ) im Jahr 1962, stimmten CDU, SPD und FDP überein, Entwicklungspolitik als eine die Parteien übergreifende Aufgabe zu verstehen und sie soweit als möglich aus der politischen Auseinandersetzung heraus zu halten. Wohl gab es Unterschiede in Einzelheiten der Zielvorstellungen und Begründungen, aber es schien den Parteien wichtiger, die Gemeinsamkeiten zu betonen, als die Unterschiede hervorzuheben. Zu diesem Konsens trugen die Kirchen, die durch die kirchlichen Hilfswerke in das System der deutschen Entwicklungspolitik von Anfang an eingebunden waren, mit ihrem ethischen Verständnis der Entwicklungshilfe ebenso bei wie die Interessengemeinschaft der den Parteien nahestehenden Politischen Stiftungen. Dieser Konsens wurde zusätzlich gestärkt, weil maßgebliche Positionen in den Durchführungsorganisationen im Parteiproporz besetzt wurden.

Die in den 90er Jahren im Rahmen der Vereinten Nationen und der von ihnen organisierten Weltkonferenzen, der Gipfeltreffen der Staats- und Regierungschefs der großen Industrieländer (G-7), der Europäischen Union (EU), der Organisation für wirtschaftliche Zusammenarbeit und Entwicklung (OECD) und ihrem Entwicklungskomitee (DAC-OECD), der Weltbank und des Internationalen Währungsfonds (IWF), erörterte Neuorientierung der Entwicklungspolitik und die in diesem Rahmen formulierten neuen Grundsätze der internationalen Entwicklungspolitik, wie verantwortliche Regierungsführung (good governance), das Bekenntnis zu Menschenrechten, Demokratie und Marktwirtschaft, Umweltschutz und Armutsbekämpfung, fanden bei den Fachleuten aller Fraktionen Zustimmung. Selbst die Forderung, Entwicklungspolitik als globale Strukturpolitik zu verstehen, findet sich bereits 1996 in den offiziellen Verlautbarungen des BMZ (BMZ 1996:10). Wichtige internationale Vereinbarungen, wie das grundlegende Strategiedokument des DAC-OECD (DAC-OECD 1996), wurden unter maßgeblicher deutscher Beteiligung erarbeitet und die Neuorientierung der Weltbankarbeit im „comprehensive development framework" auf die Armutsbekämpfung, die Vorbereitungen der Entschuldungsinitiative für die ärmsten und hochverschuldeten Länder (Heavily Indebted Poor Countries, HIPC) sowie die Reform der Entwicklungspolitik der Europäischen Union bereits zu Zeiten der 1998 abgelösten Bundesregierung beraten und gebilligt.

Die Kritik an der Entwicklungspolitik kam deshalb vorwiegend aus dem Kreis der Nichtregierungsorganisationen, die alle höhere finanzielle Leistungen verlangten. Einige wenige forderten darüber hinaus die Fortentwicklung der Entwicklungspolitik zu einer globalen Friedens- und Strukturpolitik (Deutscher/Hilliges/Kulessa 1998). Weniger Aufmerksamkeit fand die Kritik des Prüfberichts des DAC-OECD (DAC-OECD 1999). Darin wurde angemahnt, dass die finanziellen Leistungen Deutschlands gemessen an seinem Bruttosozialprodukt ständig zurückgingen, dass es für die internationale Entwicklungszusammenarbeit der Vereinten Nationen einen seinem Rang nicht mehr angemessenen Beitrag leiste und dass es in seiner bilateralen Komponente sich nicht genügend an den neuen internationalen Konzepten und Strategien ausrichte. Die deutsche Entwicklungspolitik leide neben ihrer zunehmenden finanziellen Auszehrung vor allem an systemischen und institutionellen Redundanzen, die Spannungen bewirkten. Dazu trügen die Konservierung der multi-institutionellen Durchführungsstruktur und damit der alten Trennlinien zwischen technischer und finanzieller Zusammenarbeit bei. Das System erschwere den internationalen Koordinierungsprozess und sei nicht flexibel genug, um eine volle Beteiligung an einem dezentralisierten, auf Grundorientierungen basierenden System der Entwicklungszusammenarbeit zu ermöglichen. Es entspreche mit seiner Fixierung auf Projekte nicht den Erfordernissen des Politikdialogs über die von den Partnerländern selbst bestimmten Entwicklungsziele und erschwere ihre eigenverantwortliche Trägerschaft für strategische Sektorprogramme. Der Anteil für das prioritäre Ziel der Armutsbekämpfung sei nicht zu ermitteln und vermutlich ungenügend.

Bausteine einer neuen Entwicklungspolitik

Die neue rot-grüne Bundesregierung nahm von den Empfehlungen des DAC kaum Notiz. Der mit dem Entwicklungsressort betrauten Bundesministerin Heidemarie Wieczorek-Zeul war es wichtiger, Entwicklungspolitik zu einem elementaren Bestandteil einer globalen Struktur- und Friedenspolitik weiter zu entwickeln. Die herkömmliche Entwicklungspolitik tauge nur dazu, die Entwicklungsländer zu unterstützen und ihre nationalen Strukturen entwicklungsfördernd zu gestalten (BMZ 2001a:61-68). Vorrangiger sei die Gestaltung und Reform der internationalen Institutionen und Regelwerke zugunsten der Belange der Entwicklungsländer, der Abbau struktureller Ursachen von Konflikten und die gewaltfreie Konfliktbearbeitung. Nur so sei dem ethischen Gebot weltweiter Solidarität und der Schaffung einer sozial gerechteren Weltwirtschaftsordnung zu entsprechen (Wieczorek-Zeul 1999). Die bilaterale technische und finanzielle Zusammenarbeit, sowie die durch öffentliche Zuschüsse unterstützten Nichtregierungsorganisationen sollten diese strukturpolitischen globalen Zielsetzungen mit ihren Programmen und Projekten ergänzen.

In den Koalitionsvereinbarungen wurde dem BMZ die Aufgabe zugewiesen, Entwicklungspolitik als politische Querschnittsaufgabe zu vertreten. Das BMZ wurde daher erstmalig Mitglied im Bundessicherheitsrat. Entwicklungspolitische Kompetenzen anderer Ressorts wurden in das BMZ überführt und eine entwicklungspolitische Regelprüfung von Gesetzesvorhaben in der neuen Geschäftsordnung der Bundesregierung (GGO) vom September 2000 verankert. Die Bundesregierung beschloss im April 2001 ein Aktionsprogramm 2015 zur Bekämpfung der globalen Armut (BMZ 2001b) und wies der Entwicklungspolitik für die zivile Krisenprävention, Konfliktlösung und Friedenskonsolidierung eine zentrale Rolle zu. Für diese Aufgabe wurde der „Zivile Friedensdienst" geschaffen, in dessen Rahmen Friedensfachkräfte zur Vermittlung in schwelenden Konflikten und zur Versöhnungsarbeit entsandt werden. Entscheidungen über Rüstungsexporte wurden einer entwicklungspolitischen Prüfung unterworfen. Das BMZ erhielt zudem die Aufgabe, die Bundesregierung bei der Weltbank, auf den Weltkonferenzen zur Entwicklung und bei den Entwicklungsinstitutionen der Vereinten Nationen zu vertreten. In den Gremien der Europäischen Union wurde das BMZ für alle die Entwicklungshilfe betreffenden Fragen einschließlich des Vertrags mit den AKP-Staaten zuständig (Stather 2002).

Trotz dieser auf den ersten Blick beeindruckenden neuen Zuständigkeiten und Absichtserklärungen blieb unklar, ob die Leitung des BMZ für seine Konzeption einer globalen Struktur- und Friedenspolitik mit der Unterstützung des Bundeskanzlers, des Kabinetts und der Koalitionsfraktionen im Bundestag rechnen konnte. Aus dem Neuzuschnitt der Verantwortung ergaben sich bald erhebliche Reibungen mit den anderen Bundesressorts. Das traf vor allem auf das Verhältnis mit dem Auswärtigen Amt zu. Dieses blieb für die außenpolitischen Aspekte der Zusammenarbeit mit den Vereinten Nationen und für Fragen der globalen Ordnung, für die G-7/8 Gipfelkonferenzen, die Europapolitik und die allgemeinen außenpolitischen Beziehungen mit den Entwicklungsländern zuständig. Es behielt auch die Verantwortung für die humanitäre Hilfe. Der latente Konflikt zwischen den beiden Ressorts wurde in einigen Fällen auch nach außen getragen. So veröffentlichten im Frühjahr 2001 das BMZ und das Auswärtige Amt innerhalb weniger Wochen eigene Konzeptionen zur deutschen Afrikapolitik. Als Gegenstück zu dem vom BMZ geförderten Zivilen Friedensdienst gründete das Auswärtige Amt das „Zentrum für internationale Friedenseinsätze". Auch in der Europapolitik hatte das BMZ nur wenig Gewicht. So kam es gegen seinen Widerstand in der letzten Runde der Verhandlungen des Cotonou-Abkommens zu einer Abschwächung der politischen Konditionalität als Preis für die von den Innenministern geforderte Rücknahmepflicht der AKP-Staaten für illegale Einwanderer. Auch eine weitere Marktöffnung der EU für Produkte aus den Entwicklungsländern und die Beschränkung der Agrarsubventionen ließ sich nicht durchsetzen. Die Abschaffung des Rats der Entwicklungsminister der Europäischen Union im Sommer 2002 führte schließlich zu einer weiteren Schwächung der europapolitischen Kompetenz des BMZ.

Ständige Auseinandersetzungen ergaben sich auch mit dem Finanzministerium, das nicht nur die finanziellen Möglichkeiten des BMZ für die bilaterale Entwicklungshilfe, sondern auch für seine internationalen Verpflichtungen erheblich begrenzte. So wurden im Haushalt 2000 die freiwilligen Leistungen für das Entwicklungsprogramm der Vereinten Nationen (UNDP) und für den Weltbevölkerungsfonds (UNFPA), denen innerhalb der vom BMZ konzipierten Neuausrichtung der internationalen Entwicklungszusammenarbeit eine Schlüsselrolle zukam, drastisch gekürzt. Sie konnten bis heute nicht wieder auf die ursprüngliche Höhe angehoben werden. Um einen politischer Eklat bei der Weltkonferenz für Entwicklungsfinanzierung in Monterrey 2002 zu vermeiden, war ein Machtwort des Bundeskanzlers erforderlich, weil das Finanzministerium zunächst die deutsche Zustimmung zu der von der Europäischen Union beschlossenen Zielvorgabe von Entwicklungshilfeleistungen in Höhe von 0,33% des BIP blockierte. Dies hätte Deutschland sowohl auf der Konferenz als auch vor seinen europäischen Partnern bloßgestellt. Selbstverständlich blieb das Finanzministerium auch bei seiner Ablehnung der vom BMZ befürworteten internationalen Kapitalverkehrssteuer (Tobin-Tax) und behielt die Zuständigkeit für den Internationalen Währungsfonds (IWF). Auch die Neuregelung der Exportbürgschaften (Hermes-Bürgschaften) setzte das BMZ gegen das Finanz- und das Wirtschaftsministerium nicht durch, obwohl dies im Koalitionsvertrag vereinbart worden war.

Nur weil 1999 nach langen Verhandlungen, in denen die vorherige Bundesregierung eine eher zurückhaltende Position eingenommen hatte, die Kölner Entschuldungsinitiative für die ärmsten, hochverschuldeten Länder (HIPC-Initiative) und das neue

Cotonou-Abkommen Entscheidungsreife erlangt hatten, konnte die neue Regierung wenigstens in ihrem ersten Jahr den Anspruch einlösen, Vorkämpfer für eine sozial gerechtere globale Strukturpolitik zu sein. Beide Vereinbarungen konnte die Bundesregierung als Erfolg verbuchen, weil Deutschland turnusmäßig im ersten Halbjahr 1999 die Präsidentschaft der EU innehatte und Gastgeber des G-7-Gipfels in Köln war. Möglich waren diese Erfolge allerdings auch, weil die wichtigsten Verbündeten Deutschlands an diesen Vereinbarungen ein besonderes Interesse hatten; die USA an der HIPC-Initiative und Frankreich am Cotonou-Abkommen.

Reformen der bilateralen Entwicklungszusammenarbeit

Das auf der internationalen Ebene gezeigte Engagement nährte international die Erwartung, dass Deutschland auch seine bilateralen Leistungen in der Entwicklungshilfe kräftig steigern und zudem die im DAC-OECD-Prüfbericht angemahnten inhaltlichen und organisatorischen Reformen einleiten werde. Die Achillesferse der neuen Politik war der mangelnde Wille der Bundesregierung, die entsprechenden finanziellen Konsequenzen zu ziehen und die im nationalen Rahmen anstehenden organisatorischen Veränderungen vorzunehmen. Sie sah nicht, dass der Anspruch, international bei der Gestaltung der Entwicklungspolitik eine führende Rolle zu spielen, auf Dauer nur glaubwürdig bleibt, wenn er von entsprechenden finanziellen Leistungen und einer hohen Effizienz der bilateralen Programme gestützt wird.

Entgegen ihren Ankündigungen gelang es der neuen Bundesregierung nicht, den finanziellen Abwärtstrend der Entwicklungszusammenarbeit umzukehren. Seit 1996 stagniert der Entwicklungshilfehaushalt Deutschlands; das Gesamtvolumen der deutschen Entwicklungshilfeleistungen ging stetig zurück. Damit verengte sich der Spielraum für die vertraglich oder gesetzlich nicht bindend festgelegten Entwicklungshilfeleistungen.

EP 23		1996	1997	1998	1999	2000	2001	2002	2003	2004	2005	2006
	SOLL-Ausgaben	4.034	4.010	4.052	3.997	3.675	3.797	3.699	3.800			
	geplant									3.850	4.000	4.100
	% des Bundeshaushalts	1,73	1,77	1,73	1,62	1,5	1,56	1,49	1,54			

In Mio Euro. Quellen: BMZ 11. Bericht zur Entwicklungspolitik S. 105, 2001; BMZ: Finanzressourcen des BMZ 2003,2002; BMF Finanzplan 2002-2006.

Das Bundesfinanzministerium kürzte den Entwicklungshilfehaushalt für das Jahr 2000 gegenüber dem Vorjahr um 8%. Seither wurde der Einzelplan 23 zwar wieder leicht erhöht, hat aber absolut und relativ immer noch nicht den Stand von 1998 erreicht. Die Zahlen verraten überdies nicht, dass inzwischen aus dem Etat zahlreiche neue Aufgaben finanziert werden müssen, wie beispielsweise die Hilfe für Südosteuropa und für die ärmeren Nachfolgestaaten der Sowjetunion, die früher aus anderen Haushaltstiteln finanziert wurden. Zusätzlich müssen aus dem BMZ-Haushalt die Beiträge für die HIPC-Entschuldungsinitiative und weitere internationale Sonderfonds und -programme, für welche die Bundesregierung zwischenzeitlich Zusagen machte, bestritten werden.

Durch die Kürzungen fehlen zwar zunächst „nur" mehrere hundert Millionen Euro für die bilaterale Entwicklungszusammenarbeit. Da sie sich auf viele Länder und Projekte verteilen, ist bisher der Ausfall vor Ort noch nicht spürbar. Bis zur Weltkonferenz zur Entwicklungsfinanzierung in Monterrey/Mexico 2002 konnte die Bundesregierung darauf hinweisen, dass andere große Geberländer ebenfalls zu geringe Beiträge leisteten. Die auf dieser Konferenz angekündigte Erhöhung der Leistungen der USA um 50% und der Beschluss der Regierungschefs der Europäischen Union, den durchschnittlichen Beitrag aller Mitgliedsländer auf 0,39% des Bruttoinlandsproduktes (BIP) zu erhöhen, brachte die deutsche Politik aber dann in Begründungsnot. Wenn Deutschland bis zum Jahr 2006 die Quote von 0,33% des BIP erreichen will, muss es den Entwicklungshilfetat überdurchschnittlich um mindestens 7,5% pro Jahr, also um insgesamt 30% (!) steigern. Für das Jahr 2003 steigt er aber nur um 2,7% und für den ganzen Zeitraum bis zum Jahr 2006 sieht die Finanzplanung insgesamt nur eine Erhöhung um 5,3% vor (Stather 2002).

Die finanziellen Probleme der deutschen Entwicklungspolitik fallen um so mehr ins Gewicht, weil die rot-grüne Bundesregierung die Vorstellungen einer inhaltlichen und organisatorischen Veränderungen in der bilateralen Hilfe, wie sie auf der UN-Konferenz von Monterrey bestätigt wurden, sich bisher nicht zu eigen machte. Die Umsetzung der neuen Strategie obliegt nach ihren Vorstellungen vornehmlich den Partnerregierungen, dem IWF, der Weltbank und der europäischen Entwicklungszusammenarbeit. Die Rolle der bilateralen Hilfe wird dagegen in der Politikberatung und in der Stärkung der für die Umsetzung verantwortlichen Institutionen gesehen. Die Bundesregierung ist bisher nicht bereit, auch bilateral einen substantiellen finanziellen Beitrag zu dem auf dem Milleniumsgipfel der Vereinten Nationen vereinbarten Ziel zu leisten, weltweit die absolute Armut zu halbieren. Die Kürzungen im BMZ-Haushalt führten vielmehr dazu, dass die Mittel für Maßnahmen der direkten Armutsbekämpfung sogar absolut und relativ rückläufig waren (VENRO 2001). Der Anteil der Förderung der am wenigsten entwickelten Länder (Least Developed Countries, LDC) stagnierte bei 22% der bilateralen Hilfe. Eine direkte finanzielle Unterstützung von Regierungsprogrammen der sozialen Grunddienste gibt sie bislang nur in einigen wenigen Fällen. Die Beteiligung an integrierten Sektorprogrammen stagnierte daher bei höchstens 7 % der deutschen bilateralen Hilfe.

Dafür ermangelt es deutschen Entwicklungspolitik auch an mit weitgehenden Kompetenzen ausgestatteten Vertretungen vor Ort, die für eine effiziente Zusammenarbeit mit der jeweiligen Regierung und anderen Gebern erforderlich sind. Die Rivalität zwischen Auswärtigem Amt und BMZ und die Fragmentierung der deutschen Entwicklungshilfe führte dazu, dass GTZ und KfW eigene Länderbüros einrichteten und damit die Struktur der Außenvertretung der deutschen Entwicklungspolitik zusätzlich komplizierten (BMZ 1999).

Auch ein weiteres Problem der deutschen Entwicklungszusammenarbeit konnte das BMZ nicht lösen, nämlich ihre Zersplitterung auf viele Länder. Dadurch ist der Anteil der auf die einzelnen Länder entfallenden Leistungen relativ gering und in seinen Wirkungen kaum messbar. Zwar nahm die Leitung des BMZ die Haushaltkürzungen für das Jahr 2000 zum Anlass, eine Konzentration der Hilfe anzukündigen, aber sie setzte die Schwerpunktbildung in der Praxis nicht um. Die ursprünglichen Planungen sahen eine Konzentration auf 33 Schwerpunktländer, in denen Programme und weitere 37 Partnerländer, in denen wichtige Projekte gefördert werden sollten, zusammen also 70 Länder, vor. Inzwischen erhielten aber bereits wieder 80 Länder neue Zusagen. Darüber hinaus gibt es etwa zehn weitere Länder, in denen es nicht zu umgehen sein wird, die Zusammenarbeit wieder aufzunehmen, sobald es die politischen Verhältnisse zulassen.

Nach wie vor verteilt sich deutsche bilaterale Zusammenarbeit nicht nur auf viele Länder, sondern innerhalb der unterstützten Länder auch auf zu viele Vorhaben. Da die finanziellen Mittel für die bilaterale staatliche Zusammenarbeit im letzten Jahrzehnt zurückgingen, absolut um ca. 18% und relativ bezogen auf die Gesamthilfe von 46% auf 42%, bedeutet dies, dass anstelle von Investitionen eher Beratungsleistungen erbracht werden und dass der eigentliche Mitteltransfer immer geringer, die Verwaltungs- und Personalkosten immer höher werden. Inhaltlich hat sich der Schwerpunkt weiterhin zu kommunalen Versorgungseinrichtungen, Umweltschutz und zur Förderung von mittleren und kleineren Unternehmen verlagert. Diesen Trend gab es schon unter der vorherigen Regierung, die rot-grüne Regierung hat hier keine neuen Akzente gesetzt. Ob die Regierungsberatung tatsächlich so wirksam ist, wie behauptet wird, und ob sie zu den vordringlichen Bedürfnissen der Partnerländer gehört, kann bezweifelt werden.

Eine gesicherte Bewertung der deutschen bilateralen Entwicklungszusammenarbeit ist allerdings kaum möglich, weil über ihre Verteilung und den Erfolg ihrer Vorhaben nur sehr allgemeine Angaben veröffentlicht wurden. Eine entwicklungspolitische Bewertung von Entwicklungsvorhaben darf sich nicht nur auf die Projektziele beschränken, sondern muss ex-post auch die langfristige Wirkung auf die Gesamtentwicklung des jeweiligen Landes bewerten. In dieser Hinsicht hat das Evaluierungsverfahren des BMZ kaum Fortschritte aufzuweisen, obwohl auf seine Verbesserung viel Mühe verwandt wurde. Aussagekräftige und nachprüfbare Analysen wurden nicht oder nur zusammengefasst publiziert (Klingebiel 1999). Die Auswirkung dieser Evaluierungen auf zukünftige konzeptionelle oder politische Entscheidungen ist schwer abzuschätzen (Wolff 2001). Wegen der restriktiven Veröffentlichungspolitik und dem daraus resultierenden Mangel an Transparenz sind die Ergebnisse der Evaluierungen nicht nachprüfbar. Ein Vergleich mit den Veröffentlichungen der vorherigen Bundesregierung lässt weder methodisch noch in der Veröffentlichungspraxis Verbesserungen erkennen (zum Vergleich BMZ 1997).

Auch die organisatorische Reform der deutschen Entwicklungshilfestruktur kam kaum voran. So wurde zwar die seit Jahren problembehaftete Deutsche Entwicklungsgesellschaft (DEG) der KfW einverleibt und die im Ausbildungs- und Dienstleistungsbereich tätige Carl-Duisberg-Gesellschaft (CDG) mit der Deutschen Stiftung für Internationale Entwicklung und Zusammenarbeit (DSE) zu einer neuen Organisation verschmolzen. Diese Fusionen berühren aber nur untergeordnete Teilbereiche der Entwicklungszusammenarbeit. Die Absicht, damit die Strukturen der deutschen Entwicklungshilfe zu vereinfachen, wurde durch die Gründung einer neuen Kleinorganisation, des Zivilen Friedensdienstes, konterkariert. Die Neuordnung des eigentlichen Kernbereichs, der kaum noch zu unterscheidenden finanziellen und technischen Hilfe, wurde dagegen weiterhin ausgeklammert. Damit ist auch die Dezentralisierung der Programme und die Übertragung der Verantwortung auf Partnerregierungen und Partnerorganisationen blockiert. Ein weiteres Hemmnis hierfür ist die unveränderte Haushaltsstruktur des BMZ, welche die einzelnen Etatposten nicht an den Aufgaben, sondern an den jeweiligen Durchführungsorganisationen ausrichtet. Nach wie vor werden für Innovationen, wie z.B. für das neue und interessante Instrument der Zinssubventionen, die Armutsbekämpfung und den Zivilen Friedensdienst, neue Haushaltstitel geschaffen, anstatt die bestehenden Titel zu flexibilisieren. Alles in allem verharrt die deutsche bilaterale Hilfe im wesentlichen in den Organisationsstrukturen der 60er und 70er Jahre und entspricht kaum den heutigen Standards. Ein mutiger Versuch des kleineren Koalitionspartners, eine grundlegende institutionelle Umstrukturierung der deutschen Entwicklungspolitik anzustoßen, blieb ohne Folgen (Bundesarbeitsgemeinschaft 1999).

Das Bild, das die bilaterale deutsche Entwicklungshilfe zwischen 1998 und 2002 bietet, ist unscharf und zum Teil widersprüchlich. Wesentliche Veränderungen lassen sich nicht erkennen. In Fortführung seines letzten Bericht aus dem Jahr 1998 kommt der neue DAC-OECD-Prüfbericht (DAC-OECD 2002) deshalb erneut zu einer kritischen Beurteilung der bilateralen deutschen Entwicklungszusammenarbeit. Das DAC-OECD teilt nicht die Auffassung der Bundesregierung, dass die bilaterale Hilfe vorwiegend auf eine beratende und institutionenfördernde Rolle beschränkt werden soll. Obwohl sich die Bundesrepublik darauf berufe, sich der internationalen Methode der Poverty Reduction Strategy und der sektororientierten Entwicklung anzuschließen, entspreche ihre organisatorische Struktur und ihre Leistungen nicht dieser Zielsetzung. Die Reduzierung auf prioritäre Empfängerländer sowie die Konzentration der Hilfe auf wenige Sektoren in diesen Länder werde, wenn überhaupt, noch mehrere Jahre in Anspruch nehmen. Zudem stelle die Methodik der deutschen Entwicklungshilfe eine Last für die Regierungen der Empfängerländer dar, Deutschland behalte sich die Kontrolle wichtiger Zuständigkeiten, insbesondere die Finanzkontrolle vor und verletzte damit das Prinzip der „local ownership", d.h. der Eigenverantwortung der Partner. Das deutsche System sei einerseits zentralisiert und hierarchisch, andererseits zwischen verschiedenen Durchführungsorganisationen fragmentiert. Der Weg von den politischen Entscheidungen zu Implementierung sei umständlich und nicht transparent, die Maßnahmen von GTZ und KfW müssten besser miteinander abgestimmt, die Vertretung in den Empfängerländern verstärkt, die Durchführung professioneller gestaltet und die Rückkoppelung und der daraus resultierende Lernprozess verbessert werden.

Die finanzielle Situation der deutscher Entwicklungszusammenarbeit wird besonders negativ beurteilt. Deutschland sei nach den USA und Japan der drittgrößte Geber an öffentlicher Entwicklungshilfe (ODA). Ohne einen namhaften und methodisch angepassten deutschen Beitrag könnten die internationalen Ziele der Entwicklungshilfe nicht erreicht werden. Dazu komme, dass von den in die Entwicklungsländer fließenden ODA-Mitteln 1999 nur 22% in die LDC-Länder und nur 33% in Länder mit niedrigem Einkommen gegeben worden seien. Die kostensparende Nutzung einheimischer Fachkräfte sei nach wie vor unbefriedigend, ebenso wie die der Expertise gemeinsam mit anderen Gebern. Die Aufwendungen für indirekte Hilfen, wie die Politikberatung, die Förderung von Institutionen und des Privatsektors seien höher als die direkten Zuwendungen an zielgruppenorientierte Entwicklungsvorhaben. Der Bericht stellt in Frage, ob sich inzwischen der Anteil von 11% der Mittel, die 1997/1998 für die Unterstützung sozialer Grunddienste aufgewandt wurden, erhöht und der damalige, im internationalen Vergleich relativ hohe Anteil von 24% der Mittel, die als Kredit vergeben werden, vermindert hat. Offenbar sind hierzu dem DAC-OECD keine neue Zahlen übermittelt worden, denn es schlägt vor, zur besseren Transparenz einen detaillierten jährlichen Bericht über die Verwendung und die Resultate der deutschen Entwicklungszusammenarbeit zu erstellen, die vermehrte Verwendung von direkten zweckbestimmten Budgethilfen an Entwicklungsländer zu erwägen, die lokalen Kapazitäten besser zu nutzen und die Eigenverantwortung zu fördern. Aus dem Bericht lässt sich schließen, dass das DAC-OECD Zweifel hegt, ob die deutsche Entwicklungszusammenarbeit finanziell, organisatorisch und methodisch die geforderten Reformen und Anpassungen an das veränderte internationale Umfeld der Entwicklungshilfe vollziehen wird.

Die Ausrichtung der Entwicklungspolitik an den Vorstellungen einer globalen Struktur- und Friedenspolitik war mit einer kritischeren Haltung gegenüber der Politik der USA verbunden. Schon in den programmatischen Erklärungen der SPD vor 1998 zeigte sich, dass in den entwicklungspolitischen Teilen harsche Kritik an den von den USA vertretenen außen- und wirtschaftspolitischen Konzepten geübt wird (SPD 1997), während die außenpolitischen Passagen die Bedeutung der transatlantischen Zusammenarbeit betonen. Der europäischen Einigungspolitik wird von sozialdemokratischen Entwicklungspolitikern eine Aufgabe zugewiesen, die von der Mehrheit der Europapolitiker wohl kaum geteilt werden dürfte: es gelte die Europäische Union auch deshalb weiter zu entwickeln, damit sie dem neoliberalen Konzept der USA das einer gerechteren Weltordnung entgegensetzen könne[1].

Die unterschiedlichen Positionen traten zunächst noch nicht zu Tage, weil in der zweiten Amtsperiode Clintons die Entwicklungspolitik kaum noch eine Rolle spielte. Sie litt unter dem Scheitern des Reformversuchs der „New Partnership Initiative" sowie unter der Haltung der Senatsmehrheit, die den Vereinten Nationen, den internationalen Finanzinstitutionen und der bilateralen Entwicklungshilfe immer kritischer gegenüberstand.

Das äußerliche Einvernehmen der Bundesregierung mit den USA in der Entwicklungspolitik endete daher auch, als Finanzminister Larry Summers sich die Vorstellungen des amerikanischen Wirtschaftswissenschaftlers Alan Meltzer zu eigen machte. Dieser stand einer im November 1998 vom amerikanischen Kongress eingesetzten „International Financial Institutions Advisory Commission" vor, deren Abschlussbericht im März 2000 vorgelegt wurde. Seine Tendenz bestimmt seither die Grundrichtung der US-Politik zur Reform der internationalen Finanzinstitutionen (Hausknecht 2000). Danach soll die HIPC-Entschuldungsinitiative zu weiter- und tiefergehenden Reformen der Weltbank genutzt werden (US Congress 2000). Die Weltbank soll sich in Zukunft vor allem um die Armutsbekämpfung in den armen Entwicklungsländern kümmern und diese vornehmlich über die von ihr verwaltete International Development Agency (IDA) finanzieren, d.h. über Beiträge aus den nationalen Budgets der Industrieländer. Die Mittel sollen nicht mehr nur als Kredite mit Vorzugskonditionen, sondern zum Teil als nichtrückzahlbare Zuschüsse (grants) vergeben werden. Durch Maßnahmen, die vornehmlich an Effizienzkriterien gebunden sind, soll eine neue Verschuldung verhindert werden. Dabei geht es um Maßnahmen, die zwar nicht unmittelbar wirtschaftlich rentabel sind, aber langfristig die Voraussetzungen für eine positive Entwicklung in den ärmsten Entwicklungsländern verbessern, beispielsweise im Erziehungs- und Gesundheitsbereich. Der IWF soll sich auf sein Kerngeschäft beschränken, d.h. auf vorbeugende Maßnahmen zur Vermeidung finanzieller Krisen und die Hilfe bei Zahlungsbilanzproblemen. Seine Konditionalität soll auf die Geld-, Haushalts- und Währungspolitik beschränkt und der Fehler vermieden werden, den kreditsuchenden Ländern Auflagen zu machen, zu denen sie, aus welchen Gründen auch immer, nicht fähig oder bereit sind. Darüber hinaus soll sich der IWF der

---

1   Deutlich formulierte dies einer der leitenden Mitarbeiter des BMZ, Ministerialdirektor Michael Hofmann am 20.6.2002: „Ich hoffe und arbeite dafür, dass die Funktion der Europäischen Union darin besteht, im internationalen Konzert eine Stimme des Ausgleichs zu sein und zugleich eine Stimme, die den USA Paroli bieten kann" (IPS-CIC 2002:15).

Fortentwicklung des internationalen Finanzsystems widmen, wie Standards und Codes, Kapitalverkehrskontrollen, die Verhinderung illegaler Finanzgeschäfte, die Begrenzung der offshore-Finanzzentren und die Insolvenzmodalität von Staaten. Die Einführung einer neuen Kreditlinie für die Länder, die zu Reformen ihrer Finanzpolitik bereit sind, ergänzen das Reformpaket. Nur noch für eine Übergangszeit solle der IWF in enger Abstimmung mit der Weltbank die Hilfe für die Entschuldung der ärmsten Entwicklungsländer und die mit ihr verbundene Poverty and Growth Facility (PRGF) fortführen.

Diese Pläne stießen auf den entschiedenen Widerstand der Bundesregierung, die sich, unterstützt von den skandinavischen Ländern, zum Sprecher des Widerstands gegen die Pläne der USA machten. Sie sah darin einen Angriff auf die Multilateralität. Die Weltbank, zusammen mit IWF und die WTO, sei eine tragende Säule der „global governance", sie müsse eng mit den Vereinten Nationen zusammenarbeiten, von der anglo-amerikanischen Dominanz befreit und als weltweite „knowledge"-Bank positioniert werden. Das Engagement der Bank auf den internationalen Kapitalmärkten müsse gestärkt werden, um mehr Mittel für die Länder mit mittlerem Einkommen zu mobilisieren und gleichzeitig damit die Gewinne zu erwirtschaften, die für die genannten zusätzlichen Aufgaben erforderlich sind. Der IWF solle sich nach wie vor auch in den ärmsten Ländern mit Krediten engagieren. Den Entwicklungsländern sollten bessere Möglichkeiten eingeräumt werden, ihre Belange in diesen Organisationen zu vertreten (BMZ 2000).

Die Meinungsverschiedenheiten in der Entwicklungspolitik verschärften sich nach dem Amtsantritt von George W. Bush, da dieser auf Drängen seiner Parteifreunde im Kongress in der Frage der Reform der internationalen Finanzinstitutionen einen entschiedeneren Kurs einschlug. Noch mehr als unter den Demokraten stehen unter ihm die bilateralen Beziehungen zu den Entwicklungsländern im Vordergrund, während die multilaterale Zusammenarbeit und der internationale Dialog eine zwar unentbehrliche, aber letztlich nachgeordnete Rolle spielen. Ein erstes Ergebnis der sich zuspitzenden Kontroverse war das Scheitern der Kandidatur des deutschen Finanzstaatssekretärs Cajo Koch-Weser für die Leitung des IWF. Die US-Regierung befürchtete, mit seiner Berufung könnte sich eine Allianz von IWF und Weltbank bilden, für die Koch-Weser vor seinem Berliner Amt gearbeitet hatte (Dieter 2000). An seiner Stelle wurde der frühere enge Mitarbeiter Bundeskanzler Kohls, Horst Köhler, zum Direktor des IWF gewählt. Von ihm versprach sich die US-Regierung mehr Verständnis für ihre Vorstellungen.

Damit stießen erstmalig auch in der Entwicklungspolitik die Konzeptionen Deutschlands und der USA aufeinander. Die sachlichen Meinungsverschiedenheiten waren auch ein erstes Zeichen tiefer liegender grundsätzlicher Divergenzen. Der Verdacht, dass sich hinter der Kontroverse antiamerikanische und ideologische Grundhaltungen verbergen, wird genährt durch die von der rot-grünen Bundesregierung, trotz aller Bekenntnisse zur Schwerpunktbildung, betriebene Aufnahme der Entwicklungszusammenarbeit mit Kuba, für die schwerlich ein anderes Motiv ausgemacht werden kann, als damit gegenüber den USA Unabhängigkeit zu demonstrieren.

Die Folgen des 11. Septembers 2001:
Ein neuer amerikanischer Führungsanspruch für die Entwicklungshilfe

Die Ereignisse des 11. September 2001 und der damit beginnende Kampf gegen den internationalen Terrorismus bedeuten auch für die Entwicklungszusammenarbeit einen tiefgreifenden Einschnitt. Dieser manifestiert sich in der am 17. September 2002 von Präsident George Bush verkündeten neuen National Security Strategy (White House 2002), in der auch ein neues Programm für die US-amerikanische Auslandshilfe vorgestellt wird. Die Bush-Administration geht davon aus, dass die politische Instabilität und die wirtschaftlichen Probleme der Entwicklungsländer nur durch gemeinsame internationale Anstrengungen verringert werden können. Sie hält dafür allerdings eine grundlegende Neuorientierung der internationalen Entwicklungspolitik unter ihrer Führung für erforderlich. Das neue Programm stellt eine substantielle Erhöhung der bilateralen amerikanischen Entwicklungshilfe in Aussicht und bestätigt die Entschlossenheit der USA, die Reform der internationalen Finanzinstitutionen nach ihren Vorstellungen fortzuführen.

Eine erste Probe davon erhielten die anderen Geberländer bereits bei der im Juli 2002 verhandelten Auffüllung des IDA-Fonds. Sie mussten dem amerikanischen Drängen nachgeben, das Volumen des 13. IDA Fonds gegenüber der vorherigen Auffüllung wesentlich zu erhöhen. Für ihren weiteren Vorschlag, 50% des neuen Fonds in Form nichtrückzahlbarer Zuschüsse zu gewähren, fanden die USA trotz der Unterstützung von 20 armen afrikanischen Ländern keine Mehrheit und mussten sich mit einem Zuschussanteil von 20% zufrieden geben. Allerdings handelten sie dafür ein, dass ein Teil ihrer Beitrags als Präzedenzfall für die zukünftige Vergabepolitik nach Erfolgskriterien vergeben wird.

Der neue amerikanische Führungsanspruch ist geeignet, auch in der Entwicklungspolitik die transatlantischen Beziehungen zu belasten. Dafür stehen die kürzlichen Ausführungen des Direktors von USAID, die Neuorientierung der amerikanischen Entwicklungspolitik werde von den europäischen Regierungen weder voll verstanden noch voll gewürdigt; sie habe zu einer Kontroverse mit den Regierungen jenseits des Atlantiks geführt (USAID 2002).

Bilanz und Perspektiven rot-grüner Entwicklungspolitik

Die Entwicklungspolitik der rot-grünen Koalition war damit konfrontiert, dass sich in der zweiten Hälfte der 1990er Jahre ein neuer internationaler Konsens zur Entwicklungspolitik herausgebildet hat, wonach deren Hauptaufgabe die Reduzierung der weltweiten Armut sei. Die primäre Verantwortung dafür hätten die Regierungen der Entwicklungsländer, andererseits wurden aber die internationalen Gemeinschaft und die internationalen Organisationen verpflichtet, ihnen diese Politik durch materielle Leistungen zu ermöglichen.

Die rot-grüne Bundesregierung hat den neuen Konsens zwar in ihren Verlautbarungen nachhaltig unterstützt, aber sie hat ihm von Anfang an eine eigenständige Interpretation unterlegt, indem sie – unter Verwendung des Begriffs der globalen Strukturpolitik – der Ausgestaltung der internationalen Regelwerke, der führenden Rolle der internationalen Organisationen und der Begrenzung ihres bilateralen Beitrags auf Politikberatung und institution-building Priorität zumaß.

Einerseits spricht für die von der Bundesregierung vertretenen Konzeption, dass größere währungs- und wirtschaftspolitische Selbstbestimmung, einzelstaatliche Kapitalverkehrskontrollen, die Förderung privater Kapitalinvestitionen und privatwirtschaftlichen Aktivitäten sowie der bessere Zugang zum Welthandel im Interesse der größeren und wirtschaftlich aufstrebenden Entwicklungsländer liegen. Die diesbezüglichen Forderungen sind wegen der Lehren, die aus den Krisen der 1990er Jahre gezogen wurden, heute grundsätzlich kaum mehr strittig. Für die ihnen entgegenstehenden Hindernisse trägt aber nicht nur die USA, sondern auch die Europäische Union und ihre Mitgliedsstaaten erhebliche Verantwortung. Ihr Abbau gehört damit zur unerledigten europapolitischen Agenda einer Bundesregierung, die Entwicklungspolitik als globale Strukturpolitik und als Querschnittsaufgabe versteht. Andererseits lässt aber die Beschränkung der bilateralen Entwicklungshilfe außer acht, dass die Mehrzahl der armen Entwicklungsländer von direkten Kapitaltransfers in Form von Zuschüssen abhängt, damit sie nicht erneut in eine Schuldenfalle geraten. Kapitaltransfers sind daher ein unabdingbarer Bestandteil der international vereinbarten Strategie der Armutsbekämpfung. Dieser Forderung kann sich auch die Bundesregierung auf die Dauer nicht verschließen.

Aber selbst wenn die rot-grüne Bundesregierung bei ihrer derzeitigen Argumentation und Praxis bleibt, müsste sie den Entwicklungshaushalt bis zum Jahr 2006 erheblich über die derzeitigen Planungen hinaus steigern. Schon jetzt ist abzusehen, dass sie mit dem derzeitigen Ansatz ihre Zusagen für den 13. IDA-Fonds und weitere internationale Fonds nicht oder nur zu Lasten einer drastischen Beschränkung der bilateralen Leistungen erfüllen kann. Ihre verbindliche Zusage gegenüber der Europäischen Union, bis zum Jahr 2006 0,33% des BIP an Entwicklungshilfe aufzubringen, wird sie damit nicht einlösen können. Ebenso bedenklich ist es, die organisatorisch-methodische Anpassung ihrer bilateralen Entwicklungspolitik weiter zu vertagen. Die Erfüllung verbindlich eingegangener internationalen Verpflichtungen hat für ein Land wie Deutschland, dessen Sicherheit und wirtschaftlicher Wohlstand untrennbar von seiner Integration in die Europäische Union und von der transatlantischen Zusammenarbeit abhängen, ein hohes nationales Interesse. Als größtes Land der Europäischen Union und als Zivilmacht steht Deutschland hier in einer unabdingbaren Bringschuld. Mit der Fortführung der bisherigen Politik setzt sich die rot-grüne Bundesregierung der Gefahr aus, sich auch in der Entwicklungspolitik international in eine Nische zu manövrieren und einen deutschen Sonderweg einzuschlagen.

Schließlich können die jüngsten Störungen im deutsch-amerikanischen Verhältnis den Druck zugunsten größerer finanzieller und inhaltlich angepassterer bilateraler Leistungen erhöhen, wenn die USA, wie bereits in Südosteuropa und Afghanistan, von der Bundesrepublik als Kompensation für fehlende militärische Beiträge eine namhafte Unterstützung für den Erhalt und den Wiederaufbau der sogenannten „failing states" einfordern sollten. Verbesserungen in den deutsch-amerikanischen Beziehungen könnten davon abhängen, inwieweit die Bundesrepublik derartigen Anforderungen gerecht wird und gleichzeitig den neuen amerikanischen Führungsanspruch in der Entwicklungspolitik unterstützt.

Die deutsche Entwicklungspolitik wird daher in nächster Zeit vor schwierigen Entscheidungen stehen. Sie sieht sich konfrontiert mit einer grundsätzliche Erneuerung ihrer Struktur und der Notwendigkeit einer substantiellen Erhöhung des BMZ-Haushaltes. Sie wird Stellung nehmen müssen zu dem neuen amerikanischen Führungsanspruch in der Entwicklungspolitik. Der Rekurs auf eine gemeinsame europäische Politik wird nicht ausreichen, weil es, ähnlich wie in der Sicherheitspolitik, unwahrscheinlich ist, dass die Mitgliedsstaaten der Europäischen Union sich gemeinsam den amerikanischen Vorstellungen, hinter denen eine schlüssige Konzeption steht, entgegenstellen. Dafür gibt es keine gemeinsame Interessenlage.

Durch die Auswirkungen des 11. September 2001 ist die deutsche Entwicklungspolitik, wie einst auf dem Höhepunkt des Ost-West-Konfliktes, erneut zu einem wichtigen und integralen Bestandteil der deutschen Sicherheits- und Außenpolitik geworden. Die in Deutschland besonders ausgeprägte Trennung zwischen Entwicklungspolitik und der Außen- und Sicherheitspolitik wird sich daher in dieser Form nicht fortführen lassen.

Literaturverzeichnis

BMZ (1996): Journalistenhandbuch Entwicklungspolitik, Bonn.

BMZ (1997): Entwicklungszusammenarbeit auf dem Prüfstand. Auswertung der 1994/95 durchgeführten Evaluierungen des BMZ, BMZ-Spezial 076.

BMZ (1999): Fragen der Außenstruktur der deutschen Entwicklungszusammenarbeit. Längsschnittsevaluierung. Die Dezentralisierung der GTZ. Ergebnisbericht, Bonn.

BMZ (2000): Für ein Geschäft gegen die Armut – unsere Ziele in der Weltbank. Interne Ausarbeitung Juni 2000.

BMZ (2001a): Elfter Bericht zur Entwicklungspolitik der Bundesregierung, Bonn.

BMZ (2001b): Armutsbekämpfung – eine globale Aufgabe. Aktionsprogramm 2015. Der Beitrag der Bundesregierung zur weltweiten Halbierung extremer Armut, BMZ-Materialien Nr. 106, Bonn.

Bundesarbeitsgemeinschaft Nord-Süd-Politik von Bündnis90/Die Grünen (1999): Das Einstiegspapier in eine Reform der entwicklungspolitischen Institutionen, Berlin.

DAC-OECD (1996): Shaping the 21st Century: The contribution of Development Cooperation, Paris.

DAC-OECD (1999): Prüfberichte über die Entwicklungszusammenarbeit Nr. 29 Deutschland, Paris.

DAC-OECD (2002): Germany Development Cooperation Review. Main Findings and Recommendations (Der vollständige Bericht erscheint im DAC-Journal 2/4).

Deutscher, Eckhardt/ Hilliges, Gunther/ Kulessa, Manfred (Initiatoren) (1998): Memorandum '98 für eine Politik der Nachhaltigkeit – Entwicklungspolitik als internationale Strukturpolitik, Bonn.

Dieter, Heribert (2000): IWF. Der neue Chef muss ein Reformer sein, in: Entwicklung und Zusammenarbeit, 41/4, S. 101f.

Hausknecht, Andreas (2000): Zur Reform der Bretton-Woods-Institutionen. Anmerkungen zu einem Report des US-Congress, in: Entwicklung und Zusammenarbeit, 41/5, S. 136-139.

IPS-CIC (2002): Kommunikation Global. 111/36, Bonn.

Klingebiel, Stefan (1999): Wirkungen der Entwicklungszusammenarbeit in Konfliktsituationen. Querschnittsbericht zu Evaluierungen der deutschen Entwicklungszusammenarbeit in sechs Ländern. Deutsches Institut für Entwicklungspolitik, Berlin.

SPD (1997): SPD Bundesparteitag Hannover 3.12.1997, Beschluss A1 zur Aussen-, Sicherheits- und Entwicklungspolitik; Beschluss A19 Globalisierung und nachhaltige Entwicklung.

Stather, Erich (2002): Entwicklungspolitik – die Richtung stimmt, in: Entwicklung und Zusammenarbeit, 24/8-9, S. 234-235.

USAID (2002): Remarks by USAID Administrator Andrew S. Natsios, London.

US Congress (2000): United States Senate Foreign Relations Committee. Hearing an the Future of the International Monetary Fund and International Financial Institutions, 29.2.2000.

VENRO (2001): Armut bekämpfen – Gerechtigkeit schaffen. Folgerungen aus der internationalen und nationalen Debatte über Armutsbekämpfung für die deutsche Entwicklungspolitik, Bonn.

White House (2002): The National Security Strategy of the United States of America, unter: http://www.whitehouse.gov/nsc/nss.html [1.3.2003].

Wieczorek-Zeul, Heidemarie (1999): Nachhaltige Entwicklung durch globale Struktur-politik. Neue Akzente der deutschen Entwicklungspolitik, in: Vereinte Nationen, 47/4, S. 100-103

Wolff, Jürgen H. (2001): Köpfe oder Karzer? Das Schicksal von Gutachtern und Gutachten, in: EPD-Entwicklungspolitik, 11-12, S. 38-41.

Bleibt alles anders?
Kontinuität und Wandel rot-grüner Menschenrechtspolitik

Florian Pfeil[1]

In wenigen Politikbereichen haben SPD und Bündnis90/Die Grünen zu Oppositionszeiten die CDU/CSU/FDP-Regierung derart vehement kritisiert, wie in Menschenrechtsfragen. Dieser Beitrag soll untersuchen, ob und inwieweit die rot-grüne Bundesregierung seit 1998 im Bereich der (auswärtigen) Menschenrechtspolitik einen Kurswechsel vollzogen hat. Im Wesentlichen unberücksichtigt bleiben dabei innenpolitische Menschenrechtsaspekte und auch der große, die Grenze zwischen Innen- und Außenpolitik durchdringende Bereich der Asyl- und Flüchtlingspolitik. Im Fazit soll der Beitrag zu einer Bewertung der deutschen Menschenrechtspolitik 1998-2002 kommen. Als doppelter Maßstab für diese Bewertung dienen die selbstaufgestellten Ziele und Ansprüche der Bundesregierung und der sie tragenden Parteien einerseits und der Vergleich mit der Vorgängerregierung andererseits.

Die letzten Jahre der Regierung Helmut Kohl – mit Klaus Kinkel (FDP) als Außenminister – waren im Bereich der Menschenrechte gekennzeichnet von einem doppelten Befund (Pfeil 2000; Pfeil 2001): In der Rhetorik und bei den allgemeinen Zielvorstellungen insbesondere Kinkels bekamen die Menschenrechte eine herausragende Bedeutung. Die tatsächliche Außenpolitik war jedoch ambivalent. Insbesondere in den Bereichen institutionelle Einbindung und Verrechtlichung war die deutsche Menschenrechtspolitik in der Ära Kohl/Kinkel vorbildlich. Diese positive menschenrechtliche Orientierung nahm jedoch deutlich ab, je stärker die Ebene der allgemeinen Orientierungen verlassen und die Ebene der operativen Umsetzung im bilateralen Verhältnis zu Menschenrechtsverletzern erreicht wurde. Darüber hinaus zeichnete sich die bilaterale deutsche Menschenrechtspolitik der CDU/CSU/FDP-Regierung durch ein hohes Maß an Selektivität aus, wie die Deutsche Welthungerhilfe und terre des hommes kritisierten: „Je wichtiger ein sogenanntes Partner-Land, desto leiser der Menschen-rechts-Dialog" (Deutsche Welthungerhilfe/terre des hommes 1998). So wurde beispielsweise der von Kinkel initiierte „Kritische Dialog" mit dem Iran vom Deutschen Bundestag häufig als zu unkritisch gesehen: Weder Dialog noch kritisch, so lautete das vernichtende Fazit des damaligen Generalsekretärs der deutschen Sektion von Amnesty International, Volkmar Deile (Frankfurter Rundschau 7.12.1998). Ebenso angegriffen wurde die deutsche Haltung gegenüber der Volksrepublik China: Der „Kotau vor Peking" wurde selbst aus den eigenen Reihen kritisiert, so z.B. von dem damaligen Vorsitzenden des Bundestags-Unterausschusses „Menschenrechte und humanitäre Hilfe", Christian Schwarz-Schilling (CDU): „Wer so auf Dauer diplomatisch in der Welt auftritt, der verliert auch die Achtung und die Würde seines eigenen Landes" (Süddeutsche Zeitung 2.11.1996).

Rot-Grün betonte zu Oppositionszeiten ihre Kritik an der deutschen Menschenrechtspolitik und forderte, die starke Rhetorik insbesondere des Außenministers mit der

---

1   Ich danke Henning Boekle, Jörn- Carsten Gottwald, Sebastian Harnisch, Markus Linden und Florian Lütticken für hilfreiche Anregungen und Kommentare.

177

tatsächlichen deutschen Außenpolitik in Einklang zu bringen. Vor allem forderten SPD und Grüne ein deutlicheres Verständnis von Menschenrechten als ressortübergreifender Querschnittsaufgabe und eine stärkere Berücksichtigung der „zweiten Generation" der Menschenrechte, also der wirtschaftlichen, sozialen und kulturellen Menschenrechte. Die Kritik der rot-grünen Opposition erfolgte in starker Abstimmung mit den menschenrechtlichen Nichtregierungsorganisationen, die sich im „Forum Menschenrechte" zusammengeschlossen haben.

Kaum in Regierungsverantwortung gelangt, betonte die rot-grüne Koalition, Menschenrechte sollten zur „Leitlinie" deutscher Außenpolitik werden (SPD/ Bündnis90/Die Grünen 1998). An dem Maßstab der von ihr selbst aufgestellten Ziele und Ansprüche muss sich die heutige Bundesregierung messen lassen. Vor dem Hintergrund des so aufgestellten doppelten Maßstabs soll im Folgenden die Menschenrechtspolitik der Regierung Schröder/Fischer dargestellt werden. Nach einem kurzen Blick auf die menschenrechtliche Programmatik der Koalition sollen schwerpunktmäßig die folgenden Bereiche behandelt werden:

- Schaffung neuer und Verbesserung vorhandener Institutionen in Deutschland, die zur auswärtigen Menschenrechtspolitik beitragen.
- Deutsche Menschenrechtspolitik im multilateralen Rahmen und Ausbau des internationalen menschenrechtlichen Normensystems.
- Bilaterale deutsche Menschenrechtspolitik.
- Menschenrechte als Querschnittsaufgabe deutscher Politik.

Programmatische Aussagen zur Menschenrechtspolitik

Im Vorwort zum Parteiprogramm der SPD in der Fassung von 1998 betont der damalige Parteivorsitzende Oskar Lafontaine die „große Tradition der deutschen Sozialdemokratie, unbeirrbar für Freiheit, Demokratie und Menschenrechte einzustehen" (Lafontaine 1998:3). Tatsächlich durchziehen die Menschenrechte das Parteiprogramm der SPD wie ein roter Faden, obwohl sie nur an wenigen Stellen explizit genannt werden: „Volle Geltung der Menschenrechte verlangt gleichrangige Sicherung der Freiheitsrechte, der politischen Teilhaberechte und der sozialen Grundrechte. Sie können einander nicht ersetzen und dürfen nicht gegeneinander ausgespielt werden. Auch kollektive Rechte dienen der Entfaltung des Individuums" (SPD 1998:11). Die besondere Betonung der Gleichwertigkeit von bürgerlich-politischen Menschenrechten der „ersten Generation" und wirtschaftlich-sozialen Menschenrechten der „zweiten Generation" überrascht im Parteiprogramm einer sozialdemokratischen Partei kaum. Interessanter ist die Erwähnung der kollektiven Rechte, also jener noch immer umstrittenen Menschenrechte der „dritten Generation", zu denen beispielsweise das Recht auf Erhaltung der natürlichen Lebensgrundlagen, das Recht auf Frieden oder das Recht auf Entwicklung gezählt werden.

Das 2002 beschlossene Parteiprogramm der Grünen widmet sich den Menschenrechten wesentlich ausführlicher als jenes der SPD. Die Menschenrechte nehmen hier sogar eine herausragende Rolle ein: „Bündnisgrüne Außenpolitik hat als ein vordringliches Ziel die Verbesserung des Menschenrechtsschutzes" (Bündnis90/Die Grünen 2002:167). Aber nicht nur in der Außenpolitik wird die bedeutende Rolle der Menschenrechte betont: „Der größte Erfolg der internationalen Menschenrechtsarbeit ist die weltweite Akzeptanz des Universalitätsanspruches der Menschenrechte. Dieser

Universalitätsanspruch toleriert nicht nur die Einmischung in die Menschenrechtsverhältnisse anderer Gesellschaften und Staaten, er macht sie zur Pflicht – auch bei uns". Wie die SPD weisen auch die Grünen in ihrem Parteiprogramm auf die Bedeutung der Weiterentwicklung kollektiver Menschenrechte hin. Besonders stark betont das grüne Parteiprogramm den Querschnittscharakter der Menschenrechte: „Die Einhaltung der Menschenrechte muss für alle Politikbereiche handlungsleitend sein und darf nicht wirtschaftlichen Interessen untergeordnet werden. Außen-, Sicherheits- und Entwicklungspolitik, aber auch die bundesdeutsche Außenwirtschafts- und Handelspolitik müssen am Ziel der Wahrung von Menschenrechten und der Sicherung des Friedens ausgerichtet sein" (Bündnis90/Die Grünen 2002:168f.). Vor diesem Hintergrund kommt das grüne Parteiprogramm von 2002 zu einer klaren Handlungsanweisung für die auswärtige Menschenrechtspolitik: „Eine umfassende Menschenrechtspolitik muss daher menschenrechtsverletzenden Regimen die Unterstützung entziehen, Menschenrechtsorganisationen, soziale und gewerkschaftliche Bewegungen stärken, die Rechte von Frauen fördern und sich für soziale Gerechtigkeit und den Erhalt der Lebensgrundlagen einsetzen".

Auch der Koalitionsvertrag der rot-grünen Bundesregierung von 1998 stimmte menschenrechtliche Nichtregierungsorganisationen und die Menschenrechtspolitiker im Deutschen Bundestag zuversichtlich. Neben einer Vielzahl lange geforderter struktureller Reformen versprach das Dokument eine Aufwertung der Menschenrechte im Bereich der Außen- und Entwicklungspolitik: „Achtung und Verwirklichung der in der Allgemeinen Erklärung der Menschenrechte proklamierten und in den Menschenrechtsverträgen festgeschriebenen Menschenrechte sind Leitlinien für die gesamte internationale Politik der Bundesregierung" (SPD/ Bündnis90/Die Grünen 1998). Im Koalitionsvertrag von 2002 bezeichnen SPD und Grüne das „Eintreten für Menschenrechte" als eine der „Grundlagen für ihr außenpolitisches Handeln" (SPD/ Bündnis90/Die Grünen 2002:72). Vor allem verspricht die Bundesregierung, die Rolle der Menschenrechte in der internationalen Sicherheitszusammenarbeit zu betonen. Außerdem will sie auf eine Ratifizierung ausstehender Menschenrechtskonventionen und Zusatzprotokolle sowie auf eine Rücknahme bestehender Vorbehaltserklärungen hinwirken. Ausdrücklich erwähnt wird in diesem Zusammenhang die Kinderrechtskonvention.

Strukturelle Reformen in Deutschland

Ausgesprochen vielversprechend und erfolgreich startete die rot-grüne Koalition gleich nach der Wahl 1998 bei der Behebung der von ihr und von vielen Nichtregierungsorganisationen lange Zeit beklagten strukturellen Defizite der deutschen Menschenrechtspolitik. Gleich drei Forderungen aus Oppositionszeiten wurden in diesem Bereich erfüllt, zwei davon sogar ausgesprochen zügig. Erstmals wurde
- das Amt eines Menschenrechtsbeauftragten der Bundesregierung eingerichtet,
- ein vollwertiger Bundestagsausschuss zum Thema Menschenrechte geschaffen und
- ein nationales Menschenrechtsinstitut gegründet – wenn auch letzteres bei weitem nicht so zügig wie geplant.

Das Amt eines Menschenrechtsbeauftragten war keine rot-grüne Erfindung. Bereits 1995 ernannte Außenminister Klaus Kinkel den langjährigen Staatsminister im Auswärtigen Amt, Helmut Schäfer (FDP), zum „Beauftragten für humanitäre Hilfe und

Menschenrechtsfragen" (Auswärtiges Amt 1995:52). Schäfer sollte die Menschenrechtspolitik im Auswärtigen Amt koordinieren. Daneben gab und gibt es auch im Justizministerium das Amt eines „Beauftragten für Menschenrechtsfragen" – seit dem 1.5.2000 Ministerialdirigent Klaus Stoltenberg –, der die deutsche Menschenrechtspolitik nach außen vertreten soll, z.B. bei Verfahren gegen die Bundesrepublik Deutschland vor den Europäischen Gerichtshof für Menschenrechte. Die Regierung Kohl war jedoch nie der Forderung von Nichtregierungsorganisationen nachgekommen, das Amt eines ressortübergreifenden Menschenrechtsbeauftragten der Bundesregierung einzurichten. Damit verharrte die Regierung Kohl auch institutionell in der Auffassung, dass Menschenrechte vor allem eine auswärtige Angelegenheit darstellten.

SPD und Grüne vertraten demgegenüber ein Verständnis von Menschenrechten als Querschnittsaufgabe. Menschenrechte sind demnach ein übergreifendes Thema, mit dem sich jedes einzelne Ressort auseinandersetzen muss. Konsequent wäre daher die Einrichtung eines nationalen Menschenrechtsbeauftragten gewesen. So weit ging die neue rot-grüne Bundesregierung zwar nicht. Sie schuf jedoch noch im November 1998, kurz nach der Regierungsübernahme, das Amt eines „Beauftragten der Bundesregierung für Menschenrechtspolitik und Humanitäre Hilfe im Auswärtigen Amt". Zu seinen Aufgaben gehört es, „die Entwicklung im Bereich der Menschenrechte weltweit zu verfolgen und den bilateralen und multilateralen Menschenrechtsdialog mitzugestalten. Dabei hält er engen Kontakt sowohl zu Regierungen und internationalen Organisationen als auch zu zivilgesellschaftlichen Gruppen und Menschenrechtsverteidigern" (Auswärtiges Amt 2001:145).

Obwohl die Ansiedelung des Bundesbeauftragten im Auswärtigen Amt Zweifel am Verständnis von Menschenrechten als Querschnittsaufgabe aufkommen ließ, weckte die personelle Besetzung mit dem früheren DDR-Bürgerrechtler und langjährigen Bundestagsabgeordneten Gerd Poppe (Bündnis90/Die Grünen) viele Hoffnungen. Als problematisch erwies sich jedoch die strukturelle Ausgestaltung des neuen Amtes, da Poppe außerhalb der offiziellen Hierarchie des Auswärtigen Amtes angesiedelt ist und daher über keinen eigenen Haushalt und nur einen kleinen Apparat verfügt (Timmermann 1999:91). Auch die Aufgabenteilung zwischen Poppe, den Staatsministern im Auswärtigen Amt, Ludger Volmer (bis 2002) und Kerstin Müller (seit 2002),[2] und dem Arbeitsstab Menschenrechte im Auswärtigen Amt ist nicht klar. Hier wäre es dringend geboten, dem Menschenrechtsbeauftragten mehr Kompetenzen zuzugestehen und ihm damit „unterhalb der Ministerebene die Gesamtverantwortung für Schutz und Förderung der Menschenrechte in der Außenpolitik" (Forum Menschenrechte 2002:2) zuzuweisen. Verglichen mit den großen Hoffnungen, die seine Amtseinführung begleiteten, und gemessen an dem eigenen Anspruch, „massiv" auftreten zu wollen, konnte der Menschenrechtsbeauftragte Gerd Poppe jedenfalls nicht überzeugen. Die von ihm angeregte Gründung eines Arbeitskreises „Wirtschaft und Menschenrechte" unter Beteiligung von Bundesregierung, Wirtschaft, Gewerkschaften und Menschenrechtsorganisationen im Oktober 1999 ist in der Öffentlichkeit kaum registriert worden. Erst im Mai 2002 verabschiedeten die in diesem Arbeitskreis zusammengeschlossenen Gruppen eine gemeinsame Erklärung, die jedoch in unverbindlichen Gemeinplätzen

---

2   Staatsminister Ludger Volmer war offiziell zuständig für den Bereich Menschenrechte. Staatsministerin Kerstin Müller hat sogar angekündigt, Menschenrechtsfragen zu einem zentralen Thema ihrer Tätigkeit zu machen.

verharrte und nur die „Basis für unser weiteres Bemühen (ist), praktische Schritte auf diesem Gebiet zu entwickeln und zu fördern" (Auswärtiges Amt 2002).

Bis 1998 gab es im Deutschen Bundestag den Unterausschuss für Menschenrechte und humanitäre Hilfe, der beim Auswärtigen Ausschuss angesiedelt war. Bereits zu Beginn der achtziger Jahre, nach ihrer erstmaligen Wahl in den Deutschen Bundestag, hatten die Grünen einen Antrag auf Umwandlung des Unterausschusses in einen vollwertigen Ausschuss gestellt, waren mit dieser Forderung jedoch gescheitert. Diesem Missstand trug die rot-grüne Regierungsmehrheit 1998 Rechnung. Erstmals wurde im Bundestag ein vollwertiger Ausschuss für Menschenrechte und humanitäre Hilfe eingerichtet. Erste Vorsitzende wurde die grüne Bundestagsabgeordnete Claudia Roth. 2001 folgte ihr die ehemalige Parlamentarische Staatssekretärin im Gesundheitsministerium, Christa Nickels. Die Aufwertung des Ausschusses bedeutete auch eine inhaltliche Ausweitung der Aufgaben: Der Menschenrechtsausschuss ist nun nicht mehr auf auswärtige Angelegenheiten beschränkt, sondern zu seinen Aufgaben gehört auch die Überwachung der Einhaltung der Menschenrechte in Deutschland. Damit kann der Ausschuss auf parlamentarischer Ebene erstmals den Querschnittscharakter der Menschenrechte konsequent umsetzen. Dies zeigt zum Beispiel das Engagement des Menschenrechtsausschusses bei der Vorbereitung des gescheiterten Zuwanderungsgesetzes und bei der Verankerung der geschlechtsspezifischen Verfolgung als Asylgrund im deutschen Asylrecht (Nickels 2002:8f.). Trotzdem ist der Einfluss des Menschenrechtsausschusses auf das Handeln von Bundesregierung und Bundestag begrenzt. Oftmals wird der Menschenrechtsausschuss über menschenrechtsrelevante Fragen von der Bundesregierung nur unzureichend informiert. Zugleich scheint seine Existenz andere parlamentarische Ausschüsse gelegentlich dazu zu verleiten, sich für Menschenrechtsthemen nicht mehr verantwortlich zu fühlen (Forum Menschenrechte 2002:2). Der Ausschuss droht damit, zu einem menschenrechtlichen Alibi des Parlaments zu werden.

Die Schaffung eines unabhängigen deutschen Instituts für Menschenrechte war bereits lange von SPD und Bündnis90/Die Grünen gefordert worden – und nicht nur von ihnen: der Bundestag hatte bereits zur Zeit der CDU/CSU/FDP-Regierung einstimmig beschlossen, die Einrichtung eines solchen Instituts nach dem Vorbild anderer europäischer Länder zu prüfen. Nach der rot-grünen Regierungsübernahme sollte auch hier mit der raschen Einrichtung eines deutschen Menschenrechtsinstituts ein Zeichen gesetzt werden. Tatsächlich zogen sich die Vorarbeiten jedoch in die Länge. Im Oktober 1999 diskutierte der Menschenrechtsausschuss einen Entwurf für ein Menschenrechtsinstitut aus der Feder der Abgeordneten Rudolf Bindig (SPD) und Angelika Köster-Loßack (Bündnis90/Die Grünen), die sich mit ihrem Entwurf eng an einer Konzeption des „Forums Menschenrechte" orientiert hatten. Zwei Monate später versandten die Staatssekretäre im Auswärtigen Amt und im Justizministerium, Wolfgang Ischinger und Hansjörg Geiger, ein Diskussionspapier mit einem abweichenden Entwurf an neun andere Ministerien, ohne den Menschenrechtsausschuss angemessen zu berücksichtigen. Darauf folgte ein politischer Streit über Zuständigkeiten und Federführung zwischen der damaligen Vorsitzenden des Menschenrechtsausschusses, Claudia Roth, und der damaligen Justizministerin Herta Däubler-Gmelin (SPD). Am 8.3.2001 waren die Eifersüchteleien und Querelen zwischen dem Ausschuss und den verschiedenen Ressorts soweit überwunden, dass das Institut in Berlin eingerichtet werden konnte. In der praktischen Arbeit des Instituts scheint es aber noch Unklarheiten bezüglich des Aufgabenfeldes zu geben. Der erste Institutsdirektor, der Verwaltungsjurist Percy Mac-

Lean, hatte gleich nach seinem Amtsantritt betont, das Institut müsse sich vorrangig auch mit Menschenrechtsverletzungen im eigenen Land beschäftigen, so z.B. im Zusammenhang mit der Flüchtlings- und Abschiebepolitik und bei der Anti-Terror-Gesetzgebung. Nach Meinungsverschiedenheiten mit dem 16-köpfigen Kuratorium des Instituts trat MacLean am 15.1.2003, nur ein halbes Jahr nachdem er den Posten übernommen hatte, als Direktor zurück (Frankfurter Rundschau 16.1.2003).

Deutsche Menschenrechtspolitik im multilateralen Rahmen

Der Koalitionsvertrag von 1998 betonte, die Bundesregierung wolle sich „mit Nachdruck um international abgestimmte Strategien zur Bekämpfung von Menschenrechtsverletzungen und ihrer Ursachen sowie ihrer Prävention bemühen" (SPD/ Bündnis90/Die Grünen 1998). Die Bundesregierung verfolgt ihre Menschenrechtspolitik dabei auf der Grundlage des Völkerrechts und durch Vermittlung multilateraler Strukturen. Von besonderer Bedeutung sind hierbei die UN-Menschenrechtskommission und die Europäische Union.

Für die Menschenrechtspolitik der Bundesregierung ist „ein intaktes internationales System, bestehend aus den Vereinten Nationen und den Regionalorganisationen, unerlässlich. Menschenrechtspolitik muss sich innerhalb der Instrumente und Normen dieses Systems abspielen" (FAZ 4.1.2000). Innerhalb des Systems der Vereinten Nationen ist die UN-Menschenrechtskommission ein Organ mit zentraler Bedeutung für die internationale Menschenrechtspolitik (Boekle 1998). In der UN-Menschenrechtskommission spielte Deutschland bereits in der Ära Kohl/Kinkel eine sehr aktive Rolle, was zu einem großen Teil auf das hohe persönliche Engagement des international hoch angesehenen deutschen Vertreters in diesem Gremium, des ehemaligen Bundesinnenministers Gerhart R. Baum (FDP), zurückzuführen war (Pfeil 2000:88ff.). Vor diesem Hintergrund ist es nicht überraschend, dass sich das Forum Menschenrechte enttäuscht darüber zeigt, dass Deutschland sich in der UN-Menschenrechtskommission seit dem Regierungswechsel „nicht mehr durch eine politische Persönlichkeit vertreten lässt" (Forum Menschenrechte 2002:3).

Großen Einsatz zeigten die europäischen Delegationen in der Menschenrechtskommission – und insbesondere die deutsche – beim Ausbau des internationalen menschenrechtlichen Normensystems, beispielsweise beim Kampf für die Abschaffung der Todesstrafe (Sterr 2000:243). Unter deutschem Vorsitz hat die EU auf der 55. Sitzung der UN-Menschenrechtskommission 1999 erstmals die bisher von Italien betreute Resolution zur Abschaffung der Todesstrafe eingebracht (Bundesregierung 1999). Menschenrechtlich engagiert hat sich die Bundesregierung auch im Rahmen der Schaffung einer UN-Erklärung über den Schutz von Menschenrechtsverteidigern. Weniger schmeichelhaft ist die Tatsache, dass eine Reihe deutscher Vorbehalte zur UN-Kinderrechtskonvention noch immer in Kraft ist, obwohl der Deutsche Bundestag am 30. September 1999 und dann noch einmal der Petitionsausschuss des Bundestages am 26. September 2001 die Regierung ausdrücklich zur Rücknahme des Vorbehalts aufgefordert hat (Bundesregierung 2002:93; Nickels 2002:9). Diese Vorbehalte beschränken u.a. das Recht von Kindern auf einen Pflichtverteidiger bei leichten Straftaten und betonen, dass das deutsche Ausländer- und Asylrecht von der Konvention nicht berührt werden soll. In der Praxis bedeutet dies, dass Flüchtlingskinder – und insbesondere diejenigen, die ohne erwachsene Angehörige nach Deutschland gekommen sind – teilweise vom Schutz durch die UN-Kinderrechtskonvention ausgenommen sind. In ihrem 6. Menschenrechtsbericht von 2002 vertrat die Bundesregierung die Auffassung, die Vorbehalte seien nicht notwendig, da sie lediglich „Fehl- oder Überinterpretationen des Vertragswerkes vermeiden sollten" und die Auslegung der Kinderrechtskonvention durch die Bundesregierung in gleichem Maße auch ohne die Vorbehalte gelte (Bundesregierung 2002:93). Aus diesem Grund hat sich die Bundesregierung im Rahmen der Innenministerkonferenz bei den ebenfalls betroffenen Bundesländern um eine Zustimmung zur Rücknahme der deutschen Vorbehalte bemüht – bislang jedoch erfolglos.

Ausgesprochen stark engagiert hat sich die rot-grüne Bundesregierung für die Schaffung eines Internationalen Strafgerichtshofs – wie auch schon die Vorgängerregierung. Bereits 1996 hatte Außenminister Kinkel im Rahmen seiner Regierungserklärung zur Menschenrechtspolitik betont, die Bundesregierung setze sich „massiv für die Errichtung eines Internationalen Strafgerichtshofs ein" (Kinkel 1996). Deutschland übernahm bereits vor dem Regierungswechsel die führende Rolle innerhalb der „Gruppe der 48 Gleichgesinnten (G-48)", die vehement für die schnelle Einrichtung eines funktionsfähigen und glaubwürdigen Gerichtshofs eintraten. Im Sommer 1998 wurde trotz vehementen diplomatischen Widerstandes v.a. der USA und Chinas in Rom das Statut des Internationalen Strafgerichtshofs verabschiedet. Die ICC-freundliche Politik wurde von der rot-grünen Bundesregierung fortgesetzt: Am 10. Dezember 1998 unterzeichnete die Bundesrepublik das Statut von Rom, die Ratifikation erfolgte zwei Jahre später. Auch die innerstaatlichen Voraussetzungen des Völkerstrafrechts wurden vom Bundesjustizministerium zügig vorbereitet: Am 30. Juni 2002 trat ein deutsches Völkerstrafgesetzbuch in Kraft, mit dem eine verbesserte Verfolgung von Völkerrechtsverbrechen durch die deutsche Justiz ermöglicht wurde. Nahezu gleichzeitig, am 1. Juli 2002, trat darüber hinaus ein Ausführungsgesetz zum Römischen Statut in Kraft, das die strafrechtliche Zusammenarbeit zwischen Deutschland und dem Internationalen Strafgerichtshof regelt. Parallel hierzu änderte der Deutsche Bundestag das Grundgesetz, um die Auslieferung deutscher Staatsbürger an den Gerichtshof zu ermöglichen. Am 22. November 2002 nominierte die Bundesregierung den langjährigen Leiter der deutschen Delegation bei den Verhandlungen über das Statut von Rom und Beauftragten des Auswärtigen Amtes für den Internationalen Strafgerichtshof, Hans-Peter Kaul, für einen der 18 Richterposten. Im Falle der Errichtung des Internationalen Strafgerichtshofs bewies die Bundesregierung somit Gestaltungskraft und Durchsetzungswillen sowie die Bereitschaft, bei der nationalen Implementation mit gutem Beispiel voranzugehen.

In klarem Widerspruch zu den programmatischen Aussagen sowohl von SPD wie auch von den Grünen stand demgegenüber die deutsche Haltung zur Verbesserung des Schutzes wirtschaftlicher, sozialer und kultureller Rechte sowie des kollektiven Rechts auf Entwicklung bei der 57. Sitzung der UN-Menschenrechtskommission 2001. Die deutsche Delegation vertrat gemeinsam mit anderen westlichen Staaten die Auffassung, wirtschaftliche und soziale Rechte seien nicht justitiabel und versuchte damit, die Einrichtung einer Arbeitsgruppe zur konkreten Erarbeitung eines Zusatzprotokolls zur Internationalen Konvention über wirtschaftliche, soziale und kulturelle Rechte zu verhindern (Sterr 2001:188) und stattdessen einen Experten mit der Klärung der Frage der Justiziabilität dieser Menschenrechte zu beauftragen. Auch eine von Südafrika im Namen der Blockfreien eingebrachte Resolution zum Recht auf Entwicklung versuchte die deutsche Delegation zu verwässern (Sterr 2001:187). Damit widersprach die deutsche Delegation ausdrücklich den einschlägigen Absichtserklärungen in den Partei-programmen von SPD und Bündnis90/Die Grünen und den langjährigen Forderungen beider Parteien (Timmermann 1999:92f.) und setzte stattdessen das traditionelle deutsche Menschenrechtsverständnis in diesem Bereich fort (Boekle 2002:20). Noch im selben Jahr forderten die Bundestagsfraktionen von SPD und Bündnis90/Die Grünen die Bundesregierung auf, künftig „bei der jährlichen Tagung der Menschenrechts-kommission in Genf aktiv für ein Zusatzprotokoll zum UN-Sozialpakt einzutreten, das die Möglichkeit von praktikablen Individual- und Kollektivbeschwerden eröffnet" (Deutscher Bundestag 2001). Dieser Antrag kann und muss als Rüge der Haltung der rot-grünen Bundesregierung verstanden werden. Trotzdem vertrat die Bundesregierung anlässlich einer Anfrage der Vereinten Nationen im Vorfeld der 58. Sitzung der UN-Menschenrechtskommission 2002 weiterhin die traditionelle Position, bei den wirt-schaftlichen und sozialen Menschenrechten handele es sich um nicht-justitiable Rechte. Dies lässt „jedenfalls Zweifel hinsichtlich der Glaubwürdigkeit und Aufrichtigkeit des traditionellen Lippenbekenntnisses deutscher Menschenrechtspolitik aufkommen, dass bürgerlich-politische und wirtschaftlich-soziale Menschenrechte grundsätzlich gleich-rangig und unteilbar seien" (Boekle 2003). Immerhin sprach sich die deutsche Delega-tion dann bei der 58. Sitzung der UN-Menschenrechtskommission 2002 dennoch für die Einsetzung einer Arbeitsgruppe zur Erarbeitung eines Protokolls aus (Bundes-regierung 2002:134).

Die CDU/CSU/FDP-Regierung war von der damaligen rot-grünen Opposition regelmäßig vehement wegen ihrer großen Zurückhaltung gegenüber wirtschaftlich oder sicherheitspolitisch bedeutenden Menschenrechtsverletzern wie China, Iran, Indonesien und Türkei kritisiert worden. In dieser Hinsicht setzte die rot-grüne Regierung in der UN-Menschenrechtskommission die Politik der Vorgängerin überraschenderweise ohne große Unterschiede fort. Gegenüber Indonesien war die deutsche Delegation in der Menschenrechtskommission eher zurückhaltend (Sterr 2001:195). China, das Land bei dem traditionell deutsche Menschenrechts- und Außenwirtschaftsinteressen besonders stark gegeneinander stehen, wurde auch von der rot-grünen Regierung in der UN-Menschenrechtskommission mit Samthandschuhen angefasst. Seit 1997 ist auf Drängen Deutschlands und anderer EU-Mitgliedsstaaten kein Resolutionsentwurf der Europä-ischen Union zu China mehr in die UN-Menschenrechtskommission eingebracht worden. Damals kritisierte der niederländische Außenminister und damalige EU-Rats-präsident Hans van Mierlo: „Wir haben doppelte Menschenrechtsstandards für große und für kleine Länder. Das untergräbt die Glaubwürdigkeit der EU" (Berliner Zeitung 8.4.1997; FAZ 9.4.1997). Die Haltung gegenüber China in der UN-Menschenrechts-kommission wurde nach dem Regierungswechsel auch von der neuen Bundesregierung und Außenminister Joschka Fischer – einstmals deutlicher Kritiker der deutschen Chinapolitik – fortgesetzt. Die Chance, sich der deutschen EU-Ratspräsidentschaft 1999 für einen Resolutionsentwurf zur Menschenrechtssituation in China bot, wurde von der rot-grünen Bundesregierung nicht genutzt. Die von den USA regelmäßig eingebrachten Resolutionsentwürfe wurden von der Europäischen Union – und damit auch von Deutschland – ebenso regelmäßig mit „dezenter Zurückhaltung" aufgenom-men (Sterr 2001:192; Sterr 2000:244). Als die USA 2002 erstmals nicht der Menschen-rechtskommission angehörten, war kein Staat bereit, einen Antrag auf eine Länder-resolution zu China zu stellen (Hainzl/Marschik 2002:243). Silvi Sterr (2000:244) kritisiert zu Recht: „Bundesaußenminister Fischer muss sich in diesem Kontext fragen lassen, warum er seit Jahren weit hinter der von ihm stets kritisierten Chinapolitik seines Vorgängers zurückbleibt." Die Argumentation des deutschen Außenministeriums, ein so großes Land wie Deutschland könne sich innerhalb der EU bei der Menschenrechtskommission „nicht so weit aus dem Fenster hängen" (Sterr 2001:197), überzeugt dabei nicht. Deutsche Menschenrechtspolitik muss sich zwar um europäische Initiativen bemühen, darf aber nicht in einem europäischen Minimalkonsens stecken bleiben. Auffällig an der deutschen Position in der UN-Menschenrechtskommission ist insofern auch eine Veränderung des Stils. Der ehemalige Delegationsleiter Gerhart R. Baum hatte sich noch mit großem Engagement und mit Erfolg um eine Intensivierung des regionalgruppenübergreifenden, intersessionellen Dialogs unter den Genfer Delegationen bemüht und dabei oftmals Delegationen aus anderen Regionalgruppen für die Förderung wichtiger Menschenrechtsvorhaben gewonnen. Auf diese Weise war es ihm gelungen, ein Stück weit die Blockbildung innerhalb der Menschenrechtskommission zu unterlaufen. Die neuen deutschen Delegationen seit dem Regierungswechsel zeichnen sich seither eher durch eine starke Selbsteinbindung in den westlichen und insbesondere europäischen Block aus. Dies mag der Förderung einer gemeinsamen europäischen Außenpolitik im Bereich der Menschenrechte dienlich sein, verstärkt aber das ohnehin starke Lager- und Blockdenken in der Kommission und erhöht so die Gefahr der Handlungsunfähigkeit.

Im europäischen Kontext hat sich die rot-grüne Bundesregierung erhebliche menschenrechtliche Verdienste bei der Schaffung der Europäischen Grundrechtecharta erworben (Bossi 2001). Bei seiner Programmrede zur deutschen EU-Ratspräsidentschaft vor dem Europäischen Parlament im Januar 1999 kündigte Außenminister Fischer eine Initiative zur Schaffung einer europäischen Grundrechtecharta an (Fischer 1999). Am 3./4. Juni 1999 beschlossen die fünfzehn Staats- und Regierungschefs der EU auf dem Europäischen Rat von Köln die Einrichtung eines Grundrechtekonvents, der bereits bestehende Rechte aus der Europäischen Menschenrechtskonvention (EMRK), der Europäischen Sozialcharta und den gemeinsamen Verfassungsüberlieferungen der Mitgliedstaaten zusammenfassen sollte. Nicht zuletzt wegen der aktiven deutschen Förderung des Projektes wurde der Vertreter der Bundesregierung, der ehemalige Bundespräsident Roman Herzog, per Akklamation zum Vorsitzenden des Grundrechtekonvents gewählt. Das Ergebnis der Arbeit des Konvents war trotz zunächst scheinbar unüberbrückbarer Gegensätze ein in vielerlei Hinsicht moderner und ausgewogener Grundrechtskatalog, der auf dem Europäischen Rat von Nizza feierlich proklamiert wurde, allerdings auf britischen und skandinavischen Druck hin zunächst als Dokument mit rein deklaratorischem Charakter (Hausmann 2001:258f.). Bundeskanzler Gerhard Schröder vertrat demgegenüber mit großer Vehemenz die Inkorporierung der Charta in die Verträge als deutsches Ziel im „Post-Nizza-Prozess". Diesem Ziel schloss sich Frankreich an. Die Frage des Status der Europäischen Grundrechtecharta zu klären ist nun eine der Aufgaben des auf dem Europäischen Rat von Laeken im Dezember 2001 beschlossenen Konvents der Europäischen Union unter dem Vorsitz von Valéry Giscard d'Estaing. Dort scheint sich die deutsch-französische Haltung, aus der Grundrechtecharta den verbindlichen Grundrechtskatalog eines europäischen Verfassungsvertrags zu machen, bislang durchzusetzen (Europäischer Konvent 2002:2ff.).

Im Vergleich zum menschenrechtlichen Lautsprecher Klaus Kinkel fällt auf, dass die Menschenrechtsorientierung deutscher Außenpolitik vom jetzigen Amtsinhaber Joschka Fischer weniger großspurig vertreten wird. Zwar hat auch Fischer die Menschenrechte – erfreulicherweise – zur „Leitlinie" deutscher Außenpolitik erklärt (Frankfurter Rundschau 19.1.1999) und damit direkt an Kinkel angeknüpft, bei dem die Menschenrechte „zentrales Anliegen" der Außenpolitik waren. Trotzdem zeichnet sich die Rhetorik des grünen Außenministers durch größere Sachlichkeit aus als die des selbsternannten „Außenministers der Menschenrechte", Klaus Kinkel. Dies bedeutet jedoch eher eine Anpassung der menschenrechtlichen Rhetorik an die bescheidene Rolle der Menschenrechte im bilateralen Verhältnis zu Menschenrechtsverletzern als umgekehrt. Wie im multilateralen Rahmen der UN-Menschenrechtskommission zeichnet sich die rot-grüne Außenpolitik auch im bilateralen Kontext durch die Kontinuität von Doppelstandards aus. Trotz der mutigen symbolischen Geste Fischers zu Beginn der ersten Amtszeit, als er demonstrativ den chinesischen Dissidenten Wei Jingsheng empfing, trotz des mit großen Hoffnungen verbundenen „Rechtsstaatsdialogs" und trotz der wenigstens etwas größeren Deutlichkeit des Bundeskanzlers und seines Außenministers (Fischer 2002; Schröder 2002) überwiegen gegenüber China die außenwirtschaftlichen Interessen der Bundesregierung weiterhin die menschenrechtlichen (vgl. hierzu den Beitrag von Jörn-Carsten Gottwald in diesem Band).

Das deutliche Eintreten der Bundesregierung gegen die Todesstrafe wurde durch die Hinrichtung der deutschstämmigen Brüder und verurteilten Mörder Karl und Walter LaGrand in den USA noch verstärkt. In beiden Fällen hatten die US-Behörden die konsularischen Rechte der Verurteilten grob missachtet. Die Bundesregierung bemühte sich zunächst um eine diplomatische Lösung. Am 24. Februar 1999 wurde Karl LaGrand jedoch in Arizona hingerichtet. Eine Woche nach der Hinrichtung Karl LaGrands reichte die Bundesregierung beim Internationalen Gerichtshof (IGH) in Den Haag Klage gegen das Vorgehen der USA ein und erwirkte im Eilverfahren einen Hinrichtungsstopp für Walter LaGrand, den der Supreme Court und die Gouverneurin von Arizona jedoch übergingen. Obwohl durch die Hinrichtung Walter LaGrands im März 1999 Fakten geschaffen waren, verfolgte die Bundesregierung die Klage gegen die USA vor dem IGH weiter, mit dem Ziel, „die Völkerrechtswidrigkeit des Verhaltens der USA feststellen zu lassen, sowie von den USA eine verbindliche Zusicherung völkerrechtskonformen Verhaltens in vergleichbaren zukünftigen Fällen zu erhalten" (Bundesregierung 1999). Im Juni 2001 wertete der IGH die Hinrichtung der Brüder als deutlichen Verstoß der USA gegen geltendes Völkerrecht und gab der Position der Bundesregierung in allen Punkten recht. Auch wenn für die hingerichteten Brüder LaGrand jede Hilfe zu spät kam, hat die Bundesregierung mit der konsequenten Weiterverfolgung der Klage und der Betonung der Bedeutung konsularischen Schutzes doch einen Beitrag zur sehr konkreten Verbesserung des Menschenrechtsschutzes anderer zum Tode verurteilter Ausländer in den USA erreicht.

Menschenrechte als Querschnittsaufgabe deutscher Politik

Der Anspruch der rot-grünen Bundesregierung, Menschenrechte als eine Querschnittsaufgabe für alle Politikbereiche zu betrachten, scheint jenseits der Rhetorik und jenseits der sehr positiven strukturellen Reformen noch nicht ausreichend umgesetzt.

Das Forum Menschenrechte kritisiert: „Noch immer werden in der deutschen Innen-, Außen-, Wirtschafts- und Entwicklungspolitik menschenrechtliche Belange nur unzureichend berücksichtigt" (Forum Menschenrechte 2002:2; Amnesty International 2002).

Die Lieferung eines Leopard-Kampfpanzers in die Türkei 1999 zu Testzwecken führte innerhalb der rot-grünen Koalition zu heftigen Auseinandersetzungen über die Rolle der Menschenrechte im Rahmen der Rüstungsexportpolitik. Ergebnis dieses „Panzerkrachs" (Kerstin Müller), der die Koalition erheblich belastete, war die Neufassung der Richtlinien für Rüstungsexporte vom 19.1.2000 – gegen den Widerstand des damaligen Verteidigungsministers Rudolf Scharping (SPD), der dies für „überflüssig" hielt (Der Spiegel 12/00). Ziel der Neufassung war eine deutlich restriktivere Praxis der Waffenexporte in Nicht-NATO-Staaten. Für NATO-Staaten gelten prinzipiell keine Beschränkungen, es sei denn, dass aus besonderen politischen Gründen in Einzelfällen eine Beschränkung geboten ist – gedacht war hierbei vor allem an den NATO-Partner Türkei. Besonderes Gewicht bei der Genehmigung von Rüstungsexporten in Nicht-NATO-Staaten erhielt auf Druck von Außenminister Fischer die Beachtung der Menschenrechte im Bestimmungsland. Die Bedeutung dieser Neufassung der Rüstungsexportrichtlinien ist umstritten. Das Forum Menschenrechte kritisiert: „Bis heute gibt es in Deutschland nur Rüstungsexportrichtlinien, aber keine verbindlichen Gesetze, welche die Waffenausfuhr in Krisengebiete klar und unmissverständlich verbieten" (Forum Menschenrechte 2002:5; Amnesty International 2002). Problematisch erscheint auch die Praxis der Lizenzvergabe und des Exports ganzer Produktionsstätten für Waffen und Munition. Für koalitionären Sprengstoff sorgte beispielsweise die Genehmigung der Errichtung einer Fabrik für Kleinwaffenmunition in der Türkei im Jahr 2000 – nach Inkrafttreten der neuen Rüstungsexportrichtlinien. Diese Genehmigung wurde erteilt, obwohl die türkische Regierung Kleinwaffen auch in Länder exportiert, in denen solche Waffen für schwere Menschenrechtsverletzungen verwendet werden[3] – ein „Signal in die falsche Richtung", wie nachträglich auch die bündnisgrüne Wehrexpertin Angelika Beer feststellte (Beer 2001). Trotzdem kann die Neufassung der Rüstungsexportrichtlinien durch die rot-grüne Bundesregierung als vorsichtiger Schritt in die richtige Richtung gesehen werden. Nicht umsonst beklagt ein Beitrag in dem der Rüstungslobby nahestehenden Magazin Wehrpolitik „Wettbewerbsverzerrungen" dadurch, dass Deutschland „im internationalen Vergleich die restriktivsten Bestimmungen für Rüstungsexporte" besitze (Hardewig 2000).

In der Entwicklungszusammenarbeit hatte schon 1991 CSU-Minister Carl-Dieter Spranger fünf „Kriterien für den Einsatz von Instrumenten und Mitteln der Entwicklungszusammenarbeit" festgelegt, von denen das erste sich ausdrücklich auf die Menschenrechte bezog.[4] Diese Konditionalitätskriterien wurden von der rot-grünen Bundesregierung und SPD-Ministerin Heidemarie Wieczorek-Zeul nicht verändert (Bundesregierung 2002:148). Kontinuität herrscht auch in der selektiven Anwendung dieser Kon-

---

3 Diese indirekte Form des Exports deutscher Waffen in Länder, für die die deutsche Regierung nach den neuen Rüstungsexportrichtlinien keine Ausfuhrgenehmigung erteilen dürfte, wird auch in einer Kampagne der österreichischen Sektion von Amnesty International scharf kritisiert; vgl. http://www.amnesty.at/cont/g8/msp_deutschland.html [1.3.2003].

4 Allerdings stammen die Indikatoren dieses Kriteriums ausschließlich aus dem Bereich der klassischen bürgerlichen Menschenrechte. Zwar beinhalten die übrigen vier Kriterien materielle wirtschaftliche und soziale Menschenrechte, allerdings taucht der Begriff der Menschenrechte hier nicht auf (Pfeil 2000).

ditionalitätskriterien vor: Während aus deutscher Sicht bedeutende Länder wie China kaum Konsequenzen wegen fataler menschenrechtlicher Lage befürchten müssen, wird die Konditionalität gegenüber eher unbedeutenden Länder (z.B. Sudan, Sierra Leone, Burma) konsequent angewandt (BMZ 2002:74). Dennoch haben die Menschenrechte – und insbesondere die ansonsten im Norden oftmals vernachlässigten wirtschaftlichen und sozialen Menschenrechte – in der entwicklungspolitischen Praxis der rot-grünen Bundesregierung an Stellenwert gewonnen. Vor allem bei der konkreten Projektauswahl wird mittlerweile stärker auf die Armutsbekämpfung, die Förderung von Bildung und Gesundheit, die Stärkung der Zivilgesellschaft und die Förderung von Frauen- und Kinderrechten geachtet, als auf prestigeträchtige Großprojekte mit zweifelhaften menschenrechtlichen Auswirkungen. Während in der Vergangenheit die (prioritär bürgerlich definierten) Menschenrechte „in erster Linie unter dem Aspekt der Konditionalität der Geberländer gesehen" wurden, zielt die deutsche Entwicklungszusammenarbeit heute auch direkt auf die Verwirklichung und Durchsetzung umfassend verstandener Menschenrechte ab (Wilhelm 2000:9). So unterstützt das BMZ im Rahmen der Entwicklungszusammenarbeit Maßnahmen zur Bekämpfung der weiblichen Genitalverstümmelung, z.B. indem entsprechende Menschenrechts- und Frauenorganisationen in betroffenen Ländern gezielt gefördert werden (BMZ 2001:73). Die Einhaltung der Menschenrechte ist daher stärker als zuvor Voraussetzung und Ziel deutscher Entwicklungszusammenarbeit.

Fazit

Bleibt alles anders? Eine zusammenfassende Bewertung rot-grüner Menschenrechtspolitik muss ausgesprochen ambivalent ausfallen. Zu den „Aktiva" der rot-grünen Bundesregierung im Bereich der Menschenrechte zählen vor allem die strukturellen Reformen. Trotz einiger inhaltlicher Abstriche, vor allem bezüglich des Mandats und der Ressourcenausstattung des Menschenrechtsbeauftragten und bezüglich der konkreten Durchsetzungsfähigkeit des Menschenrechtsausschusses im Bundestag, und trotz der eher langwierigen Einrichtung des Deutschen Instituts für Menschenrechte, hat die Bundesregierungen mit diesen strukturellen Reformen im Menschenrechtsbereich langjährige Forderungen von Menschenrechtsorganisationen zügig erfüllt und sich damit gleich nach der Wahl von 1998 von der Vorgängerregierung abgehoben. Uneingeschränkt positiv zu bewerten ist auch das massive Engagement der Bundesregierung, namentlich des Kanzlers und des Außenministers, bei der Schaffung einer Grundrechtecharta für die EU und für ihre wahrscheinliche künftige Bedeutung als rechtlich einklagbarer Grundrechtskatalog im Rahmen eines europäischen Verfassungsvertrags. Hier ebenso wie bei der ausgesprochen tatkräftigen Förderung des Internationalen Strafgerichtshof spielte die deutsche Bundesregierung eine führende Rolle. Deutliche positive Ansätze finden sich auch bei der Bedeutung der Menschenrechte in anderen (auswärtigen) Politikbereichen, wie in der Entwicklungspolitik und – in geringerem Maße – bei der Rüstungsexportpolitik, und bei der Förderung der internationalen Verrechtlichung im Menschenrechtsbereich.

Trotzdem ist der Querschnittscharakter der Menschenrechte jenseits der Rhetorik noch nicht hinreichend verankert, z.B. in den Bereichen Außenwirtschafts- und Innenpolitik, wo beispielsweise die Einmischung des Menschenrechtsausschusses noch immer irritiert aufgenommen wird. Auch die in den Parteiprogrammen beider Regierungsparteien unzweideutig festgeschriebenen Forderungen nach Gleichwertigkeit der bürgerlich-politischen und der sozioökonomischen Menschenrechte einerseits und nach ihrer Ergänzung durch kollektive Menschenrechte der „dritten Generation" (Entwicklung, Umweltschutz) andererseits sind von der Bundesregierung in der praktischen Umsetzung teilweise vernachlässigt, teilweise sogar verhindert worden. Obwohl sich die Förderung der wirtschaftlichen und sozialen Menschenrechte als Ziel der Entwicklungszusammenarbeit stärker durchgesetzt hat, vertrat die Bundesregierung genau wie ihre Vorgängerin konsequent die traditionelle deutsche Haltung der mangelnden Justiziabilität wirtschaftlicher und sozialer Rechte und wehrte sich bei den Vereinten Nationen heftig gegen Bemühungen um eine Einführung der Individualbeschwerde im Rahmen eines Zusatzprotokolls zum Sozialpakt. Nicht nur im Widerspruch zu den eigenen Parteiprogrammen, sondern auch gegen den erklärten Willen der Regierungsfraktionen im Bundestag setzte die rot-grüne Regierung in diesem Bereich die Politik ihrer Vorgängerin unverändert fort.

Zugleich zeichnete sich die Menschenrechtspolitik der rot-grünen Bundesregierung in der UN-Menschenrechtskommission mehr als die der Vorgängerregierung durch eine zu starke Selbsteinbindung in einen europäischen Minimalkonsens aus. So löblich die Harmonisierung europäischer Positionen in der UN-Menschenrechtskommission auch ist, so sehr besteht die Gefahr, dass Europa zu einem Alibi für eine Politik des kleinsten gemeinsamen Nenners wird. Die deutsche Delegation der Vorgängerregierung hat bewiesen, wie erfolgreich eine engagierte und über die eigene Regionalgruppe hinaus orientierte Suche nach Partnern sein kann. Lagerdenken und Blockadepolitik können so eher vermieden werden.

In der deutschen Außenpolitik gegenüber Staaten, die massiv die Menschenrechte verletzen, herrschte sowohl im bilateralen wie im multilateralen Rahmen die von Außenminister Fischer versprochene Kontinuität vor – als Kontinuität der selektiven Anwendung von Konditionalitätskriterien und als Kontinuität von Doppelstandards. Während sich die deutsche Außenpolitik das gute Verhältnis zu wirtschaftlich oder sicherheitspolitisch bedeutenden Staaten nicht durch menschenrechtliche Erwägungen verderben lassen wollte, wurden die Instrumente der Konditionalität und des politischen Drucks – zum Beispiel über Länderresolutionen der UN-Menschenrechtskommission – gegenüber aus deutscher Sicht unbedeutenden Staaten häufig angewendet. Positiv fällt hierbei allerdings die klare Haltung der Bundesregierung zur Todesstrafe, auch gegenüber den USA, auf.

Nicht alles anders, aber vieles besser wollte die rot-grüne Bundesregierung beim Amtsantritt 1998 machen. Im Bereich der Menschenrechte hat sie vieles genauso und manches besser gemacht als ihre Vorgängerregierung – Schritte in die richtige Richtung, aber als Bilanz von vier Jahren und vier Monaten rot-grüner Menschenrechtspolitik kaum genug. Hinter den eigenen Ansprüchen aus Oppositionszeiten, wie sie sich in der Programmatik der beiden Parteien widerspiegeln, blieben Rot und Grün weit zurück. Handlungsleitend für alle Politikbereiche, wie es beispielsweise im grünen Parteiprogramm gefordert wird, ist die Einhaltung der Menschenrechte noch lange nicht.

Literaturverzeichnis

Amnesty International (2002): Forderungen von amnesty international an die Menschenrechtspolitik in der nächsten Legislaturperiode, unter: http://www2.amnesty.d e/internet/DEALL.nsf/Windexde/JL2002116 [6.1.2003].

Auswärtiges Amt (1995): Deutsche Außenpolitik 1995, Bonn.

Auswärtiges Amt (2001): Deutsche Außenpolitik 2001, Berlin.

Auswärtiges Amt (2002): Internationaler Schutz der Menschenrechte und Wirtschaftstätigkeit. Gemeinsame Erklärung von Bundesregierung, BDI und BDA, DGB, Forum Menschenrechte und VENRO, Berlin.

Beer, Angelika (2001): Rede vor dem Deutschen Bundestag am 28.6.2001, Plenarprotokoll 14/0174, Berlin.

Berliner Zeitung (8.4.1997): Reformstau in der Europäischen Union. Chefdiplomaten zerstritten über Menschenrechtsfragen.

Boekle, Henning (1998): Die Vereinten Nationen und der internationale Schutz der Menschenrechte, in: Aus Politik und Zeitgeschichte, B 46-47, S. 3-17.

Boekle, Henning (2002): Die Konstruktion globaler Verantwortung. Zum außenpolitischen Umgang westlicher Staaten mit internationalen Normen zur Förderung und zum Schutz der Menschenrechte - Deutschland, die Niederlande und die Vereinten Nationen, nicht veröffentlicht.

Boekle, Henning (2003): Menschenrechtliche Defizite in der deutschen Entwicklungszusammenarbeit, in: Selchow, Ulla/ Hutter, Franz-Josef (Hrsg.): Menschenrechte und Entwicklungszusammenarbeit. Anspruch und politische Wirklichkeit, Opladen (i.E.).

Bossi, Tania (2001): Die Grundrechtecharta – Wertekanon für die Europäische Union, in: Weidenfeld, Werner (Hrsg.): Nizza in der Analyse. Strategien für Europa, Gütersloh, S. 203-242.

BMZ (2001): Elfter Bericht zur Entwicklungspolitik der Bundesregierung, Bonn.

BMZ (2002): Medienhandbuch Entwicklungspolitik 2002, Berlin.

Bundesregierung (1999): Antwort der Bundesregierung auf die Kleine Anfrage der FDP-Fraktion im Deutschen Bundestag, BT-Drs. 14/784.

Bundesregierung (2002): 6. Bericht der Bundesregierung über ihre Menschenrechtspolitik in den auswärtigen Beziehungen und in anderen Politikbereichen, Berlin.

Bündnis90/Die Grünen (2002): Die Zukunft ist grün. Grundsatzprogramm, unter: http://archiv.gruene-partei.de/dokumente/grundsatzprogramm-bundesverband.pdf [2.2.2003].

Bungarten, Pia/Koczy, Ute (1996): Handbuch der Menschenrechtsarbeit, Bonn.

Der Spiegel (12/00): Sprengsatz für Rot-Grün, S. 22-24.

Deutsche Welthungerhilfe/terre des hommes (1998): Die Wirklichkeit der Entwicklungshilfe. Sechster Bericht 1997/98. Eine kritische Bestandsaufnahme der deutschen Entwicklungspolitik, Bonn/Osnabrück.

Deutscher Bundestag (2001): Stärkung der wirtschaftlichen, sozialen und kulturellen Rechte im Völkerrecht und im internationalen Bereich, Antrag der Fraktionen SPD und Bündnis90/Die Grünen, BT-Drs. 14/7483.

Europäischer Konvent (2002): Schlussbericht der Gruppe II „Einbeziehung der Charta/Beitritt zur EMRK" an den Konvent, CONV 354/02, Brüssel, unter: http://register.consilium.eu.int/pdf/de/02/cv00/00354d2.pdf [30.01.2003].

Fischer, Joschka (1999): Rede vor dem Europäischen Parlament am 12.1.1999, http://www.auswaertiges-amt.de/www/de/infoservice/download/pdf/reden/1999/r99 0112a.pdf [6.1.2003].

Fischer, Joschka (2002): Rede vor der 58. Sitzung der UN-Menschenrechtskommission 2002 in Genf, http://www.auswaertiges-amt.de/www/de/aussenpolitik/ausgabe_archiv?archiv_id=2857&type_id=3&bereich_id=5 [6.1.2003].

Forum Menschenrechte (2002): Menschenrechte als Leitlinie der Politik. Forderungen des Forums Menschenrechte an den neu zu wählenden Deutschen Bundestag und die neue Bundesregierung, Berlin.

Frankfurter Allgemeine Zeitung (9.4.1997): In Genf gereizte Atmosphäre.

Frankfurter Allgemeine Zeitung (4.1.2000): Mehr als Prinzipientreue. Wie werden die Menschenrechte die deutsche Politik leiten?

Frankfurter Rundschau (11.11.1998): Poppe möchte „massiv" auftreten.

Frankfurter Rundschau (7.12.1998): Kontinuität ist zu wenig.

Frankfurter Rundschau (16.1.2003): Selbstkritischer Jurist gibt auf.

Frankfurter Rundschau (19.1.1999): Menschenrechte als Leitlinie.

Hainzl, Christian/ Marschik, Nicolaus (2003): Die 58. Sitzung der Menschenrechtskommission der Vereinten Nationen – emotionaler Diskurs und politisches Kalkül, in: von Arnim, Gabriele et al. (Hrsg.): Jahrbuch Menschenrechte 2003, Frankfurt/ M., S. 239-247.

Hardewig, Gerd (2000): Die Tragik der deutschen Rüstungsindustrie. Reduzierte Verteidigungsetats und Exportrestriktionen, in: Wehrpolitik, H. 3, unter: http://www.wehrpolitik.com/noframe/mai_2000/tragik.html [6.1.2003].

Hausmann, Ute (2001): Europäische Grundrechtscharta – soziale Menschenrechte im Kreuzfeuer, in: von Arnim, Gabriele/ Deile, Volkmar/ Hutter, Franz-Josef u.a. (Hrsg.): Jahrbuch Menschenrechte 2002, Frankfurt/M., S. 251-261.

Kinkel, Klaus (1996): Regierungserklärung zur Menschenrechtspolitik, Plenarprotokoll 13/145.

Lafontaine, Oskar (1998): Vorwort des SPD-Vorsitzenden Oskar Lafontaine zur Neufassung des Grundsatzprogramms der Sozialdemokratischen Partei Deutschlands, in: SPD (1998).

Nickels, Christa (2002): Wir müssen den Stummen eine Stimme geben, in: ai-Journal, H. 9, S. 6-9.

Pfeil, Florian (2000): Zivilmacht für die Menschenrechte? Menschenrechte in der deutschen Außenpolitik 1990-1998, Hamburg.

Pfeil, Florian (2001): Civilian power and human rights: The case of Germany, in: Harnisch, Sebastian/ Maull, Hanns W. (Hrsg.): Germany as a Civilian Power? The foreign policy of the Berlin Republic, Manchester, S. 88-105.

Schröder, Gerhard (2002): Rede anlässlich der Verleihung der Ehrendoktorwürde der Tongji-Universität am 30.12.2002 in Shanghai, unter: http://www.bundesregie-rung.de/dokumente/,-457033/Rede.htm [10.1.2003].

SPD (1998): Grundsatzprogramm der SPD vom 17.04.1998, unter: http://www.spd. de/servlet/PB/show/1010243/programmdebatte_grundsatzprogramm.pdf [2.2.2003].

SPD/ Bündnis90/Die Grünen (1998): Aufbruch und Erneuerung – Deutschlands Weg ins 21. Jahrhundert. Koalitionsvertrag zwischen der Sozialdemokratischen Partei Deutschlands und Bündnis90/Die Grünen, unter: http://archiv.spd.de/politik/ koalition /uebersicht.html [6.1.2003].

SPD/ Bündnis90/Die Grünen (2002): Erneuerung – Gerechtigkeit – Nachhaltigkeit. Für ein wirtschaftlich starkes, soziales und ökologisches Deutschland, unter: http://ww w.spdfraktion.de/archiv/koalitionsvertrag/Koalitionsvertrag161002.pdf 10.01.2003].

Sterr, Silvi (2000): Wirtschaftliche, soziale und kulturelle Rechte im Vordergrund. Die Sitzung der UN-Menschenrechtskommission im Jahr 2000, in: von Arnim, Gabriele et al. (Hrsg.): Jahrbuch Menschenrechte 2001, Frankfurt/M., S. 239-248.

Sterr, Silvi (2001): Verschärfung des Klimas. Die 57. Sitzung der Menschenrechtskommission der Vereinten Nationen als Spiegel globaler politischer Konflikte, in: von Arnim, Gabriele et al. (Hrsg.): Jahrbuch Menschenrechte 2002, Frankfurt/M., S. 185-198.

Süddeutsche Zeitung (2.11.1996): Peking verbittet sich Kritik an Wang-Dan-Prozess.

Timmermann, Martina (1999): Menschenrechtspolitik: Vom Anspruch zur Realität, in: Maull, Hanns W./ Neßhöver, Christoph/ Stahl, Bernhard (Hrsg.): Lehrgeld. Vier Monate rot-grüne Außenpolitik, Trierer Arbeitspapiere zur Internationalen Politik, Nr. 1, unter: http://www.deutsche-aussenpolitik.de/resources/tazip/tazip1.pdf [6.1.2003].

UNICEF (2000): Kindheit in Deutschland. Aufwachsen zwischen Wohlstand und Ausgrenzung, unter: http://www.unicef.de/download/i_0062.pdf [10.01.2003].

Voß, Silke (2000): Parlamentarische Menschenrechtspolitik. Die Behandlung internationaler Menschenrechtsfragen im Deutschen Bundestag (1972-1998), Bonn.

Wilhelm, Jürgen (2000): Menschenrechte in der Arbeit des Deutschen Entwicklungsdienstes, in: ded-Brief, H. 1, S. 9-10.

Autorenverzeichnis

Nikolas Busse ist Redakteur der Frankfurter Allgemeinen Zeitung.

Jörn-Carsten Gottwald ist wissenschaftlicher Assistent am Lehrstuhl für vergleichende Regierungslehre an der Universität Trier.

Constantin Grund ist Student an der Universität Trier.

Sebastian Harnisch ist wissenschaftlicher Assistent am Lehrstuhl für Internationale Beziehungen und Außenpolitik an der Universität Trier.

Florian Lütticken ist Projektmanager bei der Stiftung für wirtschaftliche Entwicklung und berufliche Qualifizierung (SEQUA).

Hanns W. Maull ist Professor für Internationale Beziehungen und Außenpolitik an der Universität Trier.

Peter Molt ist Honorarprofessor an der Universität Trier. Seit 1995 ist Peter Molt Vorsitzender des Verbands Entwicklungspolitik deutscher Nichtregierungs-organisationen (VENRO).

Christoph Neßhöver ist Korrespondent des Handelsblatts in Paris.

Marco Overhaus ist Leiter des Projektes „www.deutsche-aussenpolitik.de" am Lehrstuhl für Internationale Beziehungen und Außenpolitik der Universität Trier.
Florian Pfeil ist wissenschaftlicher Mitarbeiter am Lehrstuhl für vergleichende Regierungslehre an der Universität Trier.

Siegfried Schieder ist Projektleiter des Teilbereichs Internationale Beziehungen von „PolitikON" am Lehrstuhl für Internationale Beziehungen und Außenpolitik der Universität Trier.

Bernhard Stahl ist Akademischer Direktor der Cologne-Business-School, Köln.

Henning Tewes ist Leiter des Büros der Konrad-Adenauer-Stiftung in Warschau.

Martin Wagener ist wissenschaftlicher Mitarbeiter am Lehrstuhl für Internationale Beziehungen und Außenpolitik der Universität Trier.

Zeitschrift für Internationale Beziehungen

2003 – 10. Jahrgang

Herausgeber: Gunther Hellmann (geschäftsführend), Reinhard Meyers, Harald Müller (geschäftsführend), Klaus Dieter Wolf und Michael Zürn im Auftrag der Sektion Internationale Politik der Deutschen Vereinigung für Politische Wissenschaft (DVPW)

Redaktion: Nicole Deitelhoff

In der **Zeitschrift für Internationale Beziehungen (ZIB)** werden vor allem methodisch reflektierte und theoretisch interessierte Auseinandersetzungen mit Fragestellungen der Internationalen Beziehungen (IB) veröffentlicht. Außerdem informieren in der **ZIB** publizierte Literaturberichte über die Diskussionen in wichtigen Forschungsfeldern der IB. Die Zeitschrift bildet inzwischen das führende deutschsprachige Kommunikationsforum für die politikwissenschaftliche Analyse internationaler Politik. Mit ihrem spezifischen Profil in der Verknüpfung von Theorie und Empirie sowie durch herausragende Beiträge genießt sie weithin Beachtung.

Die Zeitschrift erscheint halbjährlich. Abonnementpreis jährlich 50,– €, für Mitglieder der DVPW 45,– €, für Studierende (gegen jährliche Vorlage einer Studienbescheinigung) 30,– €, Einzelheft: 28,– €. Alle Preise zzgl. Porto- und Versandkosten. Kündigung vierteljährlich zum Jahresende. ISSN 0946-716

 **NOMOS** Verlagsgesellschaft
76520 Baden-Baden

Volker Rittberger (Hrsg.)

Demokratie – Entwicklung – Frieden

Schwerpunkte Tübinger Politikwissenschaft

Demokratie, Entwicklung und Frieden umschreiben die inhaltlichen Schwerpunkte, denen sich die Politikwissenschaft in Deutschland und in Tübingen im besonderen Maße seit ihrer Wiedergründung nach dem Zweiten Weltkrieg gewidmet hat. **Demokratie** als legitime Form öffentlicher Herrschaft fordert zur Reflexion über ihre unterschiedlichen Verwirklichungen und Gefährdungen sowie deren Bedingungen auf allen Ebenen eines politischen Mehrebenensystems heraus. Ebenso wie durch die Globalisierung neue Anforderungen an und Risiken für demokratisch legitimierte Herrschaft entstehen, so stellt sich auch die Frage nach dem **Frieden**, seiner Stiftung und Sicherung, in einer sich rasch wandelnden, viele traditionelle Grenzziehungen hinter sich lassenden Welt auf eine teilweise dramatische Weise neu. Nicht weniger dramatisch stellen sich die wiederkehrenden Entwicklungsblockaden und die Widerständigkeit autoritärer Herrschaftsstrukturen in Teilen der sog. Dritten Welt dar. Vor diesem Hintergrund erweisen sich **Entwicklung** ebenso wie Demokratie und Frieden als wechselseitig notwendige Korrelate.

Die in diesem Band versammelten Beiträge sind aus Vorträgen hervorgegangen, die im Sommersemester 2002 aus Anlass des 50-jährigen Bestehens des Instituts für Politikwissenschaft der Eberhard Karls Universität Tübingen gehalten wurden: Theodor Eschenburg-Vorlesung 2002 von Jürgen Falter und mit Beiträgen von: Klaus von Beyme, Andeas Boeckh, Rudolf Hrbek, Gerhard Lehmbruch, Dieter S. Lutz, Gerd Meyer, Peter Pawelka, Volker Rittberger und Josef Schmid

2003, 213 S., brosch., 39,– €, ISBN 3-8329-0037-3

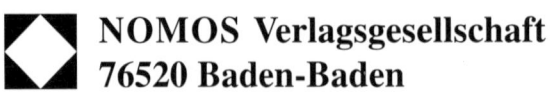

NOMOS **Verlagsgesellschaft**
76520 Baden-Baden